# 조종안 기자의
# DJ(김대중) 취재기

GUNSAN DJ ROAD | 김대중 대통령 탄생 100주년 기념

# 책을 펴내며

조종안 기자

    대한민국 제15대 대통령 후광(後廣) 김대중(金大中:1924~2009). 그의 빛나는 삶과 업적들이 정당하게 평가받고, 왜곡·굴절된 역사가 바로잡히는 그날이 하루빨리 도래하기를 염원하며 글을 시작한다.

    필자는 김대중(DJ)을 지지하는 인터넷 팬클럽(디제이로드, 후광사랑) 회원으로 활동한 경험이 있으며, 지금은 '후광김대중마을(다음카페)' 운영자로 활동하고 있다. 필명(아이디)은 예나 지금이나 종아니(chongani)다. 디제이로드(DJroad)는 2002년 12월경 인터넷 유저 중심으로 구성된 국내 최초 전직 대통령 팬클럽이었다.

    DJ 팬클럽 '디제이로드'는 2003년 2월 노무현 정부 출범 이후 분열되는 아픔을 겪는다. 필자 역시 눈물을 머금고 탈퇴할 수밖에 없었다. 이후 '후광사랑'을 거쳐 2004년 8월 18일 '후광김대중마을' 카페를 개설, 20년째 운영해 오고 있다. 2023년 2월 21일에는 뜻을 함께하는 지인들과 '김대중대통령 군산기념사업회(DJ 군산기념사업회)'를 발족시켜 오늘에 이른다.

'후광김대중마을' 카페 개설 후 5년 동안(2004~2009) 동교동 자택을 다섯 번 방문했다. 특히 2005년 어버이날 초청받아 즐겁게 지냈던 추억이 새롭다. DJ는 인류 역사 시작부터 효(孝)에 관한 이야기, 신군부에게 고초를 당하던 얘기도 해주었는데 "여러분이 김대중과 같이 간다면 행동하는 양심이 되십시오!"라는 말은 지금도 귓가에 맴돈다.

지지 모임 초청은 2005년 어버이날이 처음이자 마지막으로 기억한다. 다양한 정치색을 가진 회원들이 정파에 휩쓸리지 않고, 'DJ의 철학과 사상을 배우면서 업적을 홍보하고 우의를 다지는 게 목적'이라는 얘기를 비서관에게 전해 듣고 초청하지 않았나 싶다.

모든 행사는 대통령 비서실과 상의해서 치렀는데, '동토의 땅'으로 불리는 동대구역과 부산역, 그리고 전북 익산역에서 환영 행사를 열기도 했다. 부산을 방문했을 때는 DJ가 필자를 찾는다고 해서 정신없이 쫓아가 인사드린 적도 있고, 2009년 4월(23~24) 마지막 고향 방문 때는 KTX에 동승, 육성 녹음도 하면서 하의도에 다녀왔으니 보통 인연은 넘는 것 같다.

그해 8월 DJ가 유명을 달리하고 국장을 치르는 과정에서 고인(故人)이 기뻐할 일들을 카페 회원들이 해줘 얼마나 감격했는지 모른다. 하관식 끝나고 유가족이 하토 할 때 사용할 하의도 생가터 흙을 서울로 공수해 왔으며, 대구, 부산, 속초 지역 회원들이 도시 중앙에 추모 현수막을 내걸었던 것.

우연이라고 하기엔 묘한 게 있다. 필자는 2004년 8월 18일 후광김대중마을(다음카페) 운영자가 되었고, 그날 첫 글을 올렸다. 그런데 DJ

가 서거한 날도 8월 18일이어서 남다른 인연이 있는 게 아닌가 하는 생각이 들기도 한다.

필자와 DJ의 인연은 우연한 기회에 책을 통해 이뤄졌다. 전두환 신군부의 서슬이 시퍼렇던 1984년경 어느 날 군산시 중앙로에 자리한 서점에 들렀다가 〈김대중 옥중서신〉을 발견했던 것. 조작된 죄목으로 사형을 선고받은 DJ가 옥중에서 아내와 주고받은 편지를 엮은 책으로 읽는 내내 분노가 치솟기도 했고, 눈물을 찔끔거리기도 했으며, 환희에 젖기도 하였다.

실물은 1971년 대통령 선거 때 군산 유세장(공설운동장)에서 처음 봤다. 그러나 이렇다 할 기억은 떠오르지 않는다. 십수 년 지난 제13대 대통령 선거 때(1987) 평화민주당 후보로 출마한 그의 모습과 1995년 군산역 광장에서 열린 유세 장면을 카메라에 담았다. 이후 팬카페 운영하며 제공받은 자료와 동교동 자택 방문 사진들을 보관해오고 있다. 특히 마지막 고향 방문 동행취재는 가보처럼 소중한 추억으로 남아 있다.

DJ 서거 후에는 '장례식장'을 비롯한 'DJ 강좌', '묘소 참배', '추모 행사', '사진 전시회' 등을 개최 및 취재하였다. 2010년 'DJ 강좌'를 〈오마이뉴스〉에 7회 연재했고, 전북 최초로 군산과 전주 도청에서 김대중 '생애 사진전'을 성황리에 개최했으며, 작년 3월부터 최근까지 'DJ 스터디'를 13회 진행하였다. 지난 6월에는 이희호 여사 '생애 사진전'을 개최했으며 급기야 책까지 내게 되었다.

이 책은 총 5장으로 구성되어 있다. 제1장은 'DJ, 군산과의 인연

(유세 및 방문)', 2장은 '군산에서 열린 다양한 행사(사진 전시회, DJ 스터디, 다큐영화 상영회, 개인 인터뷰 등)', 3장은 '김대중 알아가기' 4장은 '취재노트' 5장은 '행사 후기 및 답사기' 등으로 나눠 엮었으며, 관련 사진 170여 점을 시대별로 수록하였다.

책의 특징은 DJ의 다양한 활동 및 관련 행사를 군산 중심으로 다뤘다는 점이다. 그의 군산 유세는 1963년 가을에 처음 열린다. 이후 유세 및 방문 횟수를 발굴해 그 기록을 연도별로 정리하였다. DJ가 유명을 달리한 후에는 '생애 사진전'을 개최하거나 군산에서 열린 행사를 취재, 기사화했다. 이는 부제를 '군산 디제이로드(Gunsan DJroad)'라 한 이유이기도 하다.

각 장에 실린 글들은 필자가 DJ 팬클럽(디제이로드, 후광사랑) 회원, '후광김대중마을' 운영자, 〈플러스코리아〉 기자 및 대기자, 〈신문고뉴스〉 편집위원, 〈오마이뉴스〉 시민기자 등으로 활동하며(2003년 2월 ~2024년 7월) 게재한 기사와 팬클럽 게시판에 공유했던 글들을 모아 재구성 및 보완하였다.

한다고 했으나 이모저모로 부족함을 느낀다. 그럼에도 군산 지역학 연구에 조금이나마 도움 됐으면 하는 바람이다. 끝으로 DJ 추모 행사에 관심 가져 준 김관영 전북 지사를 비롯한 지지 모임(후광김대중마을, DJ 군산기념사업회) 회원들, 그리고 급할 때마다 마다치 않고 운전대 잡아주는 등, 긴 세월 동안 호흡 맞춰준 아내에게 감사의 마음 전하고 싶다.

2024년 8월 나포에서 **조종안** 기자

# CONTENTS

책을 펴내며     **02**

## PART.01
## 김대중(DJ), 군산과의 인연

| | |
|---|---|
| DJ와 고은 시인의 인연 | **14** |
| 김대중, 정치 초년기(1950~1962) | **19** |
| 제4대 대통령 선거와 군산 풍경 | **26** |
| DJ, 첫 번째 군산 방문(1963년 10월) | **30** |
| DJ, 두 번째 군산 방문(1971년 4월) | **39** |
| DJ, 세 번째 군산 방문(1971년 5월) | **45** |
| DJ, 네 번째 군산방문(1986년 10월) | **48** |
| DJ, 다섯 번째 군산방문(1987년 11월) | **54** |
| DJ, 여섯 번째 군산방문(1988년 4월) | **61** |
| DJ, 일곱 번째 군산방문(1992년 3월) | **64** |
| DJ, 여덟 번째 군산방문(1995년 6월) | **67** |
| DJ, 아홉 번째 군산방문(2000년 10월) | **73** |
| 이희호 여사 첫 번째 군산방문(2009년 11월) | **76** |
| 이희호 여사 두 번째 군산방문(2015년 11월) | **82** |

## PART.02
## 군산에서 열린 다양한 행사

| | |
|---|---|
| 첫 번째 'DJ 생애사진전(2015)' | **90** |
| 이희호 김대중평화센터 이사장 사진전 참석 | **98** |

## CONTENTS

| | |
|---|---|
| "이희호 여사는 한국 여성계의 큰 별" | 104 |
| 두 번째 'DJ 생애사진전(2018)' | 108 |
| 세 번째 'DJ 생애사진전(2023)' | 111 |
| "김대중, 존경할 수밖에 없는 독특한 기록 보유" | 116 |
| "혼돈의 사회…'젊은 김대중' 나와야 한다" | 124 |
| 네 번째 'DJ 생애사진전'(전북 도청) | 130 |
| 다큐영화 〈길위의 김대중〉 시사회 개최 | 136 |
| 김대중·이희호 부부와 함께한 시간들 | 143 |
| 전북에서 처음 열린 '이희호 생애사진전' | 145 |
| "이희호 여사는 현시대 닮고싶은 여성 중 한분" | 151 |

## PART.03 김대중 알아가기

| | |
|---|---|
| 내가 김대중(DJ)을 존경하는 이유 | 156 |
| 춘추전국시대 방불케 하는 정치판 | 159 |
| 박정희는 국익 앞세웠던 애국자, 김대중은 대통령병 환자? | 162 |
| 전직 대통령들의 선례 될 김대중 전 대통령 | 166 |
| 〈김대중 옥중서신〉 다시보기 | 170 |
| 김대중을 모르면 우리는 다시 불행해진다 | 173 |
| 연세대 'DJ 특별 강연장'에 다녀와서 | 176 |
| 자랑스러운 김대중 전 대통령 | 180 |
| 박근혜 전 대표는 호남을 '물'로 보지 말라 | 184 |
| DJ 죽이기에 나선 짝퉁언론(?) 〈조선일보〉 | 189 |

## CONTENTS

| | |
|---|---|
| DJ, "식견과 철학을 가진 대통령 필요하다!" | 194 |
| "DJ의 통일 의지와 집념을 존경한다" | 197 |
| '노통·DJ 정책' 칭찬한 전여옥의 변신? | 200 |
| 'DJ·盧정부' 10년이 이상하면 YS 5년은? | 205 |
| 존경하는 김대중 대통령님께(2008) | 210 |
| 딸아이의 반성문 〈굿바이, DJ〉 | 214 |
| 〈김대중 배우기〉 강좌, 연재 마치고 | 216 |
| DJ는 언제부터 '선생님'으로 불렸을까 | 220 |

## PART.04 취재노트

| | |
|---|---|
| DJ가 생각하는 '21세기와 민족의 미래' | 230 |
| 김대중을 정치판에 끌어들이지 말라 | 234 |
| 배우 오정해, "김대중은 영원한 선생님.." | 239 |
| DJ, "'73년 동경 납치사건' 왜곡 참을 수 없다" | 242 |
| DJ, 그가 살아 있다면 뭐라고 경고했을까? | 247 |
| DJ,'IFJ 특강'으로 외부강연 재개 | 253 |
| 한나라당의 '대북정책' 변화의 조건 | 257 |
| 김대중 마지막 고향방문 동행취재기(1) | 261 |
| 김대중 마지막 고향방문 동행 취재기(2) | 270 |
| DJ, 일부 정치권 우려와 달리 정상회복 | 278 |
| 국장(國葬) 하루 앞둔 군산 분향소 풍경 | 282 |
| 하의도 생가 흙을 서울로 운반하기까지 | 287 |
| 이해동 목사 "우리 모두 작은 김대중이 됩시다" | 291 |

## CONTENTS

김관영 지사 "'김대중 리더십'은 나의 정치적 좌표"     **296**
김의겸 의원이 전하는 'DJ 납치사건'과 '80년 광주의 비극'     **303**

# PART.05
# 행사 후기 및 답사기

DJ 고향, 하의도 답사 일기(2003년 9월)     **314**
존경하는 김대중 대통령님께(2004)     **337**
2005년 1월 1일의 단상     **342**
'6·15남북 공동선언 5주년 기념 축하 댓글달기' 행사     **346**
'사랑 나누기 바자 한마당' 참석     **350**
김대중 대통령 자택에서의 추억     **354**
노벨평화상 수상 7주년 기념행사 참석     **362**
'북녘어린이 내복 보내기' 운동     **366**
동대구역에서, "과연 김대중이구나!"     **370**
'김홍일 전 의원 돕기' 성금모금 행사     **377**
DJ 묘소에서 만난 '행동하는 양심'     **382**
"DJ는 YS를 용서했지, 화해하지 않았다"     **387**

# 01 PART

## 김대중(DJ), 군산과의 인연

# GUNSAN
# DJ ROAD

김대중(1924~2009) 대통령은 전남 신안군 하의면 후광리 출신이다. 그는 태어난 마을 '후광'을 평생 아호로 삼을 정도로 고향을 사랑하였다. 훗날 끝없이 펼쳐지는 수평선과 파도, 물새, 푸른 바다 위로 쏟아지는 햇살에서 꿈과 용기 그리고 예술적 영감을 받았다고 회고한 것에서도 잘 나타난다. 그는 고향에서 초등학교(4년제) 다니다가 목포로 유학, 목포상업학교(5년제) 졸업한다.

대한민국 제15대 대통령 취임식(1998)

김대중(DJ)은 섬에서 태어난 꿈 많은 청년이었다. 자신이 쓴 책(《다시, 새로운 시작을 위하여》(1993)) 서문에 "우리나라를 정의로운 사회로 만들어 고통받고 있는 사람에게도 나라의 혜택이 고루 미치도록 하고 싶었고, 통일을 이루어 7천만 민족이 아시아 태평양 시대의 주역으로 함께 등장하도록 하고 싶었으며, 한국이 세계의 당당한 선진국이 되어 5천 년 역사의 결실을 이루도록 하고 싶었습니다."라고 적었다.

DJ는 1954년 정치에 입문한다. 이후 그의 꿈은 더욱 원대해진다. 1980년대까지 군부독재에 맞서 민주화운동 펼쳤다. 1997년 12월 헌정사상 최초로 수평적 정권교체 이뤄내고 이듬해 2월 대통령으로 취임한다. 그는 '준비된 대통령'이었다. IMF 외환위기를 최단기간에 극복해 내고, 2000년 6월 남북정상회담(6·15 남북공동선언)을 성사시킨다. 그해 12월 노벨평화상 받았으며, 퇴임 후에도 국내외에서 활발한 활동을 펼치다가 2009년 8월 18일 유명을 달리하였다.

그의 파란만장했던 일생은 혹독한 겨울을 이겨낸 '인동초의 삶'으로 한국 현대사에서 많은 부분을 차지한다. 그가 남긴 발자취는 굴곡진 한국 현대사를 보는 듯하다. 1971년 의문의 교통사고를 비롯해 동경 팔레스호텔 납치 사건(1973), 가택연금 및 사형선고(1980), 국외 망명(1982~), 대통령 당선(1997), 남북정상회담 개최(2000), 노벨평화상 수상(2000) 등의 기록에서는 '기적과도 같은 삶을 살았구나!' 소리가 절로 나온다.

GUNSAN
DJ ROAD

# DJ와 고은 시인의 인연

한국을 대표하는 민족시인이자 참여 시인으로 평가받는 고은(高銀: 1933~), 그는 전라북도 옥구군 미면 미룡리 용둔마을(현 군산시 미룡동)에서 나고 자랐다. 당시 미룡리는 군산 시청에서 4km 남짓 떨어진 두메 마을이었다. 그는 군산중학교 4학년 중퇴한 학력으로 승려 생활도 하였고, 중학교 영어·미술 교사로 재직한 경력도 보유하고 있다.

1952년 출가(出家)한 고은은 1957년 '불교신문' 초대 주필을 지낸다. 승려 신분으로 문학 활동은 쉬지 않았던 것. 1958년 서정주 추천으로 〈현대문학〉 11월호에 〈봄밤의 말씀〉, 〈눈길〉, 〈천은사운〉 등을 발표한다. 이후 문단의 주목을 받으며 본격적으로 작품에 매진한다. 1960년 첫 번째 시집 〈피안감

김대중 전 대통령(왼쪽)과 고은(오른쪽) 시인

성〉을 발표, 호평을 받으며 시인으로서의 입지를 굳히게 된다.

고은 시인은 1970년 초겨울 전태일 분신자살사건 이후 사회 일각에서 일어나는 일들에 관심을 두기 시작한다. 작품 성향도 달라진다. 같은 세대의 절반 가까이 죽었던 성장기 시대적 영향을 받은 허무주의 대신 역사의식과 현실을 담아내기 시작한 것. 그러나 유신 정권은 '참여 시인'이 되려는 그를 그냥 놔두지 않는다. 매일 동태를 파악하고, 외출할 때는 동행을 요구하였다. 검열의 표적이 되기도 했고, 심지어 작품 활동까지 통제하였다.

"월간중앙의 〈한국정신사〉와 한국문학 옴니버스 소설 등에 이어 시론(詩論) 〈한국 시가를 찾아서〉 등 세 군데에 연재하는 일 때문에 편집자를 만날 때에도 다방 저쪽 구석에서 그들은(중앙정보부, 보안대, 경찰서 형사들로 구성된 밀착 감시팀) 줄담배를 피우면서 나를 감시하고 있었다." – 1995년 9월 24일 치 〈경향신문〉

밀착 감시팀은 경찰서 정보과 형사를 안내자로 때를 가리지 않고 고은의 집에 드나들었다. 그들은 매일 전화로 소재 파악을 하는 등 '진드기'처럼 따라다니며 회유와 압력을 가했다. 택시비와 다방 찻값도 번갈아 가며 내줬다. '당신들에게 신세를 지지 않기 위해서라도 동행을 바라지 않는다'고 해도 막무가내. '감시의 눈'은 때와 장소를 가리지 않았다.

고은 시인은 1977년 1월 두 차례 군산을 다녀간다. 참한 신붓감 있으니 내려오라는 지인들 재촉 전화에 사흘 머문 것이 첫 방문이었다. 두 번째는 아버님 제사 모시러 내려왔다가 이튿날 상경한다. 그 후 네 차례 구속된다. 첫 번째는 1979년 YH 사태에 적극적으로 개입했다가 구속되고 1980년 김대중 내란음모 조작 사건에 연루되어 20년 형을 구형받는다. 이후 국내외에서 벌어진 구명운동으로 3년여 만에 세상으로 나올 수 있었다.

앞서 언급한 것처럼 고은 시인과 DJ는 1980년 김대중 내란음모 조작 사건으로 함께 투옥되어 고초를 겪었다. 이후 두 사람은 민주주의와 통일문제에 보조를 맞춘다. 분단의 모순을 극복하려는 치열한 운동가로 변신한 고은. 그는 북한 문화재와 자연 탐방을 위해 북한을 두 차례 다녀온다. 2000년 6월에는 남북정상회담 특별수행원으로 동행, 김정일 국방위원장과 김대중 대통령이 동석한 만찬장에서 축시를 낭송한다.

김대중 대통령과 김정일 위원장이 만찬 끝나고 '우리의 소원은 통일'을 합창하고 있다
(2000년 6월 김대중 대통령과 김정일 위원장 사이에 '고은' 시인 모습 보인다)

6·15 남북공동선언문에 남북 정상이 서명하고 장내 분위기가 고조됐을 즈음 고은 시인이 낭송한 시는 〈대동강 앞에서〉였다. 두 사람의 인연은 여기에서 그치지 않는다. DJ 서거 후에도 이어진다. 고은 시인이 조가(弔歌)를 작시(作詩: 〈당신은 우리입니다〉)한 것. 애틋함과 위로가 담긴 조가는 가수 신형원에 의해 추모 노래로 만들어져 전국의 영결식장에 울려 퍼졌다.

서울특별시 동작구 국립현충원에 잠든 김대중 대통령 묘비에는 고은 시인의 추모 헌시 〈당신은 우리입니다〉가 음각되어 있다. 따라서 묘비는 두 사람의 각별한 인연이 지금도 이어지고 있음을 보여주는 상징물이기도 하다. 아래는 DJ를 향한 조가 전문이다.

〈당신은 우리입니다〉
– 작시 고은

1    당신은 민주주의입니다
      어둠의 날들
      몰아치는 눈보라 견디고 피어나는 의지입니다.
      몇 번이나 죽음의 마루턱
      몇 번이나 그 마루턱 넘어
      다시 일어서는 목숨의 승리입니다.

      아 당신은 우리들의 자유입니다. 우리입니다.

2 　당신은 민족통일입니다.
　　미움의 세월
　　서로 겨눈 총뿌리 거두고 부르는 노래입니다.
　　그 누구도 막을 수 없는 것
　　그 누구도 바라마지 않는 것
　　마구 달려오는 하나의 산천입니다.

　　아 당신은 우리들의 평화입니다. 우리입니다.

3 　당신은 이제 세계입니다.
　　외딴 섬 아기
　　자라나서 겨레의 지도자 겨레 밖의 교사입니다.
　　당신의 고난 당신의 오랜 꿈
　　지구의 방방곡곡 떠돌아
　　당신의 이름은 세계의 이름입니다.

　　아 당신은 우리의 내일입니다.

　　이제 가소서 길고 긴 서사시 두고 가소서.

GUNSAN
DJ ROAD

# 김대중, 정치 초년기 (1950~1962)

처음으로 정치에 도전하다. 3대 민의원 출마기념(1954)

한국전쟁(6·25 전쟁) 터진 날. 김대중(DJ)은 서울의 모 여관에 투숙하고 있었다. 대형 선박 세 척을 보유한 '동양해운' 사장으로, 서울 출장 중이었던 것. '서울은 무슨 일이 있어도 사수할 것이니, 국민들은 안심하기 바란다'는 이승만의 육성 라디오 방송을 숨죽이며 듣는다. 그러나 대통령의 '서울 사수' 발언은 새빨간 거짓말이었다.

사선을 넘나들며 고향으로 내려온 DJ는 〈목포일보〉(1952년까지 운영)를 인수, 사장으로 재임하며 언론인 활동을 시작한다. 이듬해(1951) 3월에는 '동양해운'을 '목포상선주식회사(훗날 흥국해운주식회사)'로 개칭하고, 전남해운조합 회장과 한국조선조합 이사 역임한다. 1951년 6월 사업 기반을 부산으로 확장 이전한 DJ는 1952년 5월 '부산정치파동'을 지켜보며 분개한다.

소년 시절부터 정치에 관심이 많았고, 스스로 정치적 소질도 지녔다고 여겼던 그는 한국전쟁과 부산 정치파동을 지켜보며 정치 입문을 결심한다. 두 사건을 통해 지도자가 거짓말하는 것을 목격하였고, 집권 연장을 위해 민의(民意)를 도용하여 헌법을 멋대로 고치는 등의 정치파동을 지켜보며 국민을 섬기는 참다운 민주주의를 갈망하기 시작했던 것.

DJ는 목포에서 제3대 민의원 선거(1954년 5월 20일)에 무소속으로 출마한다. 공당의 공천을 받아야 당선 가능성이 높다는 걸 알면서도 여당인 자유당은 가까이하기 싫었고 민주국민당 공천 제의는 거절했다. 목포 지역에서 영향력이 큰 노동조합 위원장과 간부들이 지지하겠다고 약속했기 때문이었다. 이립(而立)이 채 안 된 나이에 무소속으로 나섰지만, 자신이 있었다.

노동조합 동향이 목포 선거의 향방을 결정짓던 시절, 평소 DJ에게 호의를 갖고 있던 노조위원장과 간부들이 전면적인 지지를 표하고 나섰다. 승리가 눈앞에 아른거렸다. 그러나 그들은 곧 경찰에 연행되어 자유당 후보를 지지하겠다는 각서를 쓰고서야 풀려나올 수 있었다. 정치 입문 시작부터 음해와 공작에 시달림을 받아야 했던 DJ는 결국 관권 개입으로 낙선한다.

### 서울 남영동에 주택 마련, 정치활동 재개

1955년 거주지를 서울로 옮기고 남영동에 주택을 마련한다. 목포상고 시절 글짓기 대회에서 입상할 정도로 문장력이 뛰어났던 DJ, 그는 한국노동문제연구소 주간과 월간지 〈신세계〉 주간을 역임하면서 현안 분석과 대안 제시를 위한 연구에 주력한다. 이어 노동문제 중심으로 〈사상계〉와 〈동아일보〉에 시론(時論)을 기고한다. 편집 방침과 견해가 야당과 같았던 〈신세계〉는 정부의 탄압을 받다가 결국 폐간하고 만다.

학창 시절 민족의식이 뚜렷하고, 웅변에도 두각을 나타냈던 DJ. 그는 서울에서 동양웅변전문학원을 운영하면서 한국웅변협회 부회장을 역임하게 된다. 학원에서 50명 안팎 원생(院生)을 가르쳤는데, 꿈과 야망을 웅변에 담는 연습이어서 직장인과 정치 지망생이 많았다. 당시엔 웅변이 정치인의 가장 큰 무기였던 것. 그는 훗날 정치적 동지인 김상현, 김장곤 의원도 웅변학원에서 만났다고 회고하였다.

1956년 3월 배은희, 장택상, 이범석 등의 주도로 공화당이 창당된다. 그 과정에서 DJ는 문서도 작성하고 공보 업무도 맡는 등 크게 기여한다. 창당 후에는 중앙위원 및 대변인에 발탁되면서 화제의 인물로 부각된다. 그럼에도 공화당은 장택상, 이범석 최고위원 사이에 노선 갈등을 빚는 등 내부 분열로 1년을 버티지 못하고 소멸한다.

그해 5월 15일은 정·부통령 및 지방의회 선거일이었다. 당시 DJ는 신익희 대통령 후보와 장면 부통령 후보를 지지하고 나선다. 신익희 후보는 정권교체를 열망하는 국민과 야당 연합 세력의 전폭적인 지지를 받고 있었다. 선거가 중반에 접어들자, 우열은 더욱 분명해졌다. 정부 관리들도 신 후보 진영에 은밀히 줄을 섰다. 누구도 신 후보의 압승을 의심하지 않았다.

신 후보 당선이 유력해지자 지방 경찰서장들이 야당 간부를 찾아가 충성 맹세 했다는 소문이 떠돌았다. 그러나 평화적 정권교체 열망은 투표 열흘 전 날아가 버린다. 호남지역 유세에 나섰던 신익희 후보가 호남선 열차 안에서 뇌출혈로 급서했기 때문이었다. 이후 많은 유

제3대 정·부통령 선거 시기, 민주당 군산지구당 당사(1956)

권자가 기권하거나 조봉암 후보에게 표를 던졌다. 조봉암 표가 개표 과정에서 이승만 표로 둔갑했다는 소문도 들려왔다.

신익희 후보가 유명을 달리한 그날(5월 5일) 군산에서는 정체불명의 괴한들이 통행금지 시간을 이용하여 시내에 첩부되어 있는 민주당 선거 벽보를 철거 또는 먹칠하는가 하면 군산경찰서 정문 건너편에 있던 민주당 선거사무소에 붙어 있는 신익희 후보 부보(訃報)까지 먹칠하는 등 이곳저곳에서 무모한 행동이 자행되어 주민들이 분격해했다.

그해 5월에 치러진 정·부통령 및 지방의회 선거는 그야말로 '부정선거 백화점'이었다. 신문 기사에 따르면 군산에서는 중상·모략 및 폭력이 난무했으며 민주당 선거사무소에 첩부(貼付)된 선전 벽보가 까맣게 먹칠을 당하고 정체불명의 벽보가 등장했다. 그런가 하면 보기 흉한 낙서까지 해놓아 뜻있는 사람들의 이맛살을 찌푸리게 했다.

선거 때마다 관권 개입이 극에 달했던 시절, 대낮에 자유당 당원들이 군산시 민주당 당사를 습격해 선거운동원 3명을 무차별 구타, 중상을 입히는 폭행 사건도 발생했다. 이를 제지하고자 출동한 경관들은 수수방관하다가 사건 발생 30분 후에야 자유당 당원들을 연행했다가 곧바로 석방하는 불상사가 일어나기도 했다.

결국 이승만은 국민의 뜻과는 반대로 대통령에 당선되었고, 부통령에 장면 후보가 당선되어 그나마 다행이었다.

**관료특권 제거 위해 '민주당 입당'**

DJ는 1956년 9월 민주당에 입당한다. 그해 9월 26일 치 〈경향신문〉 기사에 따르면 전날 발표한 입당 성명서에서 그는 "한국의 민주주의(民主主義)가 관권(官權)의 폭위(暴威) 앞에 최후잔멸(最後殘滅)의 위기(危機)에 처(處)해 있으며 이러한 관료특권(官僚特權)의 악정(惡政)을 제거(除去)하기 위하여 민주당(民主黨)의 입당(入黨)을 결심하게 된 것"이라고 하였다.

성명서에서 '관권(官權)의 폭위(暴威)'라 했는데 당시 국가기관의 횡포가 얼마나 심했는지는 신문 기사와 만평을 통해서도 감지된다. 특히 〈경향신문〉은 그해(1956) 8월 10일 치 〈만평(漫評)〉을 통해 대구(大邱)와 군산(群山) 개표장에서 자행된 정치깡패들의 폭력 사태를 '인기 좋은 이동 순회공연(移動 巡廻公演)'으로 에둘러 비판, 씁쓸한 미소를 짓게 하였다.

1958년 총선 역시 '부정선거 종합 백화점'이었다. '부정선거 축제'라 불릴 정도로 관권과 금권에 폭력배까지 동원되었던 것은 널리 알려진 사실. 투개표 때도 야당 참관인에게 수면제를 먹이고 개표하는 '닭죽 개표', 붓 뚜껑을 두 번 찍는 '쌍가락지 표', 여당표 뭉치에 야당표나 무효표를 끼워 넣는 '샌드위치 표', 전등을 끄고 표를 바꿔치기하는 '올빼미 개표' 등 부정 수법도 가지가지였다.

1956년 8월 10일 치 '경향만평'

DJ가 두 번째 치른 선거는 1958년 5월 2일의 제4대 국회의원 선거이다. 이때 그는 민주당 원외 대변인이었으며, 목포에는 이미 민주당 현역 의원이 공천을 받아놓고 있었다. 따라서 민주당 공천이 없는 지역을 찾다가 강원도 인제에서 입후보 등록을 하게 된다. 그러나 그의 후보 등록은 그 자체가 무효로 처리되면서 출마도 못 하게 되고, DJ는 즉각 '선거무효' 소송을 제기한다.

  DJ의 '선거무효' 소송이 승소한 것은 1959년 3월. 그는 6월에 시행된 인제 보궐선거에서 출마하지만 낙선한다. 그리고 이 해에 아내 차용애와 사별한다. 제5대 민의원 선거는 제2공화정 출범과 함께 1960년 7월 29일 실시되는데, DJ는 여전히 민주당 원외 대변인의 신분으로 머물게 된다.

GUNSAN
DJ ROAD

## 제4대 대통령 선거와 군산 풍경

초등학생과 시민도 거리로 나섰던 4·19혁명(국가기록원)

　대한민국 제4대 대통령 선거와 제5대 부통령 선거는 1960년 5월 중 시행해야 했다. 그러나 이승만 정부는 2개월 앞당겨 시행한다고 공고하였다. 이름하여 '3·15 부정선거'다. 그해 3월의 정·부통령 선거는 야당 선관위원들이 깡패들에게 폭행당하는가 하면 투표함이 바뀌고 개표장이 갑자기 정전되는 등 상상을 초월하는 부정선거였다.

군산 역시 공무원이 동원됐고, 동네 통반장이 이끄는 3인조, 5인조 공개투표가 자행됐다.

그해 4월 초 경남 마산에서 열리는 부정선거 규탄대회에 갔다가 행방불명됐던 마산상고 1학년 김주열 학생이 11일 마산 앞바다에서 최루탄이 눈에 박힌 시체로 떠오른다. 이에 학생 및 청년들 분노는 하늘로 치솟았고 4·19 혁명의 도화선이 됐다. 남녀 중·고등학교 학생 및 대학생 시위가 각 지방 중소도시로 들불처럼 번져나갔던 것.

군산 지역에서도 10개 중학생과 고등학생이 데모에 앞장섰다. 군산고등학교, 군산동중학교 학생 200여 명은 4월 22일 오후 4시 월명산에 집결, 이승만의 3·15 부정 선거를 규탄하며 시가행진에 돌입했다. 열기는 더욱 고조되었고, 25일에는 300여 명의 서울 지역 대학교수가 이승만 사임을 요구하는 제자들을 지지하며 거리 시위를 전개했다. 결국, 이승만은 그해 4월 26일 대통령직에서 물러난다.

당시 군산 시민과 학생들은 '동아일보'가 펼친 '4월 민주혁명 순국학생위령탑' 건립 기금 모금에 성금을 내는 등 적극적으로 동참하였다.

〈김대중 자서전〉(1권 125쪽)에 따르면 DJ는 4·19 혁명을 지켜보며 많은 영향을 받는다. 첫째 민심의 무서움을 뼈저리게 느꼈고, 국민이 뭉치면 어떤 난관도 이겨낼 수 있음을 확인하였다. 과격한 주장과 폭력은 결국 민심이 등을 돌린다는 것도 깨우친다. 그것은 평범한 듯해도 변하지 않는 진리였다. 이후 DJ는 4·19 혁명을 떠올리며 국민의 마음을 얻는 것이 무엇인지 자주 생각하게 된다.

1961년 5월 13일, DJ는 강원도 인제에서 치러진 제5대 민의원 보궐선거에 민주당 후보로 출마하여 당선된다. 제3대 민의원 선거 때 목포에서 무소속으로 출마했다가 낙선한 이후 '4전 5기' 끝에 승리를 맛본 것. 선거판에 뛰어든 지 7년 만이었다. 다음날 당선 확정과 함께 선관위에서 당선증을 받는다. 지친 몸을 이끌고 인사를 다녔고 주민들은 진심으로 축하해 주었다.

DJ는 자서전에서 "당선증을 받아 든 순간 만감이 교차했다. 세상을 뜬 아내가 맨 먼저 떠올랐다"라고 회고하였다. 그러나 당선의 기쁨은 채 사흘을 넘기지 못한다. 박정희 소장이 주도한 5·16 쿠데타가 일어났던 것. DJ는 곧 진정될 것으로 여기고 등록을 마쳤으나 쿠데타 세력에 의해 국회가 해산되면서 국회의원 배지는커녕 선서조차 하지

강원도 인제 선거 당시 거리 유세(1959)

못하게 된다.

  쿠데타를 통해 집권한 군부는 정당 부패를 뿌리 뽑겠다는 명목으로 대변인 DJ를 체포하여 수감하였다. 그들은 당비 횡령과 용공 혐의로 무려 3개월을 조사하였다. 그러나 끝내 아무런 혐의점도 나오지 않자, 감옥에서 내보낸다. 암담한 시절이었으나 축복받을 일도 있었다. 부산 피난시절 만나 정치적 동지이자 친구로 발전했던 이희호와 혼례를 올린 것. 당시(1962년 5월 10일) 김대중 나이 서른여덟, 이희호 나이 마흔이었다.

GUNSAN
DJ ROAD

# DJ, 첫 번째 군산 방문 (1963년 10월)
## 군산국민학교 유세

군산 유세 강행한다고 알리는 1963년 10월 9일 치 〈동아일보〉 기사

김대중(DJ)은 1963년 가을 군산을 처음 다녀간 것으로 기록에 나타난다. 제5대 대통령 선거(10월 15일)와 제6대 국회의원 선거(11월 26일) 치러졌던 그해 7월, 민주당 재건에 참여해 원외 인사로는 파격적으로 대변인에 발탁되고 몇 달 후였다. 그때는 대한민국 헌정사상 최

초로 전국구 비례대표제가 채택되고, 지역구는 여전히 소선구제로 유지되고 있었다.

구악(舊惡) 일소를 공약으로 내건 박정희 군부정권은 앞에서는 부정 축재 처벌법을 만들고, 뒤로는 재벌과 결탁하였다. 정치자금 받고 비리 및 탈세를 눈감아줬던 것. 결국 '4대 의혹사건(증권파동, 워커힐사건, 새나라자동차사건, 파친코사건 등)'이 터진다. 이 모두 중앙정보부가 공화당 조직에 필요한 정치자금 확보를 위해 저지른 신악(新惡)으로 법을 짓밟는 만행에 가까웠다.

### DJ "공명선거만이 우리나라 명예 회복하는 길"

김대중 대변인은 대통령 선거 투표일을 엿새 남겨놓은 10월 9일 오후 3시 군산국민학교 교정에서 박순천(朴順天), 송방용(宋邦鏞), 박한상(朴漢相) 씨 등과 함께 윤보선 후보 지원 유세를 펼친다. 재야 '공명선거투쟁위원회'가 주최한 이날 시국 강연회는 경찰의 집회 금지에도 불구하고 강행됐다. 당시 언론들은 2만여 명의 시민이 집회에 참여했다고 보도하였다.

호남지방에서 광주에 이어 두 번째로 개최된 군산 시국 강연회는 이날 오전 11시 집회를 시작할 예정이었다. 그러나 전라북도 경찰국이 공명선거투쟁위원회는 등록단체가 아니기 때문에 집회를 개최할 수 없다고 불허한다. 이후 한동안 모임이 이루어지지 못할 것으로 시민에게 통지되었다. 이에 대해 주최 측은 당국의 돌연한 조처로 청중이 줄었다고 불만을 토로했다.

한편, 민정당 군산시 지구당 양희철 선전부장은 시내 각 관공서는 오늘(9일)이 한글날 공휴일임에도 평상시같이 공무원들을 근무하도록 갑자기 조처한 것을 예로 들면서 음성적인 집회 방해라고 맹비난했다. 그의 말대로 시청 게시판에 총무과장 명의로 대통령 선거 끝날 때까지 전 직원은 공휴일에도 평일처럼 출근하라는 공고가 전날(8일) 날짜로 나붙어 있었다.

살얼음판 같은 분위기 속에 치러진 군산 시국 강연회에서 민주당 박순천 총재는 이소동(李召東) 치안국장이 공명선거 투쟁위원회의 합법적인 활동을 방해하려고 안간힘을 쓰고 있는 점을 예로 들어 "투표일을 며칠 앞둔 이때 선거의 자유 분위기를 흐리게 하고 있다"라고 통렬히 비판하였다.

그해 10월 10일 자 〈동아일보〉는 "이곳(군산) 경찰은 '공명선거투쟁(公明選擧鬪爭) 위원회' 합동시국강연회 연사 박순천, 김대중, 송방용, 박한상 씨 등을 대통령 선거법 위반 혐의로 입건하고 공명선거투쟁위원회(공투위) 군산·옥구지구 대표 간사 박왕근(朴旺勤) 씨 및 전기 연사들을 집회 및 시위에 관한 법률 위반 혐의로도 입건할 것"이라고 보도하였다.

윤보선 후보 지원을 위해 전국 주요 도시에서 계획했던 '공투위'의 시국 강연회는 경찰의 불허로 중지되는 등 선거 종반에 새로운 불씨가 된다. 서울에서는 9일 성신여고 마당에서 열기로 했던 강연회가 중지됐으며, 전주와 대전에서도 경찰이 집회 허가를 내주지 않았다. 부산 역시 경찰이 강연회 광고를 위한 가두방송을 막는 바람에 중지

됐다. 그러나 군산 강연회는 당국의 불허에도 굽히지 않고 강행했던 것. 아래는 당시 김대중 대변인의 강연 요지이다.

"군정하(軍政下)에서 실시 중인 이번 선거는 선거법(選擧法) 자체부터 원천적으로 부정(不正)과 암흑선거(暗黑選擧)를 이루고 있다. 부정투표(不正投票)와 부정개표(不正開票)를 안 하는 것이 공명선거(公明選擧)는 아니다. 지금 이미 부정선거가 감행되고 있다. 공화당(共和黨)은 야당(野黨)의 손과 발을 묶어놓고 행동의 자유(自由)를 주겠다고 되지 못한 생색을 쓰고 있다.

이소동 치안국장은 어제 광주에서 '공명선거투쟁위원회'를 중상 협박하는 언동을 농(弄)했다. 이와 때를 같이해서 군산, 전주, 이리 등 강연회가 개최될 예정이던 장소에서는 현지 경찰이 고의로 집회를 방해하고 있다. 중앙에 올라가서 이와 같은 경찰의 부당한 집회 방해를 공명선거투쟁위에 회부해서 대책을 세울 것이며 필요하다면 경찰을 집회 방해로 고발할 작정이다."

김 대변인은 경황 중에도 10일 열린 이리(익산)와 충남 대전 강연회에 참석한다. 그는 특정인 지지 발언은 피하고 군정(軍政) 종식의 필요성을 강조한다. 이어 '선거방해 전술이 자유당 말기 양상을 닮아가고 있다'고 지적하고, '지난날 4·19가 일어나고, 5·16이 일어나게 된 근원은 3·15 부정선거가 있었기 때문이다. 공명선거만이 우리나라 명예를 회복하는 길'이라고 역설했다.

## 대안과 비전 제시하는 정치인으로 각인되기 시작

대선 막바지에 이르자 북한 공산당(共産黨)과 남한 공화당(共和黨)의 연계 공방이 치열해지면서 화두로 떠오른다. 윤보선 후보가 9일 경북 안동 유세 때 박정희 후보를 겨냥, '공화당은 공산당 돈으로 만들어진 정당이니 민주정당이 될 수 없다'고 단정한 것. '간첩 황태성이 북한에서 20만 달러를 가져와 김종필에게 넘겨주고 그 돈으로 만들어진 정당이 공화당'이라는 게 윤 후보 주장의 주요 골자였다.

김대중 대변인은 대선을 사흘 앞둔 12일 민정당의 김영삼·자민당의 김용성·자유당의 한갑수·국민의당의 송원영 대변인과 민주당사에서 회합을 갖는다. 이어 지금까지 선거 양상을 상세히 검토한 후 "박정희(朴正熙) 씨는 위헌·위법과 부정선거를 자행하고 생사의 기로에 선 민족을 구할 능력도 포부도 없다"라고 단정하는 한편 박 의장에게

김대중 의원을 스타로 만들었던 명연설(필리버스터 1964년 4월 20일)

"즉각 정권의 자리에서 물러설 것"을 촉구하는 공동성명을 발표한다.

정당 대변인들이 촉구한 공동 성명 첫 번째는 ▲ 원천적인 부정선거 ▲ 권력층들의 위헌·위법 자행 ▲ 여당의 기만적 정책 나열 ▲ 쿠데타를 예비 음모한 윤치영 씨의 광주 발언과 박정희 후보의 묵인 ▲ 진짜 사대주의론 등이었다.

공화당은 지방조직 확대책의 하나로 각 면(面), 동(洞) 단위에 지구당 분회를 설치한다. 그러자 김대중 대변인은 "불법적인 사전조직으로 탄생한 공화당이 불법적인 사후 조직으로 비대해지고 있다"며 "공화당이 불법임을 알면서도 말단 조직에 열중하는 것은 3·15 선거 당시 자유당의 3인조, 9인조 재현을 기도하고 있는 것이 아니냐는 의혹을 짙게 한다"라고 비판했다.

제5대 대통령 선거는 진흙탕 싸움 속에서도 예정대로 치러졌다. 결과는 박정희 후보가 15만 6,000여 표차로 신승한다. 이에 DJ는 훗날 "윤 후보가 박 후보를 공산당이라고 몰아붙인 것은 현명하지 못한 전략이었다."라고 회고하였다. 선거에 부정이 없었던 것은 아니지만, 잇단 군정(軍政) 실패로 나라 꼴은 말이 아니었고, 경제도 극도로 침체하여 정치군인들로는 아무것도 할 수 없다는 정서가 널리 퍼져 윤 후보의 실언만 없었다면 승리할 수 있었다는 것이다.

DJ는 그해(1963) 11월 26일 치러진 6대 국회의원 선거에서 민주당 후보로 목포에서 출마, 드디어 원내에 진입한다. 이후 명연설가로 인정받는 등 그의 의정활동은 눈부셨다. 국회도서관을 가장 많이 찾는 의원이 그였으며, 다양한 상임위 활동을 통해 민주사회 건설과 평화통일 정책을 거침없이 설파한 의원도 그였다. 철학과 소신을 갖춘 그는 1964년 4월 헌정사상 최초로 본회의 최장 시간 의사진행발언(필리버스터) 기록을 세워 기네스북에 오르기도 하였다.

1967년 5월 DJ는 첫 번째 저서인 〈분노의 메아리〉(삼성당)를 출간한다. 이 책은 당시 그의 인식과 사상을 살펴볼 수 있는 중요한 기록으로 6대 국회의원 시절 국회에서 진행한 연설 내용이 담겨 있다. 그해(1967) 6월 8일 치러진 제7대 국회의원 선거에 신민당 후보로 목포에서 출마, 박정희 정권의 집중적인 '낙선 전략'을 꿰뚫고 당선된다. 이후 야당의 중심인물로 부각되면서 새로운 대안과 비전을 제시하는 정치인으로 각인되기 시작하였다.

### 윤보선 후보 중앙국민학교에서 유세

제6대 대통령 선거는 1967년 5월 3일 치러졌다. 이해는 제5대 대통령 선거에서 맞붙었던 대통령 박정희와 야당 신민당의 윤보선이 재격돌하였다.

그해(1967) 4월 23일 군산중앙국민학교 운동장에서 열린 윤보선 신민당 대통령 후보 유세장 모습이다. 호남유세 첫날로 당시 신문은 2만여 청중이 모였다고 전했다. 이날 윤 후보는 "대통령은 어느 지방에서 났든지 그 지방의 대통령이 되어서는 안 되고 전 국민의 대통령이 되어야 하며 어느 지방에 특혜를 주고 어느 지방에 푸대접해서는 안 된다"라고 강조했다.

윤 후보는 또 "자기 돈은 한 푼도 들이지 않고 벼락부자가 되는 사람이 많은 반면, 절대다수 대중은 이 정부로 말미암아 수탈을 당하고 농사를 짓거나 장사를 하거나 월급쟁이를 해도 살 수 없는 세상"이라고 부연했다. 이어 집권 공약 가운데 비료의 배급제 폐지와 자유 판매제 실시를 강조하고 이중 곡가제실시, 비료 가격 30% 인하, 대중세(大衆稅) 20% 인하 등을 공약으로 내세웠다.

보도에 따르면 윤 후보는 법(法)을 지키면 못 살고, 법을 많이 어길수록 잘 살며 도둑질하고 협잡을 잘할수록 부자(富者)가 되는 불길한 유산을 자손에게 넘기지 않기 위해 이번 선거를 통해 기어이 정권을 교체해야 한다고 거듭 강조했다. 이어 "박 정권은 음성적이고 지능적인 완전 범죄형의 부정선거를 획책, 선거 쿠데타를 기도하고 있다"라고 신랄히 비난했다.

군산 유세 다음 날(24일) 신민당은 성명을 통해 "공화당이 관권과

윤보선 후보 군산중앙국민학교 유세(1967년 4월 24일 치 〈경향신문〉)

금력을 총동원하여 사상 유례없는 대규모적인 청중 동원으로 공공연한 불법선거운동을 감행하고 있다."라고 단정, 구체적 증거를 수집하는 대로 곧 사직당국에 고발키로 방침을 세웠다고 밝혔다. 이어 "공화당은 청중 동원뿐 아니라 청중 숫자를 과장 조작하고 심지어는 언론기관에 압력을 가해 야당 청중 숫자는 줄이고 여당 숫자를 과장 보도토록 악랄한 수법을 자행하고 있다."라고 지적했다.

GUNSAN
DJ ROAD

# DJ, 두 번째 군산 방문 (1971년 4월)
## 공설운동장 유세

신민당 대통령 후보 지명 후 김영삼에게 축하인사 받는 김대중(1970년 10월)

　김대중(DJ)은 40대 나이에 제1야당 대통령 후보로 선출되면서 돌풍을 일으킨다. 1969년 가을 '40대 기수론'을 내걸고 신민당 대통령 후보 지명전 출마를 선언한 김영삼 의원을 만나 대통령 후보 지명전에서 탈락할 경우 상대방 캠프 사무장이 되겠다고 공약한다. 이듬해 1

월 14일 공식적으로 출마를 선언하고 김영삼 의원을 다시 만나 '당대회에서 지명 동의안을 낼 것'이라고 밝힌다. 이어 이철승 의원이 뒤따라 출마를 선언하면서 지명전은 3파전으로 치르게 된다.

### 대통령 후보 지명전 승리 후 파격적인 공약 발표

1970년 9월 세 명의 40대 기수(김영삼, 김대중, 이철승)로 압축되어 열린 신민당 전당대회에서 유진산 총재는 김영삼 의원을 후보로 지명한다. 1차 투표에서 김 의원은 최다 득표했으나 과반은 넘기지 못한다. 그러자 총재 행동에 분개한 이철승 의원이 자신을 지지했던 대의원들에게 DJ에게 투표하라 권하였고, 그 결과 2차 투표에서 김대중 후보가 지명받게 된다. 이에 김영삼 후보가 결과에 승복함으로써 김대중 의원이 대통령 후보로 최종 확정된다.

제7대 대통령 선거를 6개월 남짓 앞둔 1970년 10월, DJ는 파격적인 공약을 내놓는다. '한반도 평화 정착을 위한 미·소·중·일 4대국 보장, 비정치적 남북 교류 허용, 평화통일론, 예비군 폐지' 등이 그것이다. 이어 한반도에서 어느 한 나라의 지배관계보다 각 나라가 같이 한반도와 세계 균형 안정에 관여하는 것이 남북한 공동 번영은 물론 4대국 이익에도 좋을 것이라 강조하였다. 그의 정책 대안은 통일과 민주주의를 열망하던 국민에게 새로운 희망을 안겨줬다.

신민당 대통령 후보가 된 DJ는 1971년 2월 초 미국을 방문, 워싱턴 내셔널프레스클럽에서 열린 기자회견에서 3단계 통일방안을 제시하고 귀국한다. 이어 〈김대중 씨의 대중경제 100문 100답〉을 출간한 뒤 향토예비군 폐지를 공약으로 내건다. 그밖에 4대국 평화 보장, 지방자치제 실시, 남북대화, 노사위원회 구성 등을 공약으로 내걸며 '10년 세도 썩은 정치, 못 참겠다 갈아치우자!'를 슬로건으로 내걸고 본격적으로 유세전에 돌입한다.

그해 3월 중앙선관위는 '4·27 대통령 선거'에 출마하는 후보 등록 신청을 마감하고 전체 회의를 열어 각 정당의 기호(記號) 순위를 결정한다. 따라서 공화당의 박정희 후보가 기호 1번, 신민당의 김대중 후보는 기호 2번, 그 밖의 정당은 가나다순에 의해 박기출(국민당) 3번, 성보경(민중당) 4번, 이종윤(자민당) 5번, 진복기(정의당) 6번, 김철(통사당) 7번 순으로 결정된다.

### 우여곡절 속에 열린 군산 유세.. 여당의 '부정선거 음모' 폭로

대통령 선거를 20여 일 남겨놓은 어느 날 군산에서 희귀 사건이 터진다. 소속 기관을 알 수 없는 검은색 지프차 한 대가 김대중 후보 유세가 금암동에 있는 공설운동장에서 열린다고 허위 방송을 하고 다녔던 것. 이후 신민당 군산·옥구 지구당 사무실은 문의 전화가 빗발쳤고, 당 관계자는 경찰서에 신고하기에 이른다. 아래는 1971년 4월 9일 치 〈동아일보〉 기사다.

"신민당 군산옥구 지구당은 '지난 8일 동 당 대통령 후보 김대중 씨의 유세가 있다고 허위 고지 가두방송을 하고 돌아다닌 정체불명의 찝차를 찾아달라'고 군산경찰서에 신고, 동 지구당에 의하면 이 검은 찝차는 이날 오전 10시를 전후해서 군산 시내 일원과 옥구군 성산, 옥산면 일부 지역을 돌아다니며 '8일 오후 2시 공설운동장에서 김대중 후보의 유세가 있다'고 거짓 내용을 방송하고 다녔다는데, 이날 가두방송을 들은 사람들 중 100여 명이 동 지구당에 유세가 있는지 여부의 문의 전화를 해왔다는 것."

김대중 후보 군산 유세는 그달(4월) 22일 오전 금암동에 자리한 공설운동장에서 열렸다. 이날 김 후보는 연설에서 "공화당은 이번 선거에서 승산이 없다는 결론을 내리고 이를 승리로 조작키 위해 투표와 개표 과정에서 유령투표, 투입을 조작, 부정 개표 참관인 매수계획 등을 세우고 있다"며 "이 같은 부정선거는 중앙정보부가 총지휘를 맡고 있다."라고 주장했다.

김 후보는 전국에서 매표 작업이 이뤄지고 있다며 전북 장수를 예

김대중 후보 군산 공설운동장 유세(1971년 4월 22일 치 〈동아일보〉)

로 들었다. 장수에서는 표당 3,000원씩으로 공무원이 주(主)가 되고 공화당(共和黨)이 종(從)이 되어 표를 매수하고 있으며 야당 참관인은 10만 원, 투표구 선관위원은 20만 원, 개표구 선관위원은 50만 원으로 매수하는 책략을 진행하고 있으며 그래도 듣지 않으면 납치를 계획하고 있다고 지적했다.

그의 주장에 따르면 공화당은 대통령 선거를 앞두고 300억 원을 자금의 총 사용 목표로 정하고, 부정선거 자금을 염출 하였다. 예를 들어 미군납 업자로부터 1억 5천만 달러 군납에 달러당 20원씩 염출, 모두 30억 원을 뜯어냈다는 것.

그는 이어 "정부가 전국 곳곳마다 '중단 없는 전진'이라는 구호를 붙여놓은 것은 박 대통령을 중단시키지 말고 계속 대통령을 시키자는 선거운동"이라고 지적하고 "지금 이 나라에서는 통일도, 민주주의도, 자유도, 도덕도, 농촌 경제도, 중소 상공업 등 모두가 후퇴하고 부정·부패만이 오직 중단 없는 전진을 하고 있을 뿐"이라고 목소리를 높였다.

김 후보는 "신민당이 집권하면 고구마를 대용식으로 활용해서 1백만 석의 식량 소비를 절약하는 방안을 실천하겠다."라고 덧붙여 강조하였다.

### 열차와 시외버스까지 동원한 박정희 후보 유세

23일 전주에서 열린 공화당 박정희 후보 유세에는 임시 증결된 열차 편으로 군산·옥구 지역에서 청중이 동원되었다. 기록에 따르면 이날 오전 10시 30분 군산발 이리행 열차는 평상시보다 7량의 객차를 더 연결하는 한편, 운행 구간도 전주까지 연장 운행했는데, 출발지인 군산에서 12량의 객차가 초만원, 중간역(개정, 대야, 임피 등)에서 기다리던 많은 사람이 기차를 이용하지 못하는 사태가 발생하기도 했다.

또 전주 지역의 많은 버스가 청중 동원에 돌려지는 바람에 평상시 하루 150여 대가 운행되던 전주~군산 노선 시외버스가 이날에는 약 50대나 운행을 중지했다.

DJ는 향토예비군 폐지, 노동자·자본가 공동위원회 구성, 비정치적 남북 교류, 한반도 평화를 위한 4대국 안전보장 등을 공약으로 내걸고 박정희 후보의 안보 논리와 경제성장론을 날카롭게 공격했다. 그는 과감한 공약과 호소력 넘치는 연설로 선풍적인 지지를 이끌어냈으나 박 후보에게 95만 표차로 패하였다. 당시 공공연하게 벌어진 선거 부정을 빗대 '김대중은 선거에서 이기고 투표에서 졌다'는 말이 회자되었다.

제7대 대통령 선거 유세에서 박정희 후보는 '정치 연설은 오늘이 마지막이 될 것'이라고 호언장담하였다. 이후 온갖 부정선거로 3선 대통령이 된 그는 이듬해(1972) 유신 선포로 헌법을 고치고 조선 시대에도 없던 제도를 만들어 종신대통령 길로 들어선다. 대통령 선거는 '통일주체국민회의' 대의원 2,359명이 체육관에서 선출하는 간접선거로 진행되었던 것. 이후 1987년 12월 제13대 대통령 선거가 있기 전까지 일명 '체육관 선거'로 대통령을 선출하였다.

GUNSAN
DJ ROAD

# DJ, 세 번째 군산 방문 (1971년 5월)
## 공설운동장 유세

김대중 군산 유세 알리는 1971년 4월 23일 자 〈조선일보〉

　1971년은 선거의 해였다. 4월 27일 제7대 대통령 선거에 이어 5월 25일 총선이 치러졌으니 그럴 만도 했다. 5·25 총선을 보는 유권자들의 눈은 무관심을 넘어 싸늘했다. 그러나 후보들과 유세 지원 관계자들은 그 어느 때보다 치열한 공방전을 펼쳤다. 특히 선거일이 다가오자, 유세 현장에는 돈과 조직 그리고 '숨은 무기(武器)'들이 총력전의 양상을 띠었다.

박정희 정부의 온갖 부정과 방해 공작에도 4·27 대선에서 5,395,900표(45.25%)를 득표한 김대중 후보, 탁월한 언변과 논리적 식견이 대내외적으로 알려지면서 DJ는 새로운 국가 리더로 부각된다. 새로운 정책 구상은 물론 유세 현장에서도 그의 도움을 기다리는 후보가 늘어나기 시작한다. 명연설가로 인정받은 김대중은 동료 후보들 지원 유세로 더욱 바빠진다.

선거 막바지 붐을 기대했다가 DJ가 들르지 않자, 야당 후보 10여 명이 "나를 죽이려고 우리 지역엔 들르지 않는 것이냐?"라고 항의하는 사태가 벌어지기도 했다. 심지어 승용차 앞에 드러눕는 후보도 있었다. 이에 DJ는 가는 곳마다 "이 김대중을 좋아하신다면 눈 딱 감고 신민당에 찍어줘야 내가 앞으로 큰일 하는 데 도움 될 것"이라고 호소하였다.

DJ는 총선을 일주일 앞둔 5월 18일 군산을 다시 찾아온다. 충남·전북 지역 야당 후보 지원 유세 펼치다가 들른 것. 이날 그는 "공화당 정권은 야당 말살을 위해 폭력·매수 등 온갖 부정을 동원하고 있는데, 지금과 같은 양상이 25일까지 계속된다면 그것은 국민에게 선거 부역을 시키는 격"이라고 주장하고 "자칫하면 야당이 개헌 저지선 확보조차 힘들다"라고 전망했다.

그는 자신이 속한 신민당에도 쓴소리를 날렸다. 신민당은 '진산파동'을 계기로 새로운 당(黨) 건설에 나서야 한다고 충고한 것. 청중을 향해서는 "공화당의 독재와 특권 경제를 막기 위해서는 끝까지 싸울 야당 의원을 반수 이상 국회로 보내야 한다."라고 호소했다. 이어 "공화당은 지난 4·27 대통령 선거에서 1백2십만 표의 부정을 저질렀다는 내 발언을 문제 삼아 입건한 것은 적반하장이며 나는 이에 대한 명백한 증거를 가지고 있다."라고 부연했다.

지원 유세에 나선 DJ는 군산, 이리, 논산 등지에서 대통령 선거 유세 때 이상으로 뜨거운 환영을 받았다. 그는 강연 때마다 "여러분이 그렇게 표를 던졌어도 공화당의 부정 때문에 이기지 못해 미안하고 안타까운 심정"이라고 술회하며 "박 정권의 불의를 규탄하더라도 지역감정을 앞세워서는 안 된다"라고 강조하였다.

제8대 총선을 하루 남겨놓은 24일 오전 9시 30분경 전남 목포에서 광주로 이동하는 도중 무안군 삼양면 대양리 앞길에서 승용차가 전복하는 교통사고를 당한다. 이 사고로 얼굴과 손등 등에 유리 조각이 박히는 등 전치 2주의 상처를 입는다. 그는 부상에도 불구하고 서울에서 마지막 유세를 강행하였고, 다음날 치러진 선거에서 신민당 국회의원(비례대표 2번)에 당선된다.

GUNSAN
DJ ROAD

# DJ, 네 번째 군산방문 (1986년 10월)
## 월명공원 녹음연설

공안정국이 지속되던 1980년대 군산 중앙로 사거리

    1980년 광주를 피로 물들이고 집권한 전두환 정권은 용공 조작 사건을 잇달아 발표, 공안정국을 조성하였다. 군산에서도 교육계 청년 지식인들을 간첩 이적행위 및 보안법 위반 사범으로 몰아 처벌하는 용공 조작 사건 소식이 중앙 일간지에 대서특필된다. 1982년 교사, 직장인 등을 영장 없이 체포 감금하고 고문을 가하여 조작된 진술을 받아냈던 '오송회 사건'이 그것이다.

그즈음 한국 사회는 기업의 발전을 위해 노동자에게도 희생을 강요했다. 자본가와 노동자는 갑과 을의 수직적 관계로 인식되었고 노동 착취 등의 사회 부조리 현상이 곳곳에서 발생했다. 이에 의식화 교육이 필요성을 느낀 종교 및 사회단체들이 시민강좌를 통해 노동 강의를 진행했다. 나아가 청년 활동가들은 손이 미쳐 닿지 않는 노동 현장까지 뛰어들기를 시도했다.

군산의 노동자들도 권익 보호 운동에 동참하였다. 1986년 경암동 세풍합판 노동자들이 투쟁을 일으킨 것이다. 세풍합판 노동자들은 동종업계 중 최저 수준의 임금과 살인적인 12시간 맞교대 근무로 떨어지는 삶의 질에 지친 나머지 자신들의 권리를 찾기 위해 들고일어났던 것. 이 운동은 노동자의 인권 도모와 의식화에 목적을 두고 있어 큰 의미를 지니고 있었다.

당시(1980년대 초) 김대중(DJ)과 김영삼(YS)은 야권의 핵심 인물이었다. 그러나 그들은 신군부에 의해 제도권 정치 참여가 배제되어 있었다. 이러한 상황에서 YS와 DJ 진영은 전두환 독재에 저항하고 양 세력의 연대를 도모하는 한편 제도권 정치 진출의 가교로 민주화추진협의회(民主化推進協議會: 양·김 계열 인사들이 연합, 1984년 5월 18일 발족한 재야정치단체, 일명 '민추협')를 조직한다. 민추협은 1986년 가을 현재 DJ와 YS가 공동의장을 맡고 있었다.

그즈음 전두환 신군부 정권은 정보기관과 언론을 총동원, 내각제

음모를 꾸미고 있었다. 따라서 정치계는 내각제와 직선제 합의개헌(合意改憲)을 놓고 여·야가 치열하게 대립하였다. 여당(민정당)은 의원내각제 개헌 관철을 주장하였고, 야당(신민당)은 대통령 중심 직선제와 사회 및 경제체제의 민주화, 언론자유 보장 등을 현안으로 내세웠다.

그해(1986) 10월 9일은 540돌 한글날이었다. 이날 오전 10시 세종문화회관 소강당에서 기념식 및 제5회 세종문화상 시상식이 열렸다. 한편, 한글학회는 종로구 신문로 한글회관 강당에서 한글 운동 공로자에 대한 표창식을 가졌으며, 덕수궁 세종대왕 동상 앞에서는 세종대왕 기념사업회 주관으로 헌화식이 베풀어졌다.

### 군산 월명공원에서 녹음 연설

군산에서는 한글날(9일) 오후 2시 월명공원 수시탑 아래에서 이민우 신한민주당(신민당) 총재, 김영삼 고문 등 당 지도부와 1만 5천여 명의 시민-당원이 참석한 가운데 군산·옥구 지구당(위원장 김봉욱) 단합대회 겸 직선제 개헌 추진대회가 열렸다. 경찰은 옥외 집회를 허가하지 않았으나 신민당 측은 강행하였고, 참가자들의 함성은 월명산 줄기를 감아 돌았다.

군산 집회는 신민당이 국회 개헌특위(改憲特委) 활동 중단을 선언한 이후 처음 가진 장외 활동이었다. 김대중 '민추협' 공동의장도 참석할 예정이었으나 오전 7시부터 경찰에 의해 자택에 연금되는 바람에 녹음 연설로 대신하였다. 신념에 찬 그의 목소리는 월명공원 자락을 타고 도선장 주변까지 퍼져나갔다. 그는 정부와 여당에 모든 정치 현안을 해결하기 위한 '거국내각' 구성을 제의해 눈길을 끌었다.

　김대중 공동의장은 "현 대통령(전두환)의 남은 임기 1년 반 동안 여-야간 완전 합의에 의한 중립내각을 구성해 여기서 개헌(改憲) 문제는 물론 대통령 및 국회의원 선거 문제, 현행 모든 악법(惡法)의 민주적 개정 문제, 노동자와 농민, 서민 대중의 민생문제 등을 도맡아 해결하고 88년 평화적 정권교체를 이룩하도록 하자"면서 "이 길만이 현재의 국민적 대립을 극복, 화해를 이룰 수 있는 길"이라고 호소했다.-(1986년 10월 10일 치 '조선일보')

　김 공동의장은 "거국내각 구성은 국민적 불행을 막고 정치보복을 없애, 현 정권이 안전하게 야당으로 남는 길을 보장하는 난국 극복의 유일한 길"이라고 강력히 주장하였고, 참가자들은 박수와 환호로 화답했으며, 뜨거운 함성 소리는 월명공원 능선에 메아리쳤다.

군산 옥외집회 현장(1986년 10월 10일 자 〈조선일보〉)

### 시민은 평화적 시위, 경찰은 최루탄 발사

월명공원 단합대회는 빗줄기가 간간이 흩뿌리는 가운데 약 2시간 40분가량 진행됐다. 학생 및 청년 당원 400여 명은 대회가 끝난 뒤 김봉욱 위원장의 지역구 사무실까지 행진하려다 경찰의 제지를 받고 대치, 심한 몸싸움을 벌였다. 학생과 청년 당원들은 공원 진입로 부근 (군산상공회의소 앞)까지 진출하여 전경 300여 명과 대치했으며 일부는 경찰과 투석전을 벌이기도 하였다.

시위대는 '전두환 독재 타도!', '대통령은 내 손으로!', '전두환 물러가라!' 등의 구호를 외치며 서초등학교, 공회당, 군산시청, 군산우체국을 지나 군산경찰서 앞까지 행진하였다. 시위대가 경찰서 오거리에 도착하자 경찰은 시민과 학생들을 향해 다연발 최루탄(지랄탄)을 쏘아 댔고, 그 과정에서 시민과 학생 30여 명이 경찰에 연행됐으며, 대학생

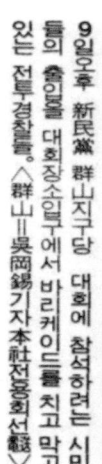

군산 옥외집회 강행 알리는 1986년 10월 9일 자 〈동아일보〉

몇 명이 구속되기도 하였다.

경찰은 단합대회가 불법이라는 이유로 확성기를 통해 즉시 해산을 요구했고, 그중 100여 명은 10여 분 만에 전경들의 포위망을 뚫고 중앙로 1가 시청 쪽으로 진출했다. 그러나 다시 2개 중대 병력의 전경들에 의해 차단되자 서서히 대열을 풀고 오후 5시 30분쯤부터 하나둘 귀가하기 시작하였다. 경찰이 추산한 시위 참가자는 3천여 명에 달하였다.

이날 군산은 아침부터 경찰병력 44개 중대 6천여 명이 거리 곳곳에 포진하였고, 시청 앞에서 대회장(월명공원)에 이르는 4차선 도로(현 대학로와 중앙로 1가)에는 전경 5개 중대가 배치되어 삼엄한 경비를 펼쳤다. 시위대는 주변 상인들까지 합세, 2~3만의 시민과 청년들이 거리를 가득 메웠으며 이들은 '민주인사 사면 복권 즉각 단행!', '김대중 선생 즉시 사면!' 등의 구호를 함께 외쳤다.

GUNSAN
DJ ROAD

# DJ, 다섯 번째 군산방문 (1987년 11월)
### 월명종합운동장 유세

오마이뉴스 | 2012년 11월21일 조종안(chongani)

김대중 의장 사면복권 알리는 1987년 7월 9일 자 〈경향신문〉

　제12대 총선(1985) 이후 야당과 재야 세력은 간선제로 선출된 제5공화국 대통령 전두환의 도덕성과 정통성의 결여, 비민주성을 비판하면서 줄기차게 직선제 개헌을 주장하였다. 이에 신군부 정권은 1987년 4월 13일 모든 개헌논의를 금지하는 호헌 조치를 발표하였다. 이후 직선제 개헌 요구와 4·13 호헌 조치가 첨예하게 대립하는 상황에서 청년들과 시민단체는 대규모 가두집회로 대항했다.

이후 박종철 고문치사 사건이 터지면서 경찰력이 마비되고 군부대 투입설(위수령)까지 나도는 국면이 전개되었다. 경찰력이 마비되자 정부는 군부대 투입을 검토한다. 위수령이 발동될 징후를 알아차린 미국은 한국 정부에 압력을 가하여 군부대 투입을 저지했으며, 야당과 신속히 타협하도록 촉구하였다.

민주화와 직선제 개헌 요구는 빗발쳤고 국민의 함성은 하늘을 찌를 듯하였다. 전국 37개 도시에서 사상 최대 인원인 100만여 명이 밤 늦게까지 격렬한 시위를 벌였다. 이에 대통령 후보였던 노태우 민주정의당(민정당) 대표위원은 국민의 요구를 받아들여 그해 6월 29일 시국 수습을 위한 특별 조치를 발표한다. 전두환 대통령의 도덕성, 정통성 결여를 지적하는 직선제 개헌 요구와 전두환의 4·13 호헌 조치가

빈자리 찾기 어려울 정도로 운동장을 가득 메운 시민들

첨예하게 대립하는 상황에서 나온 선언으로 이름하여 '6·29 민주화 선언'이다.

위 사진은 제13대 대선에 출마한 평화민주당(평민당) 김대중 후보 유세장 모습이다. 날짜는 1987년 11월 18일(수), 장소는 군산시 사정동에 자리한 월명종합운동장이다. 그날은 평일이었고 비까지 내렸음에도 운동장은 인파로 넘쳐났다. 특히 '6·29 선언'으로 국민이 대통령을 직접 뽑는 직접선거가 16년 만에 치러져 유세장은 서울과 지방 가리지 않고 뜨겁게 달아올랐다.

이날 유세는 군산 미공군비행장 미군들도 취재에 나서 유세장 분위기를 달구었다. 연설을 마친 김 후보는 우중임에도 무개차를 타고 숙소가 있는 시내까지 시민의 뜨거운 환영을 받으며 카퍼레이드를 벌였다. 당시 언론들은 김대중 후보가 연설하는 동안 운동장과 사정동 로터리에 이르는 6차선 도로 약 2km는 승용차, 버스, 트럭 등으로 길이 막힐 정도로 열기가 대단했다고 전하고 있다.

당시 민정당은 '안정 속의 개혁', 야당은 '군정 종식'을 선거 캐치프레이즈로 내걸었다. 김대중 후보는 '보통 사람'임을 강조하는 노태우 후보를 두고 "평생 무당질에 목탁 처음 봤다는 말은 있지만, 내 육십 평생에 가가호호(家家戶戶) 선물을 돌리는 보통 사람은 처음 봤다"라고 해서 유세장을 웃음바다로 만들기도.

김 후보는 "노태우 후보는 보통 사람이 아니라 육군 대장 출신에 쿠데타 주모자이고, 독재자"라고 강조했다.

김 후보는 군산에서 1박 하고 다음날(19일) 김제로 떠났다. 그는 출발에 앞서 "노태우 씨는 자기가 당선돼야 안정이 있고, 6·29 선언이 민주주의의 출발점이 됐다고 자화자찬하는데, 그것은 어불성설"이라고 공박하고 "12·12 쿠데타 이후 지금까지 정치·경제·사회 부조리에 책임이 있는 그가 어찌 안정을 말할 수 있느냐"라고 비판했다.

유세 사진을 접할 때마다 지금은 고인이 된 지인이 떠오른다. 후덕하면서도 절약 정신이 강했던 지인은 중소기업체 사장으로, 김 후보가 군산을 다녀간 후 정치헌금 20만 원을 기탁했다. 그런데 어떻게 알았는지 모 기관으로부터 위압적인 전화가 걸려 오고, 세무조사를 받는 등 어려움을 겪어 주위를 안타깝게 해서다.

### 온갖 부정 난무했던 13대 대통령 선거

제13대 대선은 1980년 광주민주화운동과 1987년 6월 민주항쟁 등 국민의 희생을 담보로 어렵게 되찾은 직접선거이니 축제 분위기로 치러졌어야 했다. 그럼에도 열기가 더할수록 지역감정을 부추기는 유언비어와 흑색선전, 폭력이 난무했고, 투표일이 가까워지자, 여당의 부정행위가 꼬리에 꼬리를 이었다.

노태우, 김영삼 후보의 광주, 군산, 전주 유세와 김대중 후보의 부산, 대구 유세는 폭력으로 얼룩졌다. 상대 지역에 전쟁하러 가는 모습으로 비치는 유세전이 각 언론에 생생히 나가면서 한반도는 영호남을 철저히 갈라놓는 양상으로 치달았다. 이에 야당들은 집권 연장의 산물로 사전 계획에 따라 치밀하게 조작, 부채질했다고 주장했고, 여당은 두 김씨의 경쟁이 불씨가 되었다고 역공을 펼쳤다.

언론도 여당 편이었다. 〈은파에서 째보선창까지〉(최영 지음)에 따르면 특히 민족지를 자처하는 신문사의 김 아무개 기자는 계산된 질문으로 호남 민심을 자극했다. 김대중 후보에게 "미국 망명 중일 때 그곳 신문과 대담에서 주한미군 철수를 주장했는데 지금도 같은 생각이냐?"라고 물었던 것. 김 후보는 "나는 그렇게 말한 적이 없다"라고 답변했으나 언론들은 '김대중 후보는 말 바꾸기를 다반사로 한다'는 내용을 톱뉴스로 보도했다.

노태우 후보 측에서도 '이때구나!' 하고 김대중 후보를 향해 색깔 공세를 가했다. 그러나 며칠 후 김 아무개 기자가 제시한 미국 신문 기사를 확인한 결과 김 후보의 답변이 사실로 밝혀졌다. 하지만 많은 유권자에게 김대중 후보가 거짓말했다는 것만 각인시켰을 뿐 원위치로 되돌려놓을 수는 없었다.

특유의 몸짓으로 노태우 후보를 비판하는 김대중 후보(1987)

13대 대선은 민주화운동의 결정체로 여당은 국민 앞에 겸허히 고개 숙이고 참회하는 자세로 공정선거를 유도했어야 했다. 그러나 야당 당사 피습, 입당 강요, 금품 살포 등을 공공연하게 자행했다. 특히 아무개 장관은 공사 기공식에서 노태우 후보를 지지하는 발언을 했다. 추석을 전후해서는 공무원과 통반장을 동원한 선물 공세가 펼쳐졌다.

군산이라고 예외가 아니었다. 13대 대선 때 동사무소 사무장이었던 최영 시인(작고)은 자신이 쓴 책에서 "그때는 동장과 민정당 동(洞) 협의회장이 긴밀한 협의 속에 선거를 치렀다"며 "선거가 다가오면 통장들이 일괄 사표를 제출하고, 여당 후보를 돕다가 선거가 끝나면 다시 임용되던 시절"이었다고 술회했다.

### 김대중 후보, 자서전 통해 잘못 인정

13대 대선은 828만 표(36.6%)를 얻은 노태우 후보 당선으로 막을 내린다. 그러나 봉인되지 않은 부재자 투표함에서 무더기 표가 쏟아지고, 환표 부정에 사용된 것으로 보이는 투표용지, 붓두껍, 인주 등이 감시단에게 적발되는 등 명백한 부정선거였다. 투표 전날 노태우 후보가 기자회견에서 "선거 결과에 무조건 승복해야 한다!"라고 강조한 대목은 의구심을 살만했다.

다수 국민은 여당의 부정선거와 노태우 당선보다 두 김씨의 단일화 실패에 대해 마음 아파했다. 두 김씨가 얻은 표를 합하면 노 후보보다 400여만 표가 더 많아 국민의 상실감은 더했다. 비난의 화살은 인구와 경제력이 약한 호남 지역 후보 김대중에게 더 많이 쏟아질 수밖에 없었다. 그럼에도 김대중은 자서전을 통해 자기 잘못을 인정하고 후회스럽다고 밝히고 있다.

"많은 민주인사의 희생과 6·10 항쟁으로 어렵게 얻은 선거에서, 그것도 오랜 독재를 물리치고 16년 만에 처음으로 치른 국민의 직접선거에서 졌다. 국민들의 원성이 하늘을 찌를 듯했다. 나라도 양보를 했어야 했다. 지난 일이지만 너무도 후회스럽. 물론 단일화했어도 이긴다는 보장은 없었다. 저들의 선거 부정을 당시로써는 막을 수 없었을 것이다. 하지만 국민들에게 분열된 모습을 보인 것은 분명 잘못됐다…." - 〈김대중 자서전〉 536쪽에서

제18대 대통령 선거 투표일(2012년 12월 19일)은 한 달도 채 남지 않았고, 대선후보 등록일은 일주일 앞으로 다가왔다. 야권 후보 단일화 규정 협상을 잠정 중단했던 문재인 민주통합당 후보와 안철수 무소속 후보가 18일 저녁 긴급 회동을 하고 협의 재개에 합의했다고 한다. 참으로 다행한 일이다. 부디 현명한 선택으로 민주주의를 한 걸음 앞당겼으면 하는 마음 간절하다.

GUNSAN
DJ ROAD

# DJ, 여섯 번째 군산방문 (1988년 4월)
## 김대중 목소리 월명산 자락으로 퍼져

중앙로 1가에 내걸린 환영 현수막

1987년 7월 10일, 민정당 노태우 대표의 '6·29 선언' 후 '김대중 내란음모 사건' 관련자 전원과 5·18 민주화운동 관련자 15명 등 모두 2,300여 명이 사면 복권된다. 그 속에는 '김대중' 이름도 포함되어 있었다. 이후 전국의 주요 도시에 축하 현수막이 내걸리기 시작한다.

군산의 중앙로와 역전광장 등에도 축하 현수막이 내걸렸고, 시민들은 안도의 한숨을 내쉬었다.

그해 9월 8일 김대중은 광주를 방문해 망월동 묘역을 참배하고, 고향인 목포와 하의도를 각각 방문하였다. 광주 방문은 16년, 목포와 하의도 방문은 28년 만의 일이었다. 그해 10월 27일에는 미국 최대 노조인 산별노조총연맹(AFL-CIO)에서 수여하는 '조지 미니(George Meany) 인권상'을 수상하였다.

김대중은 1988년 봄에도 군산에 다녀간다. 아래는 그해 4월 12일 치 〈조선일보〉 기사(제목:'김대중 씨 새마을 비리(非理) 7조(兆)') 내용이다.

"평민당(平民黨)의 김대중(金大中) 전(前) 총재는 일요일인 11일 점퍼 차림으로 이리(裡里) 지구당(위원장 이협) 창당대회에 참석, 지원 유세를 한 데 이어 익산(益山) 김득수(金得洙), 군산(群山) 채영석(蔡映錫), 옥구(沃溝) 김봉욱(金奉旭), 진안(鎭安)-장수(長水) 이상옥(李相玉), 순창(淳昌)-임실(任實) 지구당 홍영기(洪英基) 등 6개 지구당을 돌며 본격적인 호남(湖南) 득표 활동을 시작."

이날(11일) 오후 군산 월명공원에서 열린 집회에는 채영석 후원회 이름으로 된 '3번 찍은 우리들 또 찍자 3번', '군산의 자존심 채영석' 등의 현수막이 내걸리고 전북 연청회원 50여 명이 대회 전 노란색 깃발을 앞세우고 도보 행진을 하며 기세를 올려 눈길을 끌었다.

김대중은 연설에서 전경환(당시 새마을운동협회 중앙본부 명예회장 겸 명예총재) 씨의 부정 액수와 관련, 그동안 주장했던 '7천9백억 원'에서 10

배를 올려 '7조 9천억 원은 넘을 텐데, 여러분 생각은 어떠냐?'고 물었고, 군중은 함성과 박수로 화답했다. 그는 또 "전두환-전경환 형제가 용감무쌍하게 해 먹었다.", "전경환의 부정은 전두환 씨에 비하면 해와 달 정도에 비교된다."라고 주장했다.

전경환은 1988년 73억 6천만 원 횡령, 새마을신문사 10억 원 탈세, 4억 1,700만 원의 이권 개입 등 7가지 죄목으로 기소되어 이듬해(1989) 5월 징역 7년, 벌금 22억 원, 추징금 9억 원의 형이 대법원에서 확정되었으나 1991년 6월 서울 영등포교도소에서 가석방되었다.

GUNSAN
DJ ROAD

## DJ, 일곱 번째 군산방문 (1992년 3월)
### 군산역 광장 유세

군산역 광장 유세 모습(출처: 한겨레)

　김대중(DJ)은 민주당 대표 시절인 1992년 봄 군산을 다시 찾는다. 이는 일곱 번째 방문으로 경제 난국이 쟁점으로 떠오르는 가운데 3월 17일 오전 군산역 광장에서 열린 민주당 정당 연설회에서 "거대 여당의 횡포를 견제하기 위해 야당에 표를 몰아달라"며 채영석(蔡暎錫) 후보 지지를 당부하였다.

DJ는 이날 옥구, 완주 등 전북 7개 지역 정당 연설회에 참석, "이번 총선에서 여당이 승리하면 정부는 농민들이 민자당(民自黨)의 정책을 지지하는 것으로 여기고 금년도 추곡가 인상률과 수매량을 대폭 축소할 것"이라며 "폐농의 길을 면하기 위해서라도 농민을 위해 여당을 견제할 수 있는 민주당 후보를 지지해 달라"라고 거듭 호소했다.

이날 군산역 광장에는 2천여 명의 청중 뒤쪽에서 갑자기 민주당 청년 친위조직인 연청(聯靑:새시대새정치연합청년동지회) 출신 무소속 출마자 엄대우(嚴大羽) 씨와 지지자 2백여 명이 나타나 엄 씨의 이름을 연호, 사람들을 어리둥절케 하였다.

엄 씨는 자신의 지지자들이 청중에게 홍보물을 돌리고 '연청' 피켓을 치켜들며 '시위성' 선거운동을 벌이는 가운데 연단으로 올라가 김 대표를 일방적으로 껴안는 등 연설을 방해하였다. 이에 김 대표는 진노한 표정으로 "채 의원은 어려울 때 몸으로 때우는 나의 분신이며 엄 씨는 공천받을 자격이 없어 탈락한 것이다. 엄 씨의 행동은 군산 시민을 욕되게 하는 것"으로 "10여 분간이나 당의 명령에 불복한 무소속 후보를 지지해서는 안 된다"라고 역설하였다.

DJ가 16일부터 이틀 동안 전북 지역 전체 선거구 정당 연설회에 참석, '표몰이'에 들어가자, 민주당과 무소속 후보들은 DJ가 몰고 올 파장에 불안감을 감추지 못하면서 바람 잠재우기 전략 마련에 부심하고 있다고 신문은 전하였다.

당시 민주당 전라북도 지부는 DJ 일정이 발표되자 기자회견을 열어 "1백만 인구의 광주시와 2백5십만의 전북 간에 예산 규모가 비슷한 것은 DJ가 호남 중에서도 광주·전남만을 편애하기 때문"이라며 전북 홀로서기를 강조하였다.

한편, 민주당 후보들은 DJ가 참석하는 정당 연설회를 '판세 굳히기'에 결정적 계기로 삼는다는 전략 아래 DJ의 순회 시간 배정에 신경전을 벌여 10~30분 정도를 할애받았다. 그러나 군산의 채영석 후보는 읍소 작전으로 '하룻밤 모시기'에 성공했다는 후문이다.

전주 완산에서 출마한 손주항 무소속 후보는 '천하에 봄바람은 왔지만, 김대중 바람은 이제 가을바람뿐'이라며 '김 대표 나들이에 시민들이 별다른 흥미를 느끼지 못할 것'이라고 주장했다.

〈한겨레신문〉에 따르면 DJ는 군산(채영석), 옥구(강철선), 완주(김태식), 진안(오상현), 임실(홍영기), 남원(조찬영), 곡성(황의성), 담양(박태영) 등 8개 지역을 돌면서, 정부 여당의 '살농 정책'을 비난하고 충분한 곡가와 수매량 보장을 주요 내용으로 하는 '활농 정책'을 약속했다.

DJ는 군산에서 발표한 '농업정책' 대안을 통해 △ 곡가 보장을 위한 '양곡도매시장' 육성 △ 쌀소비 증대를 위한 초중고의 쌀밥 급식 △ 농업 생산성 향상을 위한 영농후계자 병역면제 제도 입법화 추진 등을 제시했다.

GUNSAN
DJ ROAD

# DJ, 여덟 번째 군산방문 (1995년 6월)
## 군산역 광장 유세, 유종근 도지사 후보 지지 호소

오마이뉴스 | 2011년 8월 19일 조종안(chongani)

1995년 '6·27 지방자치단체 선거'에서 전북지사 선거전은 국내파(강현욱 후보)와 국외파(유종근 후보)의 이색적인 대결 구도로 펼쳐졌다. 민자당의 강현욱 후보와 민주당의 유종근 후보였다. 두 사람은 경제통이라는 공통점을 가지고 있었지만, 이력은 판이했다. 강 후보가 재무부, 경제기획원 등 경제부처에서 잔뼈가 굵은 행정 관료인 반면, 유 후보는 미국에서 경제학을 가르치고 주정부의 경제자문관을 지낸 미국통이었다. - 기자 말

오늘(18일)은 김대중 전 대통령 서거 2주기다. 아침부터 그의 자료를 정리하다가 1995년 여름 김대중 아세아태평양평화재단(아래 '아태재단') 이사장이 군산에 온다는 소식을 접하고 한달음에 달려 나가 찍어놓았던 사진 30여 장을 발견했다.

김대중(DJ)은 남북통일, 아시아 민주화 등과 관련된 연구 학술 활동 지원을 위해 1994년 자신이 설립한 '아태재단' 이사장 시절인 1995년 6월 18일 군산에 내려온다. 전북 도지사에 출마한 민주당 유

종근 후보 지원 유세를 위해서였다.

유종근은 미국에서 생활하던 1983년 1월 DJ와 첫 만남이 이루어진 후 'DJ맨'이 되었다고 회고한다. 그는 미국에 거주하면서 '김대중 선생 안전 귀국 촉구대회 집행위원장'을 맡기도 하였다. 그는 철저한 'DJ맨'으로 1987년 대선 때 정책 보좌역, 1991년 민주당 홍보위원, 아태재단 사무차장 등을 지내면서 신임을 얻은 것으로 알려진다.

유종근 후보는 전북 정읍 출신으로 익산 남성고와 고려대를 졸업했다. 1970년대 초 미국으로 유학을 떠난 그는 뉴욕주립대에서 경제학박사 학위를 받는다. 이어 뉴저지주립대학교 교수와 뉴저지주지사 수석경제자문관을 지내는 등 다양한 경험을 쌓고 1990년대 초 귀국한다.

예상치 못한 기초단체장 공천 잡음으로 출마 선언 때부터 적잖은

구 군산역 광장에서 유종근 후보 지지를 호소하는 DJ

타격을 입는 등 숱한 화제를 남기며 우여곡절을 겪은 유종근 후보. 그는 군산 출신이며 농림수산부 장관(1992년)을 지낸 강현욱 후보가 '인물론'을 내세우며 예상 밖의 선전을 계속하자 김대중 아태재단 이사장에게 집중적인 지원 유세를 요청한다.

### 구 군산역 광장으로 구름처럼 밀려든 시민들

익산(이리)에 들렀다가 오후 3시쯤 군산에 도착한 김대중 이사장은 뜨거운 환영을 받았다. 거리에는 각 사회단체 이름의 환영 현수막이 넘쳐났고, 시민들은 김대중의 목소리를 듣기 위해 구 군산역 광장 부근 건물의 옥상까지 가득 메웠다.

조금 일찍 현장에 나가 현장 모습을 카메라에 담으면서 보니 수많은 사람이 한 손에 우산을 들고 역 광장으로 모여들고 있었다. 순간,

도로변 건물 옥상까지 가득 메운 군산시민

박정희 캠프 사람들이 유세장에 나오라며 집집이 비누, 설탕, 돈봉투 등을 돌렸던 1971년 대선이 떠올라 씁쓸한 미소가 지어지기도 했다.

DJ가 탑승한 승용차가 군산역 로터리에 도착하자 몰려든 시민들이 앞을 가로막는 바람에 차가 더는 나아가지 못했다. 김옥두 비서실장을 비롯한 수행비서들이 앞으로 나와 길을 터달라고 사정했으나 헛수고. 구름처럼 밀려오는 군중을 막을 수는 없었다.

김영삼 정부 규탄 구호 외치는 시민단체 회원도 보였다. 승용차 차창을 때리면서 통곡하는 아주머니도 있었다. '오송회 사건', '임피 간첩 사건', '개야도 간첩단 사건' 등 박정희·전두환 군사독재 치하에서 용공 조작으로 억울하게 피해당한 가족으로 보였다.

시민들은 차에서 내려 연단을 향해 걸어가는 DJ를 에워싸고 "김대중! 김대중!"을 연호했다. 눈물 흘리며 통곡하듯 "선생~니임!"을 외치는 노인도 있었다. 카메라를 짊어진 외국인이 분주하게 움직이는 모습도 보였다. DJ는 손을 들어 답례하면서 연신 "감사합니다!"라고 인사했다. 그러나 그의 목소리가 사람들에게 들릴 것 같지는 않았다.

채영석 의원, 강근호 전 의원, 엄대우 연청부회장, 김길준 군산 시장 등의 인사를 받으며 연단에 오른 DJ는 김영삼 정부의 실정을 조목조목 지적하면서 경제전문가 유종근 후보 지지를 호소했다. 당시 김대중 나이는 일흔 하나. 그러나 그의 비판은 날카로웠고, 목소리는 쩌렁쩌렁했다.

### 사람들은 왜 그토록 열광하며 눈물 흘렸을까...

초여름 날씨가 심술(?) 부리는 가운데 DJ 유세는 30분가량 이어졌다. 햇볕이 따가우면 신문지로 모자를 만들어 머리에 얹고, 비가 오면 우산을 받았다. 유도하는 이도 없는데 중간중간 박수와 환호가 터졌다. 울먹이는 아주머니, 심각한 표정을 짓은 아저씨, 무거운 표정으로 유세를 귀담아듣는 할아버지도 보였다.

가슴이 찡해지면서 감동이 벅차올랐다. 잠시 사진 촬영 멈추고 상념에 잠겼다. 시민들이 무엇 때문에 그토록 열광하면서 눈물을 보이는지 답을 찾고 싶어서였다. 나는 누구를 위해, 무엇을 남기려고 가게를 비워두고 나왔는지도 생각했으나 시원한 답을 찾을 수 없었다.

당시 민자당은 '전북 2중대론', '전북 홀로서기론' 등으로 지역감정을 부추겼다. 또한, DJ를 향해 지역감정 촉발 책임자라고 비난하면서 차기 대통령 선거는 세대교체가 최대 이슈가 될 것이라고 주장했다.

유세 중 환호하는 시민들

다음 대선을 의식한 유치한 정치공세였다.

　유종근 후보는 결국 1995년 '6·27 지자체 선거'에서 치열한 접전 끝에 강현욱 후보를 제치고 전북 도지사에 당선된다. 그는 후보 출마 선언에서 도지사 본선에 이르기까지 숱한 화재를 남기며 우여곡절을 겪었다. 그러나 1998년 선거에서도 승리, 연임 도지사 기록을 세웠다.

GUNSAN
DJ ROAD

# DJ, 아홉 번째 군산방문 (2000년 10월)
### 군산자유무역지역 기공식 참석

2000년 10월 26일 조종안(chongani)

김대중 대통령과 이희호 여사, 군산 자유무역지역 기공식 참석(2000)

　군산·군장(군산-장항) 국가산업단지는 서해안 개발 전진기기 및 국토균형개발 목적으로 1993년 준공됐다. 1999년에 지정된 군산수출자유무역지역(광역국가산업단지 50만 평)과 군산 지방산업단지를 포함하면 3300여 만$m^2$(1000여만 평)에 이르는 대규모 단지다.

당시 박태영(朴泰榮) 산업자원부 장관은 "군장 지역은 사회간접자본(SOC)이 잘돼 있고 지리적으로도 중국과 동남아를 상대로 한 무역 전진기지로 최적의 여건을 갖추고 있다"며 "10월 중 수출자유무역지역으로 지정할 계획"이라고 밝혔다. 그는 또 "익산과 군장국가공단의 수출자유지역 기능을 연계하는 방안을 검토하고 있다"라고 부연했다.

그로부터 1년 남짓 지난 2000년 10월 26일 중국 및 동남아 시장을 겨냥한 기계 및 자동차 분야의 수출 특화 전략 기지로 육성될 군산 자유무역지역 기공식이 개최된다.

그날 기공식에 참석한 김대중 대통령은 "자유무역지역에 입주하는 모든 외국인 투자기업에 대해 대폭적인 세제상 인센티브를 부여하고, 정부 내에 자유무역지역 위원회를 설치, 외국인 투자기업들의 애로를 신속하게 해결해 나갈 것"이라고 말했다.

김 대통령은 기공식에 참석하기 전 군산 시청을 방문하여 유종근(柳鍾根) 전북지사로부터 업무 추진 상황을 보고받는다. 이 자리에서 김 대통령은 "군산자유무역지역을 국내법상의 규제로부터 자유로운 규제 자유지역, 관세자유지역, 국제 자유지역으로 육성하도록 하겠다"라고 밝혔다.

김 대통령은 특히 외국인 투자기업들의 세제 혜택과 관련, 군산 국가산업단지에서 열린 자유무역지역 기공식 연설을 통해 "소득세와 법인세를 7년간 100% 감면하고, 다음 3년간 50%를 감면하겠다"면서 "등록세 및 취득세도 15년간 100% 감면할 계획"이라고 약속했다.

이어 김 대통령은 "지방 경제가 침체된 상황에서 외국인 투자유치는 지방의 고용을 창출하고 새로운 성장 동력으로의 역할을 하게 된다"면서 "이제는 지방자치 단체도 외국기업 투자를 적극적으로 유치하고 지방경제 구조도 선진국형으로 바꾸어 나가는 노력을 아끼지 말아야 한다"라고 강조했다.

김대중 대통령은 또 "오늘 기공식을 갖는 군산자유무역지역은 동북아 무역과 물류 유통의 거점이 될 것"이라며 "이 지역이 군산과 전라북도 발전을 선도하는 것은 물론, 한반도 시대를 여는 세계 속의 자유무역지역으로 성장해 나갈 것을 확신한다"라고 덧붙였다.

**덧붙임:** 군산자유무역지역은 2000년 10월부터 2005년 10월까지 군산 두 국가 산업 단지 내에 1,256㎢의 면적으로 조성되었다. 총사업비 1,884억 원으로 토지 매입비 1,150억 원, 시설비 734억 원으로 국가가 토지를 매입하여 입주 기업체에 무상 또는 저가 임대 형식으로 운용되고 있다.

군산자유무역지역은 자유로운 영업 활동 보장 등 글로벌스탠더드가 적용되는 국제적 규제 완화 지역이며, 제조, 물류 및 유통, 무역 기능이 복합된 지역이다. 또한 산업 통상 자원부[자유 무역 지역 관리원]가 직접 입주 허가, 건축 허가 등 모든 업무를 One-Stop service 하는 외국인 투자 기업 우대 지역으로, 신행정 수도의 관문 역할을 담당하고 있다. - 디지털군산문화대전

GUNSAN
DJ ROAD

# 이희호 여사
# 첫 번째 군산방문
# (2009년 11월)

　이희호(1922~2019) 여사는 DJ 서거(2009년 8월 18일) 후 김대중평화센터 제2대 이사장으로 선임된다. 이 여사는 취임 인사말에서 "고인이 된 남편의 유지를 받들게 돼 감사하다"며 "센터 설립 목적인 한반도와 동아시아를 비롯한 세계평화, 남북의 화해 협력을 위해 힘쓰겠다"고 밝혔다. 이어 "빈곤한 이웃을 돕는데도 힘을 보태겠다"고 부연했다.

　2009년 8월 DJ가 유명을 달리하고 3개월 남짓 지난 11월 26일 아침에 반가운 전화 받았다. 김대중·이희호 부부를 15년째 보좌해오고 있는 윤철구 비서관(당시 김대중평화센터 사무총장)이었다. 윤 총장은 이희호 여사가 군산에 가시는데, 모 가든(꽃게장 전문식당)에서 점심이나 하자며 아내와의 동행을 희망했다. 고마웠으나 아내는 근무와 겹쳐 동행할 수 없었다.

### '군산 꽃게장' 좋아했던 이희호 여사

　이희호 여사는 동교동자택 초청 방문 및 신년하례식(2005~2008),

동대구역 환영 행사(2006년 3월), 부산역 환영 행사(2006년 9월), 김대중도서관 후원의 밤(2006년 11월), 전북 익산역 환영 행사(2007년 4월), 노벨평화상 수상 기념행사(2007년 12월), 마지막 고향방문 동행 취재(2009년 4월) 등 DJ와 함께 몇 차례 뵌 적은 있지만, 식사 자리 초대는 처음이었다.

최영(2011년 작고) 시인에게 전화해서 전후 사정 설명하고, 식당에서 만나기로 했다. 최 시인은 자신의 수상록(《은파에서 째보선창까지》)에 김대중·김영삼의 민주화 운동 과정을 비롯해 박정희, 최규하, 전두환, 노태우 등 역대 대통령 군산 방문 당시 상황을 꼼꼼히 기록한 향토 시인이었다. 필자는 DJ 관련 책자와 관련 정보를 그에게 보내줬고 그때마다 원고 작성에 도움 된다며 기뻐했었다.

이 여사 도착 예상 시각보다 한참 일찍 식당 주차장에 도착했다. 먼저 도착한 최 시인이 상기된 표정으로 두리번거리고 있었다. 그는

군산 꽃게장 전문 식당에 도착한 이희호 여사(2009년 11월 26일)

나를 보자 흥분을 감추지 못했다. 10분쯤 지났을까, 이희호 여사 일행이 도착했다. 이 여사를 보는 순간 만감이 교차했다. 그해 4월 하의도 방문 때는 부부 동반이었는데 몇 달 사이 혼자된 모습을 보니 마음 한편이 아려왔다.

이날 군산을 방문한 이 여사는 지인(익산 거주)과 식사만 하고 돌아갔다. 윤철구 비서관에 따르면 이 여사는 평소 군산 꽃게장을 무척 좋아했단다. 광주 망월동에 갈 때마다 군산에 들러 꽃게장 전문 식당을 찾았다는 것. 군산을 지나치는 날은 경남 김해 봉하마을에 들러 권양숙 여사를 만나고 상경했다고 한다.

### "민주주의와 여성 인권 신장 위해 사셨던 분"

유복한 가정에서 태어나 여성운동 단체 리더로, 탄압받는 야당 정치인 아내로, 퍼스트레이디로 살아온 이희호 여사. 그는 대한여자청년단, 여성문제연구회, YWCA연합회, 한국여성단체협의회 등의 총무, 이사, 회장 등을 역임하며 가족법 개정, 축첩 정치인 반대 등 여성의 권익 신장에 앞장서 왔다. 특히 소외계층의 빈곤과 인권 문제는 그의 가장 큰 관심사였다.

친정어머니가 김대중 대통령에게 노리개 선물 받는 꿈(태몽)을 꾸고 지금의 아들(고등학생)을 낳았다는 이가령(50대) 아트교담 대표. 그는 "그날(2009년 11월 26일) 식당에서 지인과 점심 먹고 나오다가 차에서 내리는 이희호 여사를 보고 깜짝 놀랐다. 예상치 못한 만남이어서 최정상급 연예인을 본 것 같은 느낌이 들기도 했다"며 그날의 기억을 떠올렸다.

"TV 뉴스에서만 봐왔던 분(이희호 여사)을 실제 만났을 때 최정상급 연예인을 본 것 같기도 했다. 든든한 보디가드 같은 수행비서들이 계셔서 그런지 위엄과 강한 포스(force)가 느껴졌으며, 단아한 정장 차림에서 기품 있는 멋이 엿보였다. 먼 발치에서 잠깐 뵙긴 했지만, 특유의 아우라와 조신한 몸짓, 표정 등에서 '공적인 언행이 몸에 밴 분이구나'하는 생각이 들기도 했다.

이 여사는 자신의 삶을 주도적으로 이끌었던 분으로 겉보기엔 부드럽게 느껴지지만, 실제는 꿋꿋하고 강한 '외유내강'형 여성인권 운동가로 알려져 있다. 이 여사 자서전 〈동행〉을 보면, '한 지인은 김대중 정부 업적의 40퍼센트는 이 여사 몫'이라는 대목이 있는데, 그에 공감한다. 평생을 한국 민주주의와 여성 인권 신장을 위해 사셨던 분으로 평가받았으면 좋겠다."

## "이 여사 뵈었던 그날, 두고두고 기억하고 싶어"

이가령 대표는 DJ 군산기념사업회 운영위원이기도 하다. 그는 'DJ 스터디'에 참석하면서 알게 된 정보(김대중·이희호의 인연과 부부애, 두 사람이 주고받은 편지, 화이부동 정신 등)에 대해서도 언급하며 초등학생 시절 경험담도 들려줬다.

"나는 1970년대 유신 통치와 부마사태, 10·26사태, 제5공화국 등을 거치면서 얼마나 많은 정치인과 젊은이가 희생되었고 옥살이 했는지, 또 그들이 얼마나 고통을 당했는지 잘 모르고 성장했다. 초등학교 때 박정희 대통령이 서거했다고 해서 급우들과 단체로 빈소를 찾아 묵념하고 눈물 흘렸던 일을 기억하고 있을 뿐이다. 아무 영문도 모르는 채…"

"스터디 때 'DJ 리더십', '옥중서신', '남다른 부부애', '화이부동' 정신 등을 배웠는데 옥중 편지가 큰 울림으로 다가왔다. 두 분(김대중—이희호)은 편지 주고받을 때 누가 먼저랄 것도 없이 서로가 '존경하고 사랑하는 당신'으로 시작했다. 이는 그 자체만으로 두 분이 얼마나 훌륭한 인격의 소유자였는지, 또 상대를 배려하고 존중하며 살았는지 미루어 짐작할 수 있었다."

이희호 여사는 자서전 〈동행〉(2008)에서 "남편(DJ)은 불가항력적인 상황에 처하면 수용하고, 그 안에서 최선을 다하는 사람이었다"며 "그는 도합 6년여의 긴 감옥생활을 가족과의 면회, 독서, 화단 가꾸기, 편지 쓰기 등 네 가지 낙으로 견뎌냈다. 지금까지 살면서 그만큼 진지하고 꾸준히 노력하는 남자를 본 일이 없다"고 회고했다.

이에 대해 이가령 대표는 "이희호 여사는 남편(DJ)이 감옥에 있을 때 양말까지 다리미로 다려서 넣어줬다는 말이 전해질 정도로 한결같은 분이었다. 그의 신앙적 믿음과 헌신적인 지지, 그리고 세밀한 분야

청년시절 DJ 모습을 카메라에 담는 이가령 위원 (2023년 6월)

이희호 여사 자서전〈동행〉에 대해 설명하는 이가령 위원

까지 놓치지 않는 조언 등이 남편을 성공한 대통령, 나아가 세계적인 인물로 거듭나게 했다고 본다"라며 한마디 덧붙였다.

"납치와 억울한 옥살이, 가택연금, 사형선고 등 좌절과 어두움이 엄습하던 시대에도 결코 절망하거나 좌절하지 않고 남편(DJ)의 버팀목이 되어줬던 이희호 여사 의지가 존경스럽다. 그분의 생전 모습을 먼발치에서나마 뵐 수 있었던 그날을 두고두고 기억하고 싶다."

GUNSAN
DJ ROAD

# 이희호 여사 두 번째 군산방문 (2015년 11월)

이희호 여사는 2015년 11월에도 1박 2일(5일~6일) 일정으로 군산을 다녀간다. 목적은 전북에서 처음 열리는 〈김대중 생애 사진전〉(11월 5일~12월 6일) 개막식에 참석하기 위해서였다. 전시장은 군산시 장미동에 자리한 'W 갤러리'. 당시 이 여사는 김대중 평화센터 이사장 신분이었고, 안내는 영광스럽게도 필자가 맡았다.

### 동국사에서

사진전 개막식 마치고 오후 2시 40분경 동국사(일본식 사찰)로 이동했다. 종걸(주지) 스님에게 전화해도 받지 않아 불안했는데 도착하니 신도 한 분이 헌화용 국화 한 단(20송이) 들고 기다리고 있었다. 종걸 스님이 다가와 인사하며 따뜻하게 맞았다. 동국사 내력도 간략하게 곁들였다. 곧바로 '평화의 소녀상' 앞으로 이동, 헌화하고 소녀상 설립 배경 등에 대해 설명 들었다.

군산 '평화의 소녀상'은 위안부 피해 할머니들의 인권과 명예 회복

동국사 '평화의 소녀상' 참배하는 이희호 여사

을 위해 2015년 8월 12일 제막식을 가졌다. 기록에 따르면 평화의 소녀상은 일제가 전쟁에 광분하던 1940년대 초중반 당시 17세 전후 여학생 사진 300여 장을 비교 검토해 신장 158cm 높이의 청동상으로 제작됐다. 사찰 경내에 평화의 소녀상(소녀 청동상)이 세워지기는 국내에서 처음으로 알려진다.

　동국사 '소녀 청동상'은 관련 단체와 시민의 성금으로 건립됐으며 일본 조동종(曹洞宗) 이치노헤 쇼코(一戶彰晃) 스님 등 일본인도 다수 성금 모금에 참여해서 의의를 더했다.

　소녀 청동상이 세워진 위치는 일본불교 대표 종단인 조동종 소속 스님들이 일제의 전쟁 정책을 적극적으로 선전하고 공출을 강권했던 자신들의 잘못을 참회하고 용서를 구하는 내용이 음각된 '참사문비' 앞이어서 의미를 더한다. 참사문비는 2012년 9월 제작비 일체를 일본 불교계가 부담하여 세워졌다.

단발머리에 맨발, 한복 차림의 소녀상. 멀리 일본을 처연하게 바라보는 그 앞에는 광복 70주년과 대한해협을 상징하는 검정 타일 77장으로 사각 연못이 조성되어 있다. 따라서 태양의 이동 각도에 따라 청동상 그림자가 다양한 모습으로 드리워진다. 일본으로 끌려간 소녀가 위안부 생활의 고통 속에서 돌아갈 수 없는 그리운 조국을 향해 간절하게 염원하는 모습이다.

### 이성당에서

이희호 여사 일행은 동국사 경내를 돌아본 후 중앙로 1가에 위치한 이성당 빵집으로 방향을 잡았다. 이성당은 우리나라에 현존하는 가장 오래된 빵집으로 알려진다. 공장에서 빵 나오는 시간이 가까워지면 손님들이 어김없이 줄을 서기 시작하는 빵집으로도 유명하다. 손님들 줄 서기는 캄캄한 밤에도, 비 오는 날에도, 혹한의 추위에도 그 시간만 되면 되풀이된다.

특히 외지에서 온 손님들은 빵 맛을 보기 위해 짧게는 30분, 길게는 1시간 넘게 기다린다. 피곤하고 지루하기도 하련만 개의치 않는다. 오히려 기다림을 즐긴다. 친구와 수다를 떠는가 하면 스마트폰으로 인증숏을 찍거나 셀카봉을 들고 'V'자를 그리며 이리저리 포즈를 취하는 등 '단팥빵'만큼 고소하고 달콤한 추억을 만든다.

동국사에서 거리는 한 마장 남짓으로, 이희호 여사가 평소 이성당 단팥빵 좋아한다는 이야기 듣고 코스에 넣었던 것.

이성당 김현주 사장이 함박웃음 머금으며 맞아주었다. 김 사장은 딸기주스와 도넛, 앙금빵, 카스텔라 등을 내놓았다. 이희호 여사는 물론 비서관들도 맛있다며 칭찬을 아끼지 않았다. 윤철구 비서관은 너무 잘 먹어서 저녁은 취소해야 할 것 같다고 했다.

김현주 사장이 방문 기념으로 사인 남겨달라며 메모지와 사인펜 가져왔다. 이 여사는 김 사장이 내미는 흰 종이에 평소 즐겨 쓰는 '敬天愛人(경천애인)'을 한 자 한 자 정성 들여 써 내려갔다. 이후 20분쯤 담소 나누다가 자리에서 일어났다. 밖으로 나오는데 지나가던 30대 부부가 알아보고 다가왔다. 그들은 환한 웃음을 머금으며 기념사진 찍을 수 없겠느냐고 물었고, 차에 오르려던 이 여사는 여아를 품에 안더니 활짝 웃으면서 포즈 취해줬다.

이희호 여사 손목 감싸 쥐며 반갑게 맞이하는 김현주 이성당 사장

### 군산근대역사 박물관에서

군산근대역사 박물관(아래 '박물관')으로 방향을 잡았다. 박물관(지하 1층, 지상 4층)은 군산시 장미동 내항 부근에 자리 잡고 있으며, 지역의 근대문화 및 해양문화 주제로 하는 특화박물관으로 알려진다. 건물 1층은 해양물류 역사관, 어린이 체험관, 기증전시실, 수장고, 2층은 근대자료 규장각실, 시민 열린 갤러리, 3층은 근대생활관, 기획전시실 등으로 꾸며져 있다.

박물관 주차장에 도착, 이 여사가 환한 미소를 머금으며 차에서 내리자, 군산문화관광해설사 안내로 원도심권 지역을 답사하던 충남대학교 학생들과 시민들 요청으로 단체 사진 찍었다. 사진 촬영 끝나고 이 여사 일행이 박물관 입구로 들어서자, 로비에서 기다리고 있던 김중규 박물관장이 다가와 반갑게 인사했다.

이희호 여사 일행은 김 관장 안내로 전시실 돌아봤다. 관람에 앞서 군산 원도심권 사진(1945년 촬영)을 배경으로 박물관 직원들과 기념 촬영했다. 경호를 맡은 지역 경찰들과도 기념사진 찍었다. 해양물류역사관, 어린이 체험관, 근대생활관 등을 돌아본 이 여사는 박물관 임직원들에게 격려 메시지 남기고 오후 5시쯤 숙소로 이동했다.

호텔 객실에서 2시간여 휴식 취한 뒤 '정선(중화요리점)'으로 이동, 이희호 여사를 존경하고 사랑하는 시민 및 지지자들과 함께 저녁 만찬 즐겼다. 옆방에서 식사하던 요구르트 아줌마 10여 명이 몰려와 기념사진 찍고 싶다고 하자 이 여사는 흔쾌히 포즈 취해줬다.

공식 일정은 밤 8시쯤 끝났다. 무거운 등짐 내려놓은 것처럼 몸과

충남대학교 학생들과 기념 촬영하는 이희호 여사

마음이 가벼웠다. 주요 인물을 경호하고 수행하는 직업이 얼마나 힘든 일인지 이해되었다. 한편, 허전함 밀려왔다. 존경하고 사랑하는 분과 헤어지는 아쉬움 때문이었다. 비서관 및 경호원들과 남은 일정 점검한 뒤 이희호 여사에게 "오늘 고생하셨습니다. 편히 주무세요!"라고 인사드리고 귀가했다.

# 02 PART

## 군산에서 열린
## 다양한 행사

# GUNSAN
# DJ ROAD

GUNSAN
DJ ROAD

# 첫 번째
# 'DJ 생애사진전(2015)'
### 김대중 '생애 사진전', 군산에서 열려

오마이뉴스 | 2015년 10월 27일 조종안(chongani)

전시장 안내하는 김관영 의원(현 전북 도지사)과 이희호 여사

김대중 전 대통령(1924~2009) 생애 사진전이 전라북도 최초로 군산에서 열린다. 〈대중을 위한 김대중 대통령〉이란 타이틀로 군산시 장미동 'W 갤러리'에서 열리는 이번 사진전(11월 5일~12월 6일)은 교복 차림의 10대 소년에서 대통령 퇴임 후 생을 마감하는 해까지 김대중

전 대통령의 일생이 담긴 사진 120점을 선보인다.

군산 관련 사진도 20여 점 전시된다. 그중 1987년 대통령 선거 때 김대중 후보 유세를 듣기 위해 청중이 구름처럼 운집한 군산 월명종합경기장을 비롯해 중앙로에 내걸린 김대중 사면 복권 환영 현수막(1987), 군산시 시의원들과 변산 해수욕장에서 물놀이 즐기는 모습(1992), 구 역 광장 지원 유세(1995) 등이 관심을 끈다.

사진 전시회 관계자에 따르면 11월 5일 오후 2시에 열리는 사진전 개막식에 김대중 전 대통령의 평생 동지이자 아내인 이희호 이사장도 참석할 예정으로 알려졌다.

국민의 저력과 양심을 믿었던 김대중(아래 DJ) 전 대통령은 2009년 6월 11일 6·15 남북공동선언 9주년 기념 특별강연에서 '노무현 대통령 서거를 듣고 내 몸이 반쪽으로 무너지는 것 같았다'며 '우리가 진정 평화롭고 정의롭게 사는 나라를 만들려면 행동하는 양심이 돼야 한다. 행동하지 않는 양심은 악의 편이다'는 말을 남기고 그해 8월 18일 파란만장한 생을 마감한다.

도전과 좌절, 영광과 오욕으로 점철된 DJ의 일생을 한 자리에서 감상할 수 있는 이번 사진전은 '사단법인 행동하는 양심'(이사장 이해동 목사) 군산지회 설립준비위원회(위원장 신문식)가 주최하였다. 행사 준비에 여념이 없는 신문식 위원장(현직 변호사)을 만났다.

### 건강한 사회 만드는 작은 밀알이 되고 싶어

신문식 변호사는 군산에서 나고 자란 토박이다. 농가의 막내아들(3

남 3녀)로 태어나 유년기에 부친을 여의고 엄격한 홀어머니 밑에서 성장한다. 학창 시절 희망은 사회에서 존경받는 유능한 법관이 되는 것. 그가 태어난 회현면은 전형적인 농촌임에도 강용구 변호사를 비롯해 김동주, 김귀동, 문철기, 신영한, 김관영·형완 형제 등 사시 합격자가 10명 넘게 배출되어 일찍부터 '고시 마을', '법조인 마을' 등으로 불리었다.

군산에서 초중고 마치고 전북대학교 법학과 졸업했다. 군(軍) 복무 후 사법고시에 연거푸 실패하면서 좌절에 빠진다. 항로 잃은 배처럼 떠돌던 그에게 수호천사가 나타난다. 1980년 지금의 아내를 만나 혼례를 올린 것. 아내의 따뜻한 정성으로 1982년 사법시험에서 2차 필기시험에 합격한다. 그러나 3차 면접에서 탈락한다. 이유는 대학 시절 유신헌법 철폐, 언론자유 보장, 학원 사찰 금지 등을 외치며 시위를 주도하여 정학 처분을 받았다는 것.

'대기만성', 아내의 격려에 용기를 얻은 그는 이듬해(1983) 사법고시 합격자 명단에 당당히 이름을 올린다. 1985년 군산에 변호사 사무실을 내고 시민단체와 국제봉사단체에 가입, 자신의 견해와 이상, 소신 등을 언론에 기고한다. 매사에 적극적이었던 그는 방송에도 출연, 지역 정가를 비롯해 도정과 시정의 난맥상을 꼼꼼히 지적하며 지방자치제 부활을 강조한다.

인터뷰하는 신문식 변호사

1994년 3월 25일 치러진 전북 도의원

보궐선거(군산 제3선거구)에서 민주당 공천을 받아 당선된다. 이어 내무분과위원에 소속된다. 당시 도의원 잔여임기는 1년 3개월. 학창 시절 민주화운동 경험을 살려 부당한 인권침해와 농촌 주민들의 삶의 질 향상, 서민 소득 증대와 경제복지 실현, 민주화와 평화통일 등에 온 힘을 쏟는다.

고희를 바라보는 지금은 "행동하는 양심으로 살면서 소시민이 불이익받지 않는 따뜻하고 건강한 사회를 만드는 작은 밀알이 되고 싶다"라고 말한다.

### 아·태 평화재단 후원 위원으로 김대중과 인연 시작

정치가 적성에 맞지 않는다고 판단한 그는 이듬해 본업으로 돌아온다. 그리고 변호사의 사명인 인권옹호와 사회정의 실현을 위해 다양한 시민 사회단체에 적극적으로 참가한다. 특히 지방자치제에 부응하는 주인 정신 고취 운동에 동참하면서 소외된 이웃과 더불어 사는 지혜를 배운다. 그는 "선배 변호사 권유로 광주고검 전주지부 설치에 선봉장 역할을 맡았던 것을 가장 큰 보람으로 여긴다"라고 말한다.

1994년 봄 아·태 평화재단(이사장 김대중) 후원 위원이 되면서 DJ와 인연을 맺는다. 교류를 통해 DJ의 가치와 철학, 평화통일의 당위성 등을 깨우친다. 그는 "DJ의 민주주의 이념과 철학은 아무나 흉내 낼 수 없다"라며 "통일은 6·15 남북공동선언 정신에 따라 영토의 재결합이 아니라 민족 화합의 진정한 민족 통일이 평화적으로 이루어져야 한다"라고 강조한다.

격려 차 내려온 DJ(왼쪽)와 인사하는 신문식 후보(가운데)

신 변호사는 요즘 정신없이 바쁘다. 그는 이리저리 고민이 많다고 푸념하면서도 "평생을 행동하는 양심으로 살아온 DJ의 이념과 철학이 절실한 이때 누군가는 해야 할 일이고, 특히 사진전은 왜곡된 정보가 전염병처럼 만연하고 있어 그 의미가 더욱 크게 느껴진다, 그래서 전시 기간도 길게 한 달로 정했다"라고 덧붙인다. 아래는 신 변호사와 인터뷰를 일문일답으로 정리한 것이다.

### 진정한 사랑과 용서 행동으로 보여줘

- 우리는 군사독재를 너무 오래 경험했다. 민주화 운동과 시민운동에 참여했던 당시 사회 분위기는 어땠나?

"박정희, 전두환, 노태우 등 쿠데타로 권좌에 오른 대통령이 통치하던 1960~1980년대는 한마디로 어둠의 시대였다. 국민의 뜻에 어긋

나는 긴급조치와 계엄령, 위수령 등으로 헌법 질서는 무시되고 국민의 기본권이 처참하게 유린당했다. 정의가 상실되고 부정부패가 극에 달하자, 의식 있는 시민과 학생, 정치인, 언론인 목회자들까지 시국선언을 하였고 정권 퇴진을 요구하는 시위가 잇따랐다. 분노와 좌절, 불신과 냉소가 가득했던 그 시절을 우리 모두 반면교사로 삼아야 한다."

― DJ를 언제 처음 만났나. 첫인상은?

"전북 도의원 보궐선거에 출마한 해인 1994년 3월 중순경 처음 만났다. 당시 민주당 후보들이 전북 지역에서 전패하는 등 위기에 처해 있을 때여서 이기택 대표를 비롯한 중앙당 간부들이 지원 유세를 펼쳤다. DJ도 격려차 이희호 여사와 함께 내려왔을 때 익산에서 뵙고 대화를 나눴는데 언론을 통해 느꼈던 카리스마 넘치는 정치인 이미지와 달리 부드럽고 온화한 인상을 풍겼다.

며칠 후 보궐선거에서 승리하고 아·태평화재단 후원 위원이 되면서 DJ와 가까워졌다. 그의 가치와 철학, 대북정책 등에 더욱 관심을 두기 시작했다. 무한한 도전 정신과 끊임없는 자기 수양, 독서를 통한 지식 연마 등 존경하지 않을 수 없었다. 특히 자신을 죽이려 했던 전두환을 용서하고 박정희 생가를 방문하는 등 DJ는 기독교에서 말하는 진정한 사랑과 용서를 행동으로 보여준 대통령이었다."

― DJ를 '인동초'에 비유하기도 하고, 좌파 빨갱이라고 하는 사람도 있는데?

"DJ는 1950년대 초 정치에 입문해서 거듭된 낙선과 납치, 고문, 암

살 위협, 사형 선고, 연금 등 숱한 고난과 역경을 이겨내고 결국 대통령에 당선됐다. 임기 중 역사적인 남북정상회담을 성사시켰고, 노벨평화상도 수상했다. 따라서 엄동설한을 견뎌내고 봄에 꽃을 피우는 '인동초'에 비유하는 것은 적합한 표현이다. 그리고 다양성이 존중되는 시대에 DJ의 정책을 비판하는 것은 이해하지만, 민주주의 신봉자였던 전직 대통령을 좌파니, 빨갱이니 하는 표현은 적절치 못하다고 본다."

### 박근혜 대통령, 역대 정권에서 교훈 얻어야

― DJ는 국민을 실망하게 한 적도 있지만, 업적도 많다. 가장 관심이 가는 분야는?

"DJ는 대통령 임기 5년 동안 정치, 경제, 사회, 인권, 노동, 복지, 여성복지부 신설, 의료 개혁 등 다양한 분야에서 업적을 남겼다. 그중 햇볕정책으로 상징되는 남북 화해 협력 정책에 가장 관심이 간다. 개성공단, 금강산 관광 등 미래를 내다본 대북 투자를 퍼주기라고 헐뜯는 등 일부 정치인과 국민의 편견과 오해로 인한 아전인수식 주장은 안타까울 뿐이다.

남북은 상호 적대국으로 인식하면서도 통일을 바라고 있다. 그러나 난제가 산처럼 쌓여 있다. 국내 정치 상황도 그렇고 주변 강대국들의 첨예한 이해관계도 부정적으로 작용하고 있다. 온고지신이요, 구관이 명관이라고 했다. 박근혜 대통령은 남북문제만큼은 역대 정권의 대북정책에서 교훈을 얻어야 한다. 특히 세계가 주목하고 지지했던 6·15 남북공동선언과 햇볕정책을 연구 발전시켜 평화통일의 길로 나아가야 한다."

– 앞으로 계획과 시민에게 당부하고 싶은 말은?

"행사 준비하면서 많은 걸 생각했다. 더욱 성숙한 사회, 정의로운 사회는 불의를 외면하지 않는 사람이 있을 때 가능해진다는 것을 새삼 느꼈다. 다시 말해 사람들이 이웃의 불행에 슬퍼하고 노여워할 줄 알아야 하고 행동으로 옮겼을 때 건강하고 따뜻한 선진 사회가 조성된다는 것이다. 우리 회원들도 DJ의 '행동하지 않는 양심은 악의 편이다'는 말을 가슴에 새기면서 열과 성을 다할 것이다. 시민 여러분의 격려와 관심 부탁한다."

GUNSAN
DJ ROAD

# 이희호 김대중평화센터 이사장 사진전 참석

부축 받으며 식당에 도착한 이희호 여사

그날(11월 5일) 아침, 박한수 김대중평화센터 상황실장과 문정선 청와대 경호관 전화받았다. 오늘 일정 확인하는 전화였다. 이희호 이사장이 탑승한 승용차를 내가 에스코트하기로 했다. "나는 승용차도 없고, 운전도 못 하니 간호사인 아내가 운전하는 차를 이용해야 한다"라고 했더니 좋다고 했다.

오전 9시 30분쯤 아내와 시내에 나갔다. 주유소에 들러 세차하고 아점은 해장국 전문 식당에서 콩나물국으로 가볍게 해결했다. 아내에게 오늘 이희호 여사 탑승한 승용차 에스코트해야 한다고 했더니 처음엔 좋다고 하더니 부담 가는지 아무래도 못 하겠다고 했다. 어쩔 수 없이 고덕영 정보관에게 부탁해서 함께 안내하기로 했다.

나운동에 자리한 식당(궁전꽃게장)으로 가서 좌석 배치 확인했다. 식당 주인이 이희호 여사 직책을 몰라 지금까지 환영 현수막 걸지 못했다고 해서 '김대중평화센터 이사장'으로 하라고 일러줬다. 이 여사가 하룻밤 묵을 호텔 객실도 점검했다. 다시 식당으로 갔더니 김우민 시의원과 군산경찰서 정보과 형사들이 기다리고 있었다. 곧이어 김항석 선배와 신문식 변호사 그리고. 김관영 의원 일행 도착했다.

12시 30분쯤 이희호 이사장이 탑승한 승용차가 식당으로 들어왔다. 식탁 정리하고 예약해 놓은 간장게장 백반 맛있게 먹었다. 이 이사장은 생각보다 건강한 모습이어서 마음이 놓였다. 하지만 상대방 말을 잘 알아듣지 못해 대화가 정상적으로 이뤄질 수 없었다. 식사 마치고 시간 여유 있기에 숙소로 이동해서 30분쯤 쉬었다가 1시 40분 전시장으로 이동했다.

차에서 어렵게 대화를 시작, 처음 군산을 다녀간 해가 언제인지 물었고, 결혼 전 한두 번 다녀갔다는 답변을 얻었다. 이는 이희호 여사와 군산과의 인연은 YWCA 연합회 총무 시절(1959~1962) 시작된 것으로 받아들여졌다.

전시장에 도착하니 문동신 군산시장이 이 여사를 기다리고 있었다. 문 시장은 전시장이 협소한 게 마음에 걸렸는지 허리 굽히면서 미안하다고 했다. 김관영 의원 안내로 김대중 대통령 소년 시절, 정치 초년기, 결혼사진 순으로 전시장 돌아봤다. 결혼식 사진을 주시하는 이희호 여사 표정 보니 감회가 새로운 모양이었다.

2015 생애 사진전(11월 5일~12월 6일) 개막식은 2시 정각에 시작, 30분 정도 소요됐다. 국민의례에 이어 신문식 변호사의 내빈 소개, 이희호 이사장 격려사, 김관영 의원 축사, 문동신 시장 인사 순으로 진행됐다. 특히 이희호 이사장이 테이프커팅을 해서 의미를 더했다. 아래는 이희호 이사장 인사말이다.

"여러분을 만나뵙게 되어 대단히 반갑습니다. 이와같이 사진전을 열기 위하여 많은 수고를 하시는 분들에게 감사를 드립니다. 저는 지금 여기에 와서 사진을 보면서 얼마나 이 사진을 수집하기 위해 수고하셨을까 하는 생각을 했습니다. 그리고 장소 구하기도 어려우실 텐데 이와같이 적당한 자리에 전시를 하게 돼서 기쁩니다. 좀 더 많은 사람이 와서 하나의 역사를 바라보는 눈으로 봐주셨으면 좋을 것 같습니다. 그동안 수고하신 여러분께 감사드리며 이것으로 인사를 드립니다."

테이프 커팅 끝나자, 사람들이 몰려와 이희호 이사장과 기념 촬영했다. 그중에는 익산, 전주 등지에서 달려온 지방의회 의원과 미래 정치인을 지망하는 젊은이 모습도 보였다. 이 이사장의 자서전 〈동행〉을 가져와 사인을 요청하는 시민도 있었다. 이 이사장은 환한 표정을

김대중 '생애 사진전' 개막 테이프커팅 하는 이희호 여사

지으며 한자 한자 정성 들여 사인해 주었다.

1박 2일 일정으로 군산에 내려온 이희호 이사장은 열광적으로 환영하는 시민들과 함께 포즈를 취하기도 했으며, 사진전 개막식 이후에는 필자의 안내로 동국사 경내에 있는 평화의 소녀상, 빵집 이성당, 군산 근대역사박물관 등을 돌아보고 관계자들을 격려했다.

### 이희호 여사와 찍은 사진 속 주인공 18년만에 찾아

아래는 이성당 입구에서 우연히 만난 30대 부부 요청으로 찍은 기념사진이다. 이 사진은 2023년 6월 현진갤러리에서 열린 세 번째 〈김대중 생애 사진전〉과 순회 전시장(리오카페)에 내걸렸다. 그러자 DJ 군산기념사업회 회원으로 활동하는 신상철 씨가 자신의 블로그에 소개하였고, 며칠 후 사진 속 주인공이 연락을 해온 것. 아래는 신 씨가 보내온 경험담이다.

〈선한 인연의 고리〉

2023년 8월 초 제게도 뜻밖의 특별한 인연이 생겨났습니다. '김대중 대통령 군산기념사업회' 조종안 회장이 소장해 온 대통령 생애 사진들을 순회 전시 중이었는데, 이 무렵엔 '군산 우체통 거리'에 있는 '리오 카페'로 관람을 위해 많은 사람이 찾아오고 있었습니다. 인연의 고리가 된 사람과 그가 촬영한 사진 한 장도 그곳에서 전시회를 빛내고 있었습니다.

2015년 11월 이희호 여사가 100년 빵집인 '군산 이성당' 앞에서 어린이를 안고 있고 소녀의 아빠가 촬영하는 모습이 담긴 사진이 그것입니다. 당시 그 장면을 포착하여 기록으로 남긴 이는 조종안 회장. 2023년 7월 26일 저의 네이버 블로그 '군산 이야기'에 '김대중 생애 사진전'에 관한 글을 올렸습니다.

전부터 그 어린이를 찾고 싶다는 이야기를 자주 해 오던 터라, 사진전을 소개하면서 제 블로그 글 속에 "어린이는 아마 중·고등학생이 되었을 텐데 아빠가 이

어린이와 다정하게 포즈를 취한 이희호 여사

글을 보시면 연락 주세요"라고 적어두었습니다.

그 글로 인해 소녀의 가족이 '군산 우체통거리'의 '제6회 손 편지 축제' 장소로 저를 찾아와서 기념사진도 찍었고, 저는 여희호 여사님과 찍은 그 사진과 제가 축제장에서 찍은 사진을 액자로 만들어 선물하였습니다. 기분 좋은 만남으로 이어진 선한 인연은 지속되고 있습니다. **— 신상철**

## GUNSAN DJ ROAD | "이희호 여사는 한국 여성계의 큰 별"

오마이뉴스 | 2016년 7월 29일 조종안(chongani)

정일형·이태영 부부와 김대중·이희호 부부 모습

군산시 대학로에 자리한 한국가정법률상담소 군산지부(소장 조미영)를 찾았다. 출입문을 열고 들어섰다. 온화한 모습의 고(故) 이태영 (1914~1998) 박사 사진이 객을 반긴다. 궁서체 글씨가 눈길을 끈다. '결혼은 성인 남녀의 사랑과 존경을 바탕으로 하여 성립되며, 두 사람의 행복과 인격적 성숙을 위해 협동하는 관계로 이어져가야 한다'는 글귀로 시작하는 '가정 헌장'이다.

부부 금실과 가정의 의미를 다시 생각하게 하는 '가정 헌장'. 당연한 이야기임에도 한 글자, 한 글자 진지함이 묻어난다. 1986년 10월 당시 이태영(李兌榮) 박사가 한국가정 법률상담소 창립 30주년을 맞아 제정 선포하였다. 우리나라 최초 여성 법조인이자 인권운동가인 이태영 박사가 1956년 여름에 창설한 한국가정법률상담소. 군산 지부는 1988년 7월 전국 31개 지부 중 11번째로 개소한 것으로 전해진다.

이태영 박사는 1948년 주부의 몸으로 서울대 법대에 최초 여학생으로 입학한다. 1952년에는 한국 최초로 고등고시 사법과 여성 합격자가 된다. 판검사 실무 교육도 우수한 성적으로 마쳤으니 마땅히 검사나 판사로 임용됐어야 했다. 그러나 당시 이승만 대통령은 '야당 정치인(정일형) 마누라를 판사로 임용할 수 없다'면서 거부했다.

이희호 김대중평화센터 이사장은 자서전 〈동행〉(2008)에서 "당시(1950년대 초) 여성들은 법으로도 보호를 받지 못하는 소외자이자 약자였다"라며 "이태영 변호사가 이끈 가정법률상담소는 법의 보호를 받지 못하는 여성들에게 암흑을 가르는 등대의 불빛 같은 존재였다. 역설적으로 이태영이 판사로 임용되지 않은 것은 이들 기댈 곳 없는 불우한 여성들에게는 크나큰 축복이었다"라고 회고하였다.

### 이태영, 이희호는 한국 여성계의 큰 별

조미영 소장은 군산 최초 플로리스트이기도 하다. 그는 꽃을 통해 역대 대통령들과도 인연을 맺는다. 박정희 대통령 급서(1979) 때 군산시청 분향소 조화와 영정 바구니가 그의 손을 거쳤다. 그 후 최규하, 전두환, 노태우, 김영삼, 김대중, 노무현 등 역대 대통령 군산 방문 때도 그가 만든 수반과 꽃다발이 전해졌다.

꽃을 좋아하는 외빈이 방문할 때는 조 소장 남편 농원의 수목과 분재까지 동원됐다. 손님이 지나가는 위치에 조미영 플로리스트 작품들을 함께 진열해 분위기를 돋웠던 것.

기록에 따르면 1980년대, 당시 청와대 경호실은 유별나게 유난을 떨었다. 대통령이 참석하는 행사장 테이블을 아기자기한 수반으로 장식하면 청와대에서 경호관이 나와 점검하였다. 어떤 경호관은 꼬챙이로 수반을 수없이 쑤셔댄 후 딱지를 붙였다. 이후 군산시 청사는 비상이 걸렸다. 수반을 만든 조미영은 가슴 조이며 시청과 화원을 장딴지가 아프도록 뛰어다녔다.

조 소장은 "김영삼, 김대중(DJ), 노무현 대통령은 함께 기념사진도 찍었는데 어디로 갔는지 찾을 수가 없다"면서 안타까워했다. 그중 DJ는 시댁 어른 모두가 열렬한 팬이었다 한다. 시숙인 이영호 전 한일장신대 총장은 손자 손녀 이름을 '홍중이', '홍담이' 등 '홍'자 돌림으로 지을 정도였단다. 1998년 2월 대통령 취임식에도 참석했고, 함께 찍은 기념사진은 벽에 걸어놓고 가보처럼 여겼는데 이사하면서 잃어버렸다는 것. 그는 이희호 이사장에 대해서도 언급했다.

"김대중 대통령 아내이자 동지였던 이희호 여사 이야기는 이태영 변호사 자서

전 〈나의 만남 나의인생〉(1991)에도 나옵니다. 이 여사 역시 여성운동의 리더로 존경받아 마땅한 분이라고 생각합니다. 부산 피난 시절부터 이태영 변호사와 남녀평등의 기반을 다진 한국 여성계의 큰 별이었죠. 퍼스트레이디가 된 후에는 대통령 직속 '여성특별위원회'가 발족하고, 장관 임명장 수여식 때 부부가 동반 참석하는 등 청와대 문화가 바뀌죠. 가족법 개정에도 남다른 애정과 관심을 기울였던 분이었습니다."

GUNSAN
DJ ROAD

# 두 번째 'DJ 생애사진전(2018)'
### 군산에서 '5월, 그리고 아름다운 사람 김대중' 사진전 열려..

오마이뉴스 | 2018년 5월 5일 조종안(chongani)

　두 번째 김대중 '생애 사진전'은 2018년 5월 개최하였다. 그해 사진전은 〈5월, 그리고 아름다운 사람 김대중〉(5월 10일~6월 30일)이란 타이틀로 군산시 명산동 예깊미술관에서 성황리에 열렸다.

　개막식은 10일(목요일) 오후 5시에 열렸으며. 전시장에는 교복 차림의 10대 소년에서 정치에 입문한 청년기, 야당 의원 시절, 대통령 당선과 퇴임 후 생을 마감하는 그날까지 DJ의 발자취가 오롯이 담긴 사진 150여 점을 전시하였다.

　당시 김관영 의원은 축사에서 "김대중은 가장 위대한 대통령이기도 하지만 가장 존경하는 정치인"이라며. 그 이유는 "대한민국 민주주의를 위해 많은 애를 쓰셨고, 또 많은 성과를 이뤄내셨으며, 그 과정에서 죽을 고비를 몇 차례 넘기고, 또 자신을 죽이려고 했던 전

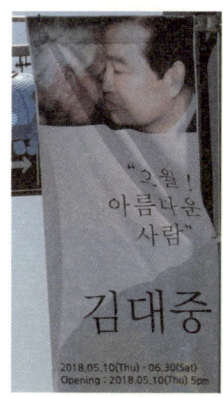

거리에 내걸린 두 번째 '생애 사진전' 현수막(2018)

직 대통령을 용서하고 화해하는 태도 등은 정치인들이 꼭 배워야 할 것"이라고 부연했다.

전시회는 예깊미술관이 주최하고 후광김대중마을(다음카페)이 주관하였다. 또한, 사진 전시는 〈평화의 사도 김대중〉〈아내이자 동지였던 이희호 여사〉〈군산 방문〉〈대구·부산 지역 방문〉〈마지막 고향 방문〉 등 다섯 개 테마로 꾸며 호평을 받았다.

군산 관련 사진도 50여 점 선보였다. 그중 1971년 대선 때 김대중 후보 유세를 듣기 위해 청중이 구름처럼 운집한 군산 공설운동장을 비롯해 1987년 대선 때 월명종합경기장, 그해(1987) 여름 중앙로에 내걸린 김대중 의장 사면복권 환영 현수막, 군산 지역 시군 의원들과 변산 해수욕장 물놀이(1992), 구 역전광장 지방선거 지원 유세(1995) 사진 등이 방문객들의 시선을 끌었다.

그 외에도 김대중·이희호 관련 영상물과 추억의 명연설 녹음테이프, 유품(감옥에서 가족에게 보낸 옥중편지 사본) 등 자료를 다양하게 준비하였다. 또한 야당 의원 시절인 1969년 7월 19일 효창운동장에서 열린 시국 연설을 비롯해 '김대중 생애 영상', 인터넷 언론 〈오마이뉴스〉(2009년 6월) 인터뷰, 이희호 여사 평양방문 기록 영상물(2015년 8월) 등을 관련 사진과 함께 감상할 수 있도록 하였다.

미술관은 다양한 분야의 작가들 작품을 전시하는 문화공간으로 알려져 있다. 따라서 전직 대통령 사진전은 이례적으로 받아들여질 수 있다. 이에 대해 미술관 측은 김 전 대통령은 정치인으로만 알려져 있는데 사상가이자 서적을 수십 권 집필한 작가였다고 강조하였다. 이

전시사진 살펴보는 방문객들

어 "그중에는 외국어로 번역되어 출판된 서적도 있고 감옥에서 쓴 〈김대중 옥중서신〉은 세계적으로 인정받는 베스트셀러였다"라고 덧붙였다.

GUNSAN
DJ ROAD

# 세 번째
# 'DJ 생애사진전(2023)'
### 시민 성원으로 릴레이 전시

오마이뉴스 | 2023년 7월 31일 조종안(chongani)

김대중 전 대통령 서거 소식 알리는 〈오마이뉴스〉 메인화면(2009년 8월 19일)

    김대중(DJ) 대통령은 전남 신안군 하의면 출신으로 알려진다. 1954년 정치에 입문, 1980년대까지 군부독재에 맞서 민주화운동 펼쳤다. 1997년 12월 헌정사상 최초로 수평적 정권교체 이뤄내고 이듬해 2월 대통령으로 취임한다. DJ의 파란만장했던 일생은 혹독한 겨울을 이겨낸 '인동초의 삶'으로 한국 현대사에서 많은 부분을 차지한다.

2009년 1월 김대중은 대한민국은 3대 위기(민주주의·서민경제·남북관계 등)에 처했다며 절규했다. 그해 5월 23일 노무현 대통령 서거하고 다음 달 11일 서울 여의도 63 빌딩 국제회의장에서 열린 6.15 남북정상회담 9주년 기념 특별강연에서 '노무현 대통령 서거를 듣고 내 몸이 반쪽으로 무너지는 것 같았다'며 '우리가 진정 평화롭고 정의롭게 사는 나라를 만들려면 행동하는 양심이 돼야 한다. 행동하지 않는 양심은 악의 편'이라고 강조했다. 그리고 그해 8월 18일 파란만장한 생을 마감한다.

### 군산에서 세 차례 열린 김대중 '생애 사진전'

2024년 1월 6일은 김대중 탄생 100주년 되는 날이다. 이에 관련 서적 출간, 다큐 영화, 연극, 서사 음악회 등 전국 규모 행사가 다양하게 준비되고 있다. 2004년 8월부터 '후광김대중마을(다음카페)'을 운영해 오고 있는 필자는 지난해 여름부터 뜻을 함께하는 분들을 만나 김

세 번째 '생애 사진전' 개막식 마치고 기념사진(2023년 6월)

대중 대통령 군산기념사업회(DJ 군산기념사업회) 출범을 위한 소모임을 몇 차례 갖고 추진위원회도 구성했다.

기념사업 추진에 대해 반응은 다양했다. "그 양반(김대중)이 대통령 시절 군산에 해준 게 뭐가 있다고 사진전을 개최하느냐"며 불만을 터뜨리는 사람도 있었다. 그러나 대부분 환영의 뜻을 내비쳤다. 시의적절한 일을 시작했다며 격려와 응원의 목소리도 들려왔다. 그들의 주장은 '용서와 화해' '행동하는 양심' 등으로 상징되는 '김대중 정신'이 절실히 요구되는 시기라는 것.

가을에는 전남 화순군에 자리한 '김대중기념공간'을 방문했다. 이곳은 김대중 관련 자료들을 정리, 전시해 놓은 문화공간으로 정진백 대표의 조언을 들었다. 올 2월에는 1박 2일 일정으로 전남 신안군 하의도에 자리한 '김대중 생가' 답사(참여자 13명) 다녀왔다. 이어 김대중 정신을 계승, 구현하고자 하는 사람들과 함께 기념사업회를 발족시켰다.

탄생 100주년 기념 생애 사진전(주제: 〈아름다운 발자국 인간 김대중〉)을 개최하기 위해 준비 작업에 들어갔다. 그 과정에서 스티커 하나라도 '십시일반', 여럿이 참여하기를 희망했고, 회원들의 정성이 담기기를 바랐다. 전시장 방문객을 맞이하려면 회원들이 큐레이터가 돼야 한다는 의견이 일치돼 사진 선별 작업과 병행해서 'DJ 스터디'도 다섯 차례 진행했다.

사진은 교복 차림의 10대 소년에서 대통령 퇴임 후 생을 마감하는 그날까지 김대중의 발자취가 오롯이 느껴지는 130여 점을 골랐다. 특히 김대중 대통령의 파란만장했던 삶은 곧 우리의 현대사라는 생각에 도전과 응전, 영광과 오욕으로 점철된 김대중의 일생을 한 공간에서 느껴볼 수 있도록 주요 사건시기, 즉 흑백과 컬러사진을 시대별로 선별하여 전시했다.

사진전은 '김대중 정신'을 되새겨보는 기회로 활용하기로 했다. 이에 따라 기념사업회 회원들은 전시기간(6월 9일~23일) 동안 하루에 6~7명씩 당번을 정해 갤러리를 지켰다. 회원들은 대부분 각 분야에서 리더로 활동하고 있다. 그런데도 그들은 자신의 이름이 적힌 스태프(STAFF) 명찰을 목에 걸고 손님을 친절히 안내했다. 머슴이자 봉사자로 나서 손님을 맞이했던 것.

특히 김대중 후보 유세를 듣기 위해 청중이 구름처럼 모인 군산공설운동장(1971)을 비롯해 군산월명종합경기장(1987), 중앙로에 내걸린 김대중 사면복권 환영 현수막(1987), 유세 시작 전 통행이 어려울 정도로 인도까지 들어선 인파와 도로변 건물 옥상까지 가득 메운 청중(1995) 유세 중간에 손을 들어 환호하는 시민들(1995) 군산자유무역지역 기공식 참석(2000) 김대중 대통령 군산 빈소 풍경(2009), 이희호 여사 방문(2015) 등 군산 관련 사진들이 유달리 관심을 끌었다.

군산에서 열린 김대중 사진전은 2015년과 2018년에 이어 세 번째로, 모두 필자가 기획, 추진했다. 세 번째 사진전은 전라북도와 군산시 후원으로 현진갤러리에서 지난 6월 23일 전시를 마쳤다. 개인별 초청장을 보내지 않았음에도 방문객은 예상을 웃돌았고, 시민의 성원으로 우체통 거리에 자리한 '리오카페'에서 릴레이 전시(7월 7일~8월 7일)를 진행하였다.

'김대중 정신'을 계승·구현하기 위해 준비한 '생애 사진전', 지금까지(6월~7월) 전시장을 찾은 방문객은 1,000여 명에 이르는 것으로 나타난다. 방명록에는 존경심과 그리움을 표현한 내용에서 현 정부를 비판하는 내용까지 다양했다. "전시장에 들어오니 고향에 온 것 같다." "대통령님 옛 모습을 보니 온몸이 떨려 방명록 작성이 어려웠다." 라고 말하는 여성 예술가도 있었다.

　김대중 생애 사진전은 1980년대부터 최근까지 필자가 찍어 보관해 온 사진 30여 점도 포함돼 더욱 보람을 느낀다. 그런데도 1회와 2회 사진전은 이렇다 할 감동을 하지 못했다. 다행히 세 번째 사진전은 준비 단계에서부터 크고 작은 감동과 희열을 맛보았다. 당번 정하는 일 하나에도 발 벗고 나서준 회원들이 있었기에 가능하지 않았나 싶다. 헌신적으로 참여해 준 회원들께 감사드린다.

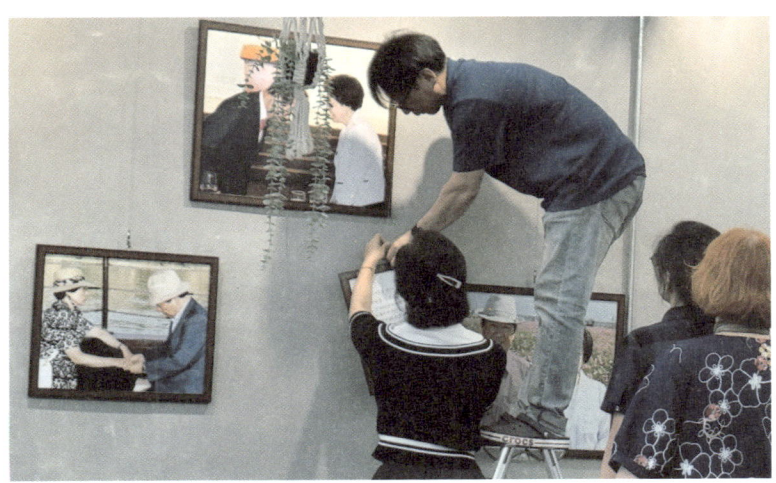

액자 설치 작업 하는 김대중 대통령 군산기념사업회 회원들

GUNSAN
DJ ROAD

# "김대중, 존경할 수밖에 없는 독특한 기록 보유"

### 탤런트 김성환에게 듣는 김대중 대통령의 문화예술 정책

오마이뉴스 | 2023년 11월 3일 조종안(chongani)

팬들의 싸인 요구에 응하는 김성환(2008년 5월 KBS홀)

정감 넘치는 팔도 사투리와 다채로운 묘기로 시청자들의 사랑을 듬뿍 받는 탤런트 김성환 씨는 연기면 연기, 토크면 토크, 노래면 노래, 개인기면 개인기 등 만능 엔터테이너로 알려져 있다.

김성환 씨는 전북 군산 출신으로 고향에서 초·중·고 졸업했다. 초등학교와 중학교 시절 특유의 흉내 내기로 끼를 발산하였고, 영화에도 흥미가 있었다. 고등학교 졸업하고 상경하여 대학입시 준비하던 어느 날 친구 따라 방송국에 갔다가 TBC 10기 공채 탤런트 시험에 합격한다. 어렵고 힘든 시기 데뷔한 그는 타고난 성실함과 꾸준한 노력으로 누구도 넘볼 수 없는 다재다능한 연예인으로 성장한다.

"내가 서울에 올라갔을 때(1970년대 초)는 전라도가 괄시를 많이 받던 시절이었지. 서울에서 하숙방 구하기도 어려웠으니까. 그때 유일하게 군산상고 야구가 갈증을 해소해 주는 청량제 역할을 했지. 군산상고 시합이 있다고 하면 동대문운동장으로 달려가 응원하면서 가슴에 쌓인 스트레스를 풀고 그랬거든. 고향을 향한 그리움을 그렇게 달랬던 것이지."

그랬다. 당시는 사투리조차 맘대로 사용할 수 없을 정도로 암울했던 시절이었다. 특히 군산은 산업화 과정에서 철저히 소외되어 '불 꺼진 항구', '시간이 멈춘 도시' 등의 오명을 들어야 했다. '폐항(閉港) 위기설'이 나돌기도 했다. 오죽했으면 응원 구호로 '우리의 소원은 군산 신외항 개발!'을 외쳤을까. 시민들은 총알 같은 안타 하나에 환호했고, 희열을 느꼈으며, 슬퍼하고 분노했다.

### 1997년 대선 때 '김대중 후보' 지지선언

국민의 열화 같은 개헌 요구에 따라 제13대 대통령 선거(1987년 12월)는 직선제로 치러진다. 당시 대선은 권위주의 정권이 민중항쟁에

제15대 대통령 선거 유세장 풍경(1997)

굴복해 여야가 합의한 규칙에 따라 시행됐다는 점에서 획기적인 일로 받아들여진다. 그러나 곳곳에서 부정행위가 포착되는 등 집권당의 횡포는 1970년대 유신 시절과 별로 달라진 게 없었다.

"그 시절은 특정 후보를 공개적으로 지지할 수 있는 분위기가 아니었어. 특히 연예인들은 더 그랬지. 김대중 선생도 마음으로만 응원했지. 앞으로 나설 수 없었던 것이지. 그러다가 1997년 12월 대통령 선거 때는 꼭 그 양반(김대중 후보)이 당선돼야 한다는 생각이 들더라고. 그래서 절박한 심정으로 열성팬이었던 선배들과 함께 지지를 선언했지."

제15대(1997) 대선은 다양한 분야에서 활동하는 연예인들이 자신이 좋아하는 후보 지지를 선언하는 등 13대 대선과 양상이 달라진다.

"탤런트 박근형, 백일섭, 민욱, 김수미, 노영국, 김성환, 김길호, 김정훈 씨, 코미디언 이봉원, 엄용수 씨, 영화배우 독고영재, 오정해 씨 등은 8일 오후 국민회의 당사에서 기자회견을 열어 김대중 후보에 대한 지지 의사를 표명했다. 이들은 문화예술인 지원단을 편성해 김 후보의 선거운동을 도울 방침이라고 밝혔다."

— 제목: 〈백일섭·오정해 등 '김대중 지지'〉

위는 탤런트, 영화배우, 가수, 코미디언 등이 문화예술인 지원단을 편성해 김대중 후보 지지 의사를 표명했다는 1997년 12월 9일 치 〈한겨레신문〉 기사 내용이다.

"박근형 선배, 백일섭 선배 그리고 MBC 탤런트 실장(1988)을 지낸 박상조 선배 등과 함께 유세 현장으로 뛰어들었지. 선배님 모두 열성팬이었거든. 지금도 기억하는데 김대중 후보 유세차가 여의도로 온다고 연락이 오면 현장으로 달려가 분위기를 뜨겁게 달구었고, 동대문으로 이동하면 미리 현장으로 달려가 관중을 상대로 '김대중 필승!'을 연호했지.

그해(1997)는 내가 연속극에 많이 출연했을 때였지. 단역이나 조연만 하다가 주인공 맡으면서 널리 알려지던 시기였거든. 특히 KBS 1TV 드라마 〈정 때문에〉(1997년 3월~1998년 3월)는 중장년층이 좋아했는데 거기에서 내가 '김거식'으로 나왔어. '클 거(巨)'에 '심을 식(植)'을 썼는데, 지금도 우리 어머니 세대들은 나를 '거시기'라고 부른다고."

김성환 씨는 연예인들은 선거운동 하기가 어렵다고 부연한다. 이 사람 저 사람, 이 모임 저 모임으로 연이 닿아 결국 친한 사이에 지지하는 후보가 갈라질 수밖에 없다는 것. 그래도 서울은 조금 나은 편이지만 고향 동네에서 선거 유세가 시작되면 볼일 있어도 내려오기 어렵다고 토로했다. 특정 후보를 도와주기 위한 것으로 오해받기 때문이란다.

한류는 김대중 정부 때 시작됐다고 말하는 김성환 씨

그는 김대중 대통령 취임식 앞두고 초청받았으나 촬영스케줄 때문에 참석할 수 없었다. 대신 취임하던 해(1988) 청와대에서 열린 연예인 초청 만찬에 초대되어 송대관 등과 함께 자리를 함께한다. 그는 대통령 앞에서 처음으로 '거시기(거시기 면장 주례사)' 유래와 '손장단' 묘기를 선보여 갈채를 받았다고 한다.

## 김대중 대통령이 예술인들에게 존경받는 이유

'국민의 정부(김대중 정부)'는 외환위기 속에서도 각종 문화 지원 정책을 집행하고 지원하느라 어려움이 많았다고 한다. 그러나 김 대통령은 "문화에 대한 투자는 어려운 경제 사정을 이유로 중단될 수 없다. 보릿고개에도 농부가 씨앗을 아끼듯이, 문화에 대한 지속적 투자는 이 난국을 벗어나는 지혜가 될 것"임을 역설하며 계속 추진했다고 전한다.

문학·음악·미술·영화·드라마 등 모든 예술 작품 창작자들은 경제적으로 취약해서 국가 지원이 필요하다. 그러나 지원을 명목으로 창작 행위에 제한을 둔다거나 정권의 입맛에 맞는 활동만을 권장하면 의욕이 떨어지게 마련인데, 영화 필름에 가위질한다거나 소재에 제한을 두면 우수한 작품이 나올 수 없다는 김 대통령의 평소 지론에서도 잘 나타난다.

김 대통령은 퇴임 후(2003년 12월 15일) 제11회 춘사 나운규 영화제에서 영화인들이 주는 공로상을 받고 기쁨의 눈물을 흘렸다고 한다. 당시 주최 측은 "재임 기간에 미국의 압력에도 불구하고 스크린쿼터를 지켰고, 영화 진흥 기금 1,500억 원을 조성하는 등 한국 영화계를 전폭 지원했기 때문"이라고 선정 이유를 밝혔다. 김 대통령이 가수 서태지와 가까이 지낸 사실을 보더라도 그가 얼마나 예술에 관심이 많았는지 미루어 짐작할 수 있겠다.

김대중 정부 시절 방영된 〈겨울연가〉(2002년 1월 14일~3월 19일)는 '욘사마(배용준) 열풍'을 불러온다.

제11회 춘사영화제 공로상 받은 김대중 대통령(2003)

"한류는 김대중 정부 시절 시작된 것으로 알려졌지. 퇴임 후 TV 방송에 출연, '우리나라 예술은 간섭하면 망한다'라고 주장하면서 문화 개방의 중요성을 강조하는 김 전 대통령 모습을 뵌 적이 있거든. 한국은 중국에서 유교와 불교를 받아들였지만 흡수되지 않았다는 거야. 주변국들은 중국화 됐지만 한국은 독창적인 문화로 재창조해 낸 저력을 믿었던 것이지.

김대중 전 대통령은 예술인들이 존경할 수밖에 없는 독특한 기록을 보유하고 있지. 재임 시절 문화 정책에서 '지원은 하되 간섭은 하지 않는다'는 원칙하에 관련 예산 비율을 1%로 늘리고, 퇴임 후 춘사영화제 기념사업회로부터 공로상 받은 유일한 전직 대통령이니까. 그 기록 하나만으로 그분이 문화예술 분야에 얼마나 많은 공을 들였는지 짐작이 가능하지."

김성환 씨는 "국민의 정부 때 일본에서 '욘사마 열풍'이 불기 시작하고, 방탄소년단이 세계 무대를 주름잡고 있는 현실 등이 우연은 아닐 것"이라며 "관계 장관과 비서들의 반대를 무릎쓰고 일본 대중문화를 개방한 김대중 대통령의 선견지명과 통찰력이 놀라울 따름"이라고 덧붙였다.

### 김성환은 누구?

친구 따라 방송국에 갔다가 엉겁결에 연예인이 된 김성환. 그는 신인 시절 수입 대부분을 시골에서 농사짓는 부모와 동생들 뒷바라지에 쓴다. 그가 고향 동네에서 효자로 알려진 이유다.

성실 근면했던 그는 2002년 우수 납세자로 선정, 대통령 표창을 받는다. 탤런트협회 회장을 두 차례(2004~2010) 역임했고, 2007년 연예인 최초로 화관문화훈장을 받는다. 2010년 제19회 대한민국 무궁화 대상(대중문화 부문), 2012년 제21회 소충·사선 문화상(특별공로 부문) 수상한다. 환갑 나이에 대학 졸업하고 대학원에 진학, 주변을 놀라게 했으며 한국방송연기자협회 이사장(2006~2010)을 맡아 연기자들의 기본권리와 복지 증진을 위해 노력하기도 하였다.

GUNSAN
DJ ROAD

# "혼돈의 사회… '젊은 김대중' 나와야 한다"

### 'DJ 스터디(2023년 12월)'

오마이뉴스 | 2023년 12월 14일 조종안(chongani)

하의도 '김대중 생가' 방문한 회원들(2023년 2월)

김대중 대통령 군산 기념사업회 회원들은 2023년 2월 전남 신안군에 자리한 '김대중 생가'에 다녀왔다. 그해 6월에는 교복 차림의 10대 소년에서 생을 마감하는 그날까지 DJ의 발자취가 오롯이 느껴지는 '생애 사진전'을 개최하였다. 이어 순회사진전(7~8월)을 열었으며,

8월 18일에는 서울 국립현충원에서 열린 DJ 서거 제14주기 추도식에 참석한 뒤 김대중도서관을 돌아봤다.

굴곡진 한국 현대사와 궤를 함께해 온 '김대중', 그의 삶과 정신을 되새겨보는 'DJ 스터디'도 매월 개최하였다. 지난 주말(8일)에는 군산시 개복동에 자리한 문화예술 복합 공간 '(스튜디오 몸·STUDIO MOMM)'에서 아홉 번째 'DJ 스터디'를 진행하였다. 이날 스터디는 김대중 대통령의 '마지막 비서관'으로 알려진 최경환 전 의원 초청 강연으로 대신하였다.

그동안 스터디는 회원들이 모여 전시할 사진을 선별하거나 주요 사건(71년 대통령 선거, 73년 김대중 납치 사건, 5·18 광주민주화운동, 6·10 민주항쟁, 최초 수평적 정권교체 등) 중심으로 진행했다. 그러나 이번에는 명사 초청 강연으로 대체하고 주제('DJ의 사상과 리더십')도 정하였다. 특히 DJ 비서관 초청 강연은 군산에서 처음 시도되어 의미를 더했으며, 군산대 역사학과 2학년 왕성빈, 이성준 학생이 참석, 눈길을 끌었다.

### 감동 안겨준 대금 독주와 시 낭송

특강에 앞서 한용호 운영위원의 대금 독주와 채영숙 '세노야' 단장의 시 낭송이 있었다. 대금은 김대중 정신을 기리고 계승하는 의미로 〈임을 위한 행진곡〉을 선곡했고, 시는 〈어느 대나무의 고백〉(복효근)을 낭송하였다. 참석자들은 심

한용호 운영위원의 대금 독주 모습

금을 울리는 대금 독주에 맞춰 노래를 합창하였고, 진즉 고인이 된 임들을 기렸다.

참가자들과 함께 손뼉을 치며 〈임을 위한 행진곡〉을 부른 최 전 의원은 "자그만 행사지만 서울이나 다른 대도시에서 접하기 어려운 장면을 목격했다"며 지난 일들을 떠올렸다. 이어 그는 "대금 연주와 시낭송은 너무나 예뻤고, 행사의 맛과 멋이 다르게 느껴졌다. 여러분은 일상적으로 한다고 하셨겠지만, 놀라운 시도였다"며 찬사를 아끼지 않았다.

최 전 의원은 전남대에서 강의 마치고 오는 길이라며 군산에 온 내력을 설명했다. 그는 지난 8월 18일 서울에서 열린 DJ 추도식에 참석한 회원들과 함께 묘소를 참배한 뒤 식당에서 점심을 먹고 김대중 도서관 집무실, 동교동 자택 등을 돌아보며 느낀 점도 밝혔다.

"제가 오늘 이곳에 오겠다고 마음먹은 것은 지난 8월 대통령님 추도식 때 회원 여러분(10명)을 만나 느낀 게 있어서입니다. 동교동 방문객은 정치인 또는 정치와 이해관계에 있는 분이 대부분인데 그게 아니었거든요. 품위도 느껴지고, 생활도 안정된 분들 같은데 왜 추운 겨울에 하의도를 다녀오고 무더운 날 도서관을 방문하는지 궁금했죠. 그러면서 '아 이런 게 바로 김대중의 힘이구나!' 하고 새삼 느꼈습니다. 그 속에서 희망을 보았고 고마움을 느낀 나머지 마음을 정했죠."

최 전 의원은 문화예술 분야에 관심이 많았던 DJ를 떠올리며 "오늘 너무 감동적이었다. 이곳(강의실)도 무용 연습하는 문화예술 복합

공간인데, 내가 광주에서 활동하면서 행사를 계획할 때도 항상 문화·예술 프로가 들어갔다. 뜻깊은 공연이니 계속 이어지길 바란다"라고 해서 큰 호응을 받았다.

### DJ 인물화 감상으로 강의 시작

강의는 DJ 인물화 네 점(목포상고 시절, 71년 대선 후보 시절, 수인 번호가 선명한 죄수복 모습, 대통령 재임 시절 등)을 감상하는 것으로 시작했다. 이기문 전남대 예술대학 교수의 작품으로 기적과도 같았던 DJ의 생애를 함축적으로 보여주고 있었다. 작품을 설명하는 동안 실내는 무거운 침묵이 흘렀으며 이따금 탄식도 터져 나왔다.

최 전 의원은 "DJ는 현대사의 진정한 리더로 남이 보여주지 못한 독특한 리더십을 갖추고 또 실천했다"며 가까이에서 10년(1999~2009) 동안 보좌하며 직접 듣고 바라본 경험담을 들려줘 참석자들의 이해를

DJ의 발자취에 관해 설명하는 최경환 전 의원

도왔다. 특히 DJ의 험난한 정치 행보와 추구했던 정책에서 보여준 각종 사례(다양한 리더십, 원칙과 철학, 마지막 일기 등)를 제시해서 감동을 자아냈다.

김대중 정부 시절, 한국은 김대중-오부치 선언(1988)으로 일본문화가 개방되고 외교 지평이 확대된다. 특히 남북정상회담과 6·15선언이 성사되고 개성공단이 조성될 수 있었던 것은 국민의 인권과 민주주의가 선진국 수준으로 올라 있었기에 가능한 일이었다. DJ의 4대국(미·중·일·러) 보장에 의한 평화통일론을 설명하던 중 '카스라-태프트 밀약' 이야기도 나왔다.

최 비서관이 왕성빈 학생을 지목, '카스라-태프트 밀약'에 대해 설명해 보라고 하자 처음에는 쑥스러워하더니 자리에서 일어나 "1905년 7월 29일, 미국 육군 장관 태프트와 일본 내각 총리 가쓰라가 도쿄에서 밀약한 기록입니다. 일본은 한국, 미국은 필리핀을 점령하기로 상호 확인하는 내용이었죠"라고 명료하게 답해서 박수받았다.

### 앞으로 '김대중 정신', '김대중 테제' 이어질 것

최 비서관은 "대통령님은 고인이 됐지만 '김대중 시대'는 이제 막 시작됐다고 할 수 있다"며 "앞으로 수십 년은 '김대중 정신', '김대중 테제'가 이어질 것"으로 내다봤다. 정치발전, 사회 정의 문화예술 발전, 세계 속에서 한국의 역할을 찾는 일 등에서 DJ가 제시했던 정책과 사상은 아직 유효하기 때문이라는 것. 최 의원은 이 모두 우리 몫이라고 강조했다.

"우리 사회는 지금 혼돈이 거듭되고 있습니다. 민주화 과정에서 달성됐다고 믿고 있었던 가치들이 부정되고 있는 걸 보면 당혹할 때가 있습니다. 다시 김대중 정신과 가치, 정책, 그리고 '김대중 리더십' 속에서 해답을 찾아야 합니다. 특히 김대중 '가치'와 '리더십'으로 단련된 '젊은 김대중'이 나와야 합니다. 그렇게 되기 위해서는 힘을 모아야겠죠."

강연 끝나고 문정현 회원은 "아주 유익한 시간이었다. 기억에 남는 어록은 '마지막 일기' 가운데 '생각할수록 인생은 아름답고 역사는 앞으로 발전한다'라는 대목"이라 했다. 그는 "자그만 조직(사단법인·아리울역사문화) 대표로 리더십에 대해 고민이 많았는데, 강연을 듣고 '용기란 성품에서 나오는 게 아니라 책임감에서 나온다'는 대목을 되새기며 용기 있는 행함과 포용력 있는 리더가 되자고 다짐하게 됐다"라고 소감을 밝혔다.

강연 끝나고 질의응답은 좌담회 형식으로 진행됐다.

GUNSAN
DJ ROAD

# 네 번째 'DJ 생애사진전' (전북 도청)
### 김대중 대통령 탄생 100주년 기념 '생애사진전'을 마치고

오마이뉴스 | 2024년 2월 13일 조종안(chongani)

도청 사진전 개막식 마치고 김관영 전북 지사와 기념촬영

 필자는 2004년 8월부터 '후광김대중마을(다음카페)'을 운영해 오고 있다. 카페 개설 이후 '김대중(DJ) 정신'을 계승·구현하기 위해 관련 단체에서 제공받은 사진과 직접 촬영한 사진을 모아 '생애 사진전'을 두 차례(2015년, 2018년) 개최하였다. 2023년 2월 뜻을 함께하는 분들과 '김대중대통령군산기념사업회'를 구성했고, 그해 6월 세 번째 '생애 사진전'을 열었다.

대한민국 제15대 대통령 김대중(1924~2009). 올해는 그의 탄생 100주년 되는 해이다. 이에 다큐 영화(〈길위에 김대중〉) 상영을 비롯해 도서 출간, 기념사진전, 토론회, 음악회 등이 전국 각지에서 다채롭게 펼쳐지고 있다. 필자는 교복 차림의 10대 소년에서 생을 마감하는 그 날까지 DJ 발자취가 오롯이 느껴지는 네 번째 '생애 사진전'을 전북 도청 전시실에서 개최하였다.

도청 사진전 전시 기간(1월 5일~19일)은 2주였으나 주말(토·일)은 휴관, 실제는 10일에 불과했다. 그럼에도 방문객은 1천 명 이상 다녀간 것으로 집계됐다. 전주 시내는 물론 전남 광주, 여수 충남 부여, 홍성, 전북 고창, 김제, 남원 등 타 지역 관람객도 많았다. 방문객은 유모차 끌고 온 30~40대 주부들과 어렸을 때 할아버지 따라 유세장에 갔다가 'DJ 광팬'이 됐다는 아저씨 등 다양했으며 감동적인 경험담 들려주는 중장년층도 여럿 만났다.

'생애 사진전(제목: 〈아름다운 발자국 인간 김대중〉)' 특징은 DJ 어록이 담긴 서예 작품 네 점(김부식 작)과 마지막 연설 모습이 담긴 초상화 한 점(이동근 작)이 전시됐다는 것. DJ 아내이자 정치적 동지였던 이희호 여사의 유년 시절과 대학 시절, 경교장(김구 선생 거주지) 방문 사진, 미국 유학시절, 여성운동가 시절 모습이 담긴 흑백사진 20여 점을 전시, 새로움을 더했다.

도청 사진전은 전주에서 처음 열린 'DJ 생애 사진전'이었다. 그래서 그런지 시민의 관심과 반응이 뜨거웠다. 이후 보름 정도 휴식을 취한 뒤 다섯 번째 전시회를 가졌다. 전주 시내에 자리한 명주골작은도서관에서 나흘(2월 5일~8일) 동안 개최했던 것. 이곳 사진전 역시 이희호 여사의 삶이 묻어나는 흑백사진 중심으로 액자를 배치, 방문객들의 호평을 받았다.

전시실에 내걸린 사진(130여 점) 중 방문객들이 인상 깊게 본 사진은 군사 법정에서 재판받는 모습(1980), 청주교도소 시절 죄수복 차림(1981), 1971년 대통령 선거 포스터, 목포상업학교 학적부(1940년대), 대통령 재임 시절 과일가게에서 양손으로 수박 감싸들고 함박웃음 터트리는 모습, 남북 정상이 만찬 끝나고 '우리의 소원은 통일'을 합창하는 장면(2000), 노무현 대통령 장례식장에서 오열하는 모습(2009) 등이었다.

방문객은 20대에서 80대까지 다양했다. 유모차를 끌고 나온 주부도 보였고, 초등학교 자녀와 동반한 주부도 있었으며, 사진에 담긴 이야기를 자녀에게 소상히 설명해 주는 엄마도 보였다. 충남 홍성에서 부모 모시고 전북대 병원에 왔다가 사진전 안내 현수막을 보고 물

전시장 돌아보는 방문객들

어물어 찾아왔다는 손님도 있었다. 전북 도청에 근무하는 홍 모 씨는 "중학교 3학년 때(1980) 외할아버지 따라 정읍 유세에 갔다가 온기 느껴지는 김대중 선생의 손을 잡았던 순간을 지금도 기억하고 있다"며 아련해진 옛일을 떠올리기도 하였다.

### 개막식의 백미, 대금 독주와 퍼포먼스 이야기

도청사진전 개막식 때 한용호 국악 놀이터 '쉼' 대표의 대금 독주와 최재희 스튜디오몸(STUDIO MOMM) 대표가 보여준 파워풀한 퍼포먼스는 참석자들의 감탄을 자아냈다.

대금 독주는 김대중 정신을 기리고 계승하는 의미로 '임을 위한 행진곡'을 선곡했다. 퍼포먼스는 지원석 작곡의 〈천향·天香〉, 영원한 시간, 발자국, 헌신 등을 테마로 평화를 위한 몸부림의 메시지 전달과 DJ의 발자국 자국마다 국민의 안위와 평화의 향기로 피어나기를 기원했다.

이희호 여사의 흑백사진이 내걸린 벽을 배경으로 퍼포먼스를 펼친 최 대표는 "〈천향〉은 하늘로 떠나보낸 임을 그리는 마음을 담아 만들었다고 한다. 그 애절하고 애틋한 마음을 참석자들 가슴에 담아 하늘에 계신 두 분(김대중 이희호)에게 전달하는 심정으로 작품에 임했다"며 그날을 회상했다. 아래는 최 대표의 후일담이다.

"개막식 열리기 40분 전쯤 도착해서 전시장을 돌아봤는데, 사진 한 장 한 장이 감동적으로 다가왔다. 특히 이희호 여사 결혼 전 삶을 압축해 놓은 것처럼 느껴지는 흑백사진 20여 장 앞에서 발걸음을 떼지 못했다. 유아기 시절과 학창 시절, 미국 유학 시절, 여성운동가 시절 모습 등을 찬찬히 들여다보면서 이 사진들을 배경으로 퍼포먼스를 해야겠다고 마음먹었다.

한용호 대표의 굵고 긴 호흡의 대금 연주는 온몸을 감싸안았다. 이어 누군가의 절규로 바뀌면서 내 마음을 흡수시키고, 매료시켜 진정성 있는 '몸 언어'를 표현할 수 있는 자극을 주기에 충분했다. 순간의 찰나일지라도, 함축적인 소리와 몸짓들이 함께 했던 분들과 김대중 대통령, 이희호 여사 두 분에게 깊은 울림으로 다가가고 또 기억되기를 바란다."

공연을 지켜본 한 참석자는 "짧은 시간이었지만 안무가(최재희)의 몸짓이 다채롭고 아름다웠으며, 위엄과 품위가 느껴졌다. 특히 표정과 동작 하나하나가 애절한 데다 배경음악이 슬퍼 눈물이 나오려고

이희호 여사 사진을 배경으로 퍼포먼스 펼치는 최재희 대표

했다. 오늘의 공연(대금 독주와 퍼포먼스)은 파란곡절의 길을 걸어온 김대중 대통령과 이희호 여사 생애를 소리와 몸짓으로 함축해 놓은 것 같은 느낌을 받았다"라고 전했다.

'춤은 표현하고 싶고, 이야기하고 싶은 또 다른 언어'라고 말해온 최재희 대표. 그는 "그날의 퍼포먼스는 작품 안무와 아름다운 몸짓을 표현하기 위해 연습을 거듭한 뒤 무대에서 행해졌던 춤하고는 차원이 다른 '몸의 언어'였다. 작은 몸짓 하나에도 두 분(김대중, 이희호)을 향한 그리움을 담아내기 위해 노력했다"면서 한마디 덧붙였다.

"60~80년대 우리나라는 정치 환경이 너무도 열악했다. 동토나 다름없는 척박한 이 땅에 민주주의와 평화가 자리 잡을 수 있도록 헌신하신 대통령님의 힘겨운 발자국, 하지만 그 자국 자국들은 DJ를 믿고 지지해 준 국민이 있었기에 당당히 내디딜 수 있었고, 이희호 여사의 헌신적인 동행이 있었기에 좌고우면하지 않고 정진할 수 있지 않았을까 싶다.

도청 공연은 아쉬운 점이 많았다. 그럼에도 지인들은 '참 좋은 공연이었다. 몸짓에서 미래 희망과 도약의 기운이 느껴졌다. 이희호 여사를 보는 시각 범위도 더 넓어진 것 같다'고 평가했다. 이에 보답 차원에서라도 퍼포먼스는 일회성으로 끝나지 않을 것 같다. 이희호 여사의 삶을 재조명하는 공연이 계속될 수 있도록 새 작품을 연구하고 개발하겠다."

**덧붙임:** 다양한 몸짓과 표정, 호흡 등으로 애절함을 녹여낸 최재희 대표는 국제무용협회(CID-UNESCO) 한국본부 군산 지부장을 겸하고 있다.

GUNSAN
DJ ROAD

## 다큐영화 <길위의 김대중> 시사회 개최
### 울면서 볼 수밖에 없는 영화… 청년들에게 보여주고픈 DJ

오마이뉴스 | 2024년 1월 2일 조종안(chongani)

<길위에 김대중> 스틸컷(1987년 대통령 후보 시절 환영대회)

김대중 대통령 탄생 100주년을 맞아 다큐멘터리 영화 <길위에 김대중>(감독 민환기)이 제작됐다. 개봉일은 2024년 1월 10일. 아내와 함께 텀블벅 펀딩에 참여했던 필자는 2023년 12월 26일 서전주 CGV에서 열린 특별후원자 시사회에 다녀왔다. 김대중대통령 군산기념사

업회(회장 조종안)는 지난 1월 25일 군산롯데시네마(3층)에서 상영회를 개최하였다.

〈길위에 김대중〉 기획은 2013년으로 거슬러 올라간다. 당시 김대중 추모사업회 정진백 회장이 김대중평화센터 이사장이던 이희호 여사를 찾아가 김 대통령의 삶을 다큐 영화로 만들 것을 제의, 승낙을 받으면서 프로젝트가 시작되었다.

작업에 몰두해 온 정 회장은 2019년 작품의 완성도를 높이기 위해 〈접속〉(1997) 〈공동경비구역 JSA〉(2000) 〈우리 생애 최고의 순간〉(2008) 등의 흥행작을 내놓은 명필름에 제작을 제안한다. 이어 명필름 이은 대표, 남북 탁구단일팀 다큐 준비 작업을 하던 민환기 감독, 시네마 6411 최낙용 대표 등이 제작에 합류, 10년 만에 영화가 만들어지게 됐다.

김대중(DJ) 대통령의 삶을 필름에 담기 위해 1970~80년대 미공개 자료와 방대한 양의 아카이브 자료를 수집했으며, 역사적 순간들을 DJ와 함께했던 사람들 목소리도 담겼다. 특히 '김대중 대통령 탄생 100주년 기념 영화상영 위원회'가 지난 11월 텀블벅 펀딩으로 대형 멀티플렉스 상영관과 새로운 상영 공간을 확보한 것으로 전해진다.

### DJ의 평생 신념이자 꿈

"나는 목숨을 걸고 7년 동안 박 정권과 유신 하에서 싸웠습니다. 나는 내 주위에 여러분이 있는 이상 내 주위에 나를 바라보고 나에게 기대를 거는 국민이 있는 이상 어떤 권력의 비호보다도, 어떤 금력의 비호보다도 나는 내 국민이 나를 지켜준 그 이상의 바람이 없고, 재산이 없고, 힘이 없다는 것을 여러분께 말씀드릴 수 있습니다." – 〈길위에 김대중〉 자막에서

국민의 인권과 민주주의를 위해 헌신한 DJ, 그는 자신을 죽이려 했던 정적들을 용서하였고, 반세기 넘게 이어진 불신과 대결을 넘어 화해와 협력의 길을 다져왔다. 정의가 강물처럼 흐르고, 자유가 들꽃처럼 만발하고, 통일에의 희망이 무지개같이 떠오르는 나라를 염원했던 것. 민주주의 정착과 평화통일, 그것은 DJ의 평생 신념이자 꿈이었다.

〈길위에 김대중〉은 전남 하의도 출신 DJ가 목포상고 졸업하고 해운회사와 언론사를 경영하다가 1954년 정치에 입문, 군사독재에 항거한 정치 역정을 다룬다. 1987년 6·29 선언으로 자유를 얻은 그가

〈길위에 김대중〉 스틸컷 ⓒ 명필름

16년 만에 광주를 방문하는 장면에서 영화는 끝난다. 청년 시절 사진과 영상, 주변 인물들의 인터뷰 등으로 구성됐으며 DJ가 감옥에서 미국 망명을 받아들이는 과정 등이 담긴 미공개 자료도 포함됐다.

"나는 늘 길 위에 있었다. 어디서든 부르면 달려갔다. 많은 사람이 내 연설과 삶에 박수를 보내고 격려했지만, 돌아서면 외로웠다." – 〈길위에 김대중〉 자막에서

미국 망명 시절 DJ는 한국의 독재정권을 지지하는 미국 정부를 설득하는 일에 몰두한다. 미국 정계 및 의회에 한국의 언론과 민주주의가 얼마나 억압받고 있는지 등을 알리고 다녔던 것. 그 와중에도 DJ는 "나는 언제나 길 위에 있었다. 언제 어디서든 국민이 부르면 나는 달려갔다"라고 회고하였다. 따라서 영화 제목도 위 대목에서 기인하지 않았나 싶다.

섬마을 소년이 대통령 당선에 이르기까지 그의 파란만장한 삶은 한 편의 드라마를 보는 듯하다. 반세기 가까이 야당 정치인의 길을 걸으면서 겪은 의문의 교통사고와 납치, 투옥, 사형선고, 망명, 가택연금 등은 굴곡진 DJ의 정치 역정을 대변한다. 격랑 속에서도 헌정사상 최초로 평화적 정권교체를 이뤄낸 그의 정치 인생은 외환위기 극복과 남북정상회담, 노벨평화상 수상 등으로 대미를 장식한다.

### 경이로움 느끼게 했던 장면들

아내와 함께 텀블벅 펀딩에 참여했던 필자는 지난 12월 26일 서전주 CGV에서 열린 특별후원자 시사회에 다녀왔다. 영화가 상영되는 두 시간여 동안 탄식 소리가 끊이지 않았다. 앞줄 객석의 여성은 머리를 짧게 깎은 죄수복 차림의 DJ가 등장하자 어깨를 들썩이며 흐느끼기도 했다. 영화를 관람하고 나온 아내 역시 "눈물이 나와 혼났다"며 탄식 섞인 한숨을 내쉬었다.

오래전 김대중 〈옥중서신〉을 감명 깊게 읽어서 그런가. 옥중에서 아내와 자식에게 보내려고 엽서에 깨알같이 적은 편지와 이희호 여사가 교도소로 남편(DJ)을 찾아가 설득하는 장면을 대하는 순간 감동과 전율이 일어나면서 지난 일들이 하나둘 떠올랐다. 김대중은 아내와 자식보다 나라를 더 걱정하고 사랑하는 사람임을 옥중 편지에서 확인했기 때문이었다.

처음으로 공개된 차은경(DJ의 첫 번째 부인 동생)씨 육성 증언과 면회실에서 마주 앉아 대화하는 김대중·이희호 모습, 겨울용 수의(수인번호 9) 차림의 DJ가 처연한 표정으로 눈을 깜박이는 장면 등은 경이로움을 느끼게 했다. 40대 중반의 그가 강연과 연설을

서전주 CGV에서 아내와 기념사진

통해 보여주는 강렬한 메시지와 민주주의를 향한 확고한 의지 등은 감동 그 자체였다.

항소심에서 사형이 확정되자 DJ는 복도에서 발걸음 소리만 들려도 깜짝깜짝 놀랐다고 회고하였다. 그렇게 절박한 상황에서도 그는 아내에게 보낸 편지에 "무엇이 되는 것이 나의 목표였다면 나는 철저한 패배자였을 것입니다. 그러나 어떻게 사는 것이 목표였다면 그래도 보람 있는 인생이었다고 자위해 봅니다"라며 여유를 찾는 모습은 눈시울을 붉히게 했다.

### <길위에 김대중>, 부부나 가족동반 관람 권한다

DJ는 화해와 용서, 진정한 사랑을 행동으로 보여줬다. 옥중에서 쓴 편지에서도 잘 나타난다. 그는 아들에게 '진정으로 관대하고 강한 사람만이 용서와 사랑을 보여줄 수 있다. 항상 인내하고 적을 용서할 수 있는 힘을 가질 수 있도록 항상 기도하자'고 당부한다. 내일을 예측할 수 없는 사형수 입에서 어떻게 '용서하자'는 말이 나오는지 놀라울 따름이다.

필자는 DJ 관련 영화가 제작된다는 소식을 접하던 몇 년 전부터 미래 주역인 청년세대 감각에 맞게 만들면 좋겠다는 희망을 품어왔다. 다행인 것은 제작에 참여한 스태프 중 20대 비중이 높았다는 것. 그들은 김대중을 모르는 세대임에도 작업하면서 많이 울었다는 후일담이 전해진다. 청년들 감각이 정확히 전달된 게 증명된 셈이니 반가운 소식이 아닐 수 없다.

결혼을 앞둔 청년들이 김대중·이희호 부부의 기록에서 배울 점은 '올바른 부부관계 정립'이 아닐지 생각해 본다. 절박한 상황에서도 좌절하거나 절망하지 않는 굳은 의지력도 빼놓을 수 없겠다. 그래서다. 기쁨은 나눌수록 더 커진다는 말이 있듯 영화 〈길위에 김대중〉 관람은 부부 동반을 권해본다. 자녀나 가까운 지인들과의 동반 관람이라면 더할 나위 없겠다.

GUNSAN
DJ ROAD

# 김대중·이희호 부부와 함께한 시간들
## 'DJ 스터디(2024년 5월)'

투데이군산 | 2024년 5월 25일 신수철 기자

윤철구 전 비서관 초청강연 기념사진(2024년 5월 31일)

    김대중 대통령 탄생 100주년을 맞아 군산에서 〈김대중·이희호 부부와 함께한 시간〉이란 주제로 초청 강연이 열린다.

    김대중 대통령 군산기념사업회(회장 조종안)는 "이달 31일(금) 오후 3시 '전북사회적경제혁신타운 1층'에서 윤철구 전 비서관 초청해 이 같은 주제로 강연을 연다"고 밝혔다.

    군산 시민 누구나 참석할 수 있다.

    윤철구 전 비서관은 이날 감동 가득한 김대중(DJ)·이희호 부부의 생활 이야기를 중심으로 강연을 펼친다.

윤 전 비서관은 김대중·이희호 부부를 20년 넘게 보좌해 온 인물이다. 김대중 전 대통령 비서관, 연세대 김대중도서관 운영위원, 목포 김대중노벨평화상기념관 이사, 이희호 여사 비서관, 김대중평화센터 이사 겸 사무총장 등을 역임했다.

현재는 부영그룹 상임이사로 재직 중이다. 특히 윤 전 비서관은 현재 '김대중 대통령 군산기념사업회' 자문위원으로도 활동 중이다.

조종안 회장은 "DJ가 남긴 발자취는 굴곡진 한국 현대사를 보는 듯하다"며 "김대중 정신을 계승, 구현하기 위해 마련한 자리이니 시민들의 많은 참석을 부탁드린다"라고 말했다.

한편, 김대중 대통령 군산기념사업회는 2015년, 2018년, 2023년, 2024년 1월의 '김대중 생애 사진전'에 이어 올 6월에는 '이희호 여사 생애사진전'(6월 5일~7월 4일)을 준비하고 있다.

특히 2015년 11월 전시회 때는 김대중 평화센터 이사장이었던 고 이희호 여사가 참석, 인사말과 함께 테이프커팅을 한 바 있다.

DJ 군산기념사업회를 이끄는 조종안 회장은 '후광 김대중 마을(다움카페)'을 20년째 운영 중이다.

GUNSAN
DJ ROAD

# 전북에서 처음 열린 '이희호 생애사진전'

## "이희호는 DJ와 함께 역사 만들어간 기획자"

오마이뉴스 | 2024년 6월 22일 조종안(chongani)

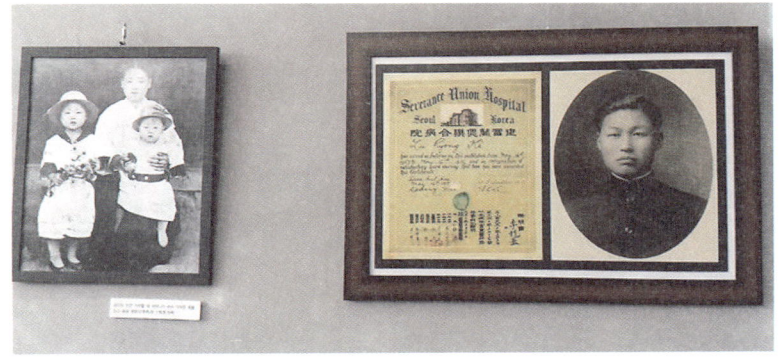

이희호 여사 다섯 살 때 모습(왼쪽)과 이용기(이희호 부친) 선생 젊었을 때 모습

위는 이희호 여사 생애 사진전 전시장(군산 우체통 거리 '리오카페')에서 찍은 사진이다. 왼쪽 액자는 이희호(1922~2019) 여사 다섯 살 때 모습이다. 인천에 거주할 때(1927년경) 어머니가 손수 지어준 옷을 입고 동생(영호)과 함께 찍었다고 한다. 오른쪽 액자는 이용기(이희호 부친) 선생의 젊었을 때 모습과 그가 1918년에 받은 세브란스병원 인턴 수료증이다.

'이희호 생애 사진전'은 전북에서 처음 열리는 전시회 아닌가 싶다. 그래서 그런지 준비 과정에서 많은 사람이 관심을 나타냈다. 고향, 출신학교, 결혼 전 활동, DJ와 결혼하게 된 배경 등 질문도 다양했다. 그중 최종 학력 질문이 많았다. 이에 대해 서울대와 이화여대 두 곳을 졸업했고, 미국 유학 다녀온 1세대 여성인권운동가였다고 하면 모두 놀라워했다.

이희호는 서울의 유복한 가정에서 태어났다. 1940년 이화고녀 졸업하고 이듬해 이화여전(이화여대) 문과에 입학한다. 1950년 서울대학교 사범대학 졸업한다. 1956년 미국 램버스 대학에서 사회학 수학하고 1958년 스카릿대학 대학원에서 석사학위 취득한다. 귀국 후 이화여대 강사, YWCA 총무, 한국여성단체협의회 이사 등을 역임하였고, 1962년 김대중과 혼례를 올린다.

이희호는 탄압받는 야당 정치인 DJ와 결혼 후 소용돌이치는 역사의 중심으로 들어간다. 신혼의 달콤함을 누리지도 못한 채 민주화 투사의 동반자가 됐던 것. 1971년 대통령 선거 유세 때는 직접 찬조 연설에 나서 "여러분, 제 남편이 대통령이 되어 만약 독재하면 제가 앞장서서 타도하겠습니다"라고 외치며 민주화에 대한 굳건한 신념을 보여준다.

### 이희호, '여사'보다 '선생님'으로 부르고 싶어

아래는 이희호 여사 생애사진전(부제: 〈고난과 영광의 회전무대〉) 팸플릿이다. 특별기획전을 주도한 김규영 DJ 군산기념사업회 운영위원은 이희호 여사 발자취에 맞도록 〈격동의 땅: 따스한 유년과 불타는 향학열〉 〈교수의 길이 아닌 YWCA 활동가의 길〉 〈어둠의 시절: 멈추지 않는 투쟁〉 〈푸른 기와집 그리고..〉 등 네 개 테마로 편집했다고 전했다.

김 위원은 "사진전 부제는 이희호 여사 자서전(《동행》)에서 가져왔다"라며 "김대중과 '동행'하는 삶은 한 치 앞도 예측할 수 없는 고난과 영광이 정신없이 오가는 회전무대였다고 말할 수 있다. 그러나 그것이 어쩔 수 없이 희생하는 자리에 놓였다는 뜻은 아니다"라고 강조한다. 이 여사는 역사(무대)를 DJ와 함께 만들어간 능동적인 기획자라는 사실을 기억해야 한다는 것.

"이희호는 누구의 아내이기에 앞서 여성인권 운동가로, 사회 활동가로, 충분히 독립적으로 존재하셨던 분이다. 물론 김대중 대통령과 함께함으로써 시너지 효과가 큰 것은 맞다. 그럼에도 나는 '이희호 여사'가 아니라 '이희호 선생님'으로 부르고 싶다. 최근 이해동 목사와 이종옥 여사님을 두 차례 뵌 적이 있는데 그분들도 계속 '우리 이희호 선생님께서'라고 하셨다."

김 위원은 "사진전 준비하면서 이희호 여사(선생)의 활동을 부각하고 싶었다. 어떤 위기 앞에서도 흔들리지 않는 모습을 보인 그는 농담도 잘

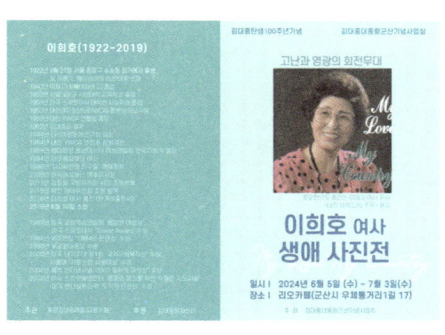

이희호 여사 생애 사진전 리플릿1

하는 재치 있고 쾌활한 사람이었다. (2000년 6·15 남북정상회담 당시) 평양 유치원에서 아이들과 춤추는 사진을 자꾸 보게 되는 이유"라며 한마디 덧붙였다.

"이희호 선생은 자기 뜻과 열정을 따르는 것에 망설임이 없었다. 자신을 휘두르는 주변의 바람에 흔들리지 않았다. 그 단단한 마음가짐은 정치인 김대중을 잡아주는 뿌리가 되었을 것이다. 평화 통일과 민주주의, 여성, 인권 등 우리 모두를 위해 더 나은 세상에서 살아가기 위한 큰 뜻을 위해서뿐만 아니라 자신의 존엄을 지키고자 한다면, 이희호 선생과 김대중 대통령이 살아온 방식을 지침으로 삼아야 할 것이다."

이희호 생애 사진전 특징은 DJ 어록이 담긴 서예작품 두 점(김부식 작)과 마지막 연설 모습이 담긴 초상화 한 점(이동근 작)이 전시됐다는 것. 군산 방문 사진을 비롯해 이 여사의 유년 시절, 대학 시절, 경교장(김구 선생 거주지) 방문 사진, 미국 유학 시절, 여성운동가 시절 모습, 결혼사진 등 이희호 여사의 삶이 묻어나는 흑백사진 20여 점을 전시해서 관심을 끈다.

### 1세대 여성인권운동가 '이희호의 삶'

기록에 따르면 이희호는 모태신앙 기독교인이며 DJ는 1956년 장면 박사를 대부로 세례 받은 천주교 신자였다. 이희호는 사회운동으로 DJ는 정치로 세상을 변화시켜야 한다고 믿었다. 두 사람의 공통점은 일제 식민 치하와 광복, 동족상잔의 전쟁을 겪은 세대이며 민주주의의 가치를 신봉한다는 것. 또한 군사독재정권이 사라지고 민주 정부가 들어서는 꿈을 품은 점이 같았다.

DJ는 1971년 대선 실패 후 출국한 상태에서 유신이 선포되자 귀국하지 않고 해외에서 활동 중 동경에서 납치되어 동교동에 연금된다. 이후 1976년 3·1 민주구국 선언과 전두환 신군부의 내란음모 조작 사건으로 구속, 구금이 이어지는 동안 이희호는 DJ의 내조자로 감시와 탄압을 함께 받는다. 연금과 옥살이, 사형수의 아내로 숱한 고난을 감내했던 것. 1980년 사형선고 확정 뒤에는 구명운동에 나섰으며 이때 카터 미국 대통령에게 편지를 보내기도 하였다

결국 전두환 정권은 DJ를 미국으로 추방한다. 이때도 이희호는 DJ와 함께 출국. 타의에 의한 망명자가 된다. 1985년 총선 앞두고 귀국한 DJ는 다시 동교동에 연금된다. 2년 후 연금에서 풀려난 DJ는 1987년과 1992년 대선에서 연거푸 실패하고 1993년 영국으로 출국한다. 이때도 이희호는 DJ와 동행한다. 이후 DJ는 1997년 12월 평화적 정권교체에 성공한다.

1998년 2월 영부인이 된 이희호는 장애인, 노인, 소년·소녀 가장 등 소외계층을 보살피고, 여

이희호 여사 생애 사진전 리플릿2

성 권익 향상을 위해 노력한다. IMF 외환위기 이후 늘어나는 결식 아동과 실직가정을 돕기 위해 사단법인 '사랑의 친구들'을 만드는 등 왕성한 활동을 펼쳤다. 2009년 8월 DJ 서거 후에도 재야와 동교동계의 정신적 지주로 중심을 잡아 왔고, 2019년 6월 서거 직전까지 김대중평화센터 이사장 자리를 지키며 대북 사업을 뒷받침해 왔다.

    결혼 전엔 저명한 사회운동가였고, 결혼 후 탄압받는 야당 정치인의 동반자이자 동지로 고초를 겪었으며 칠순을 넘긴 나이에 영부인이 되어 활동해 온 이희호 이사장. 그는 미국 교회 여성연합회 '용감한 여성상', 미국 캘리포니아주 '이 해의 탁월한 여성상', 무궁화대훈장, 펄벅 인터내셔널 '올해의 여성상' 등 인권과 여성문제에 기여한 공을 인정받아 다수의 상을 받았다.

GUNSAN
DJ ROAD

# "이희호 여사는 현시대 닮고싶은 여성 중 한분"

2024년 7월 2일 조종안(chongani)

전시장 찾은 김관영 전북도지사와 사진 설명하는 최은숙 지도위원

위는 지난 주말(7월 6일) 이희호 여사 '생애 사진전' 전시장을 방문한 김관영 전북특별자치도지사와 최은숙 전북도립예술단 무용단 지도위원 모습이다. 최 지도위원은 이희호 여사가 영부인 시절이던 1999년 5월 전라북도 국악원을 방문, 공연을 관람하고 단원들과 함

께 찍은 기념사진 속에 자신의 얼굴이 보인다며 신기해했다.

최 지도위원은 1994년 3월 전주 우석대학교 체육대학 무용과 졸업하고 4월에 전북도립국악원 무용단에 입단하여 오늘에 이른다. 그러니 인생의 황금기 30년(20대~50대)을 도립무용단에서 보낸 셈이다. 최 지도위원은 세월의 빠름을 재확인하는 순간이라며 이희호 여사 방문 당시 상황을 설명했다.

"제가 1994년 전북도립국악원 무용단에 입단하고 5년 후 모습으로 감회가 새롭네요. 엊그제 같은데 25년이나 지났으니.. 도립국악원은 그해(1999) 1월 공연기획실, 3월에 국악 자료실이 설치됩니다. 그리고 5월 10일 국악원 공연장에서 〈대통령 영부인 이희호 여사 국악원 방문 환영공연〉이 열렸지요. 사진은 환영 공연 마치고 임원 및 단원들과 찍은 것으로 보입니다.

그 무렵 우리는 3단(무용단, 창극단, 관현악단)의 다양한 프로그램을 구성하여 도민들에게 문화 향유의 기회를 제공하고자 매주 토요 상설 공연을 하고 있었는데요, 해외 공연은 외환위기 사태로 3년(1998~2000) 동안 한 번도 나가지 못했지요.

그날도 어김없이 공연 준비하던 중 귀한 손님 오신다는 전갈을 받고 호기심 가득한 마음으로 기다렸지요. 귀한 손님은 바로 이희호 여사였습니다. 놀라움과 반가움으로 환영했지요. 공연을 지켜보신 여사님은 전주는 아주 멋진 도시라며 흡족해하셨죠. 이어 출연자 한 사람, 한 사람의 손을 잡으며 격려해 주셨고, 무궁한 발전 기원하는 메시지도 남기셨습니다."

최 지도위원은 "이희호 여사는 고등학교와 대학 시절 연극반에서

극본도 쓰고, 연출 및 주연까지 맡는 등 활발히 활동했던 것으로 전해지고 있다"며 "인권 운동가로 훈훈한 이미지와 함께 공연예술을 무척 아끼는 이 여사님은 현시대의 닮고 싶은 여성 중 한 분으로 기억에 남아 있다"라고 덧붙였다.

**덧붙임:** 최은숙 지도위원은 김대중대통령 군산기념사업회 회원이기도 하다.

최 위원은 서울시 무형유산 제45호 한량무 이수자로 (사)대한무용협회 군산시지부장을 역임했다.

남미 국가(브라질, 아르헨티나, 칠레, 파라과이 등) 순회공연을 비롯해 해외(일본, 중국, 인도, 스페인, 하와이, 코스타리카) 초청 및 문화교류 공연을 10여 차례 다녀왔고, 지금은 전북대학교 무형유산정보학과 박사과정을 밟고 있다.

# 03 PART

## 김대중 알아가기

# GUNSAN
# DJ ROAD

GUNSAN
DJ ROAD

# 내가 김대중(DJ)을 존경하는 이유

2003년 3월 22일 조종안(chongani)

DJ 자택 접견실에서 인사말 하는 필자(2005년 5월 어버이날)

나는 김대중(DJ) 전 대통령을 존경하고 사랑한다. 그렇다고 그를 위해 희생할 각오가 되어 있느냐 하면 그건 아니다. 솔직히 김 전 대통령을 존경하고 따르는 것은 결코 나를 위한 일이지 남을 위한 일이 아니라는 거다. 그래서인지, 'DJ 아니면 안 된다'는 식의 김대중 '매너

리즘'에 빠지고 싶지 않다. DJ 역시 그런 식의 일방적 지지는 좋아하지 않을 것으로 여겨진다.

DJ는 일제 식민 치하에서 어렵게 학창 시절을 보냈고, 졸업 후 일본인 회사에 취직하였다. 광복 후에는 성공한 사업가로 발돋움한다. 혼돈과 격랑의 시대에 정치에 입문, 온갖 풍파와 우여곡절을 겪은 후 대통령에 당선된다. 눈여겨봐야 할 대목이 있다. 그가 남긴 발자국은 여느 정치인들과 사뭇 달랐다는 것이다. 그러했기에, 세계적인 인물로 평가받고 있지 않나 싶다.

퇴임 앞두고 이곳(디제이로드)에 가입하게 된 동기는 DJ를 존경하고 사랑하는 선후배들과 대화하면서 뭔가 배우고 싶어서였다. DJ는 인류를 창조한 신(神)도 아니고 성인군자도 아니다. 자기 재산을 모두 사회에 헌납한 자선사업가도 아니다. 다만, 대통령 재임 시절 대업을 이루고도 정당한 평가를 받지 못하는 안타까운 현실을 함께 타개해 보고자 가입하였다.

말이 좋아 정의요 민주이지, 목숨 걸고 독재와 싸운다는 게 어디 쉬운 일인가. 한 치 앞을 내다볼 수 없는 현 정국에서 많은 인터넷 사용자가 여·야 정치인을 비판하고 비난한다. 그들은 어느 당, 어느 파의 누가 옳고 그르다고 목소리를 높인다. 하지만 나는 별 관심이 없다. 자신이 처한 위치에 따라 상대가 다른 모습으로 보여서다. 분단이데올로기 후유증인지, 정치적 과도기여서 그런지 한국 정치판은 하룻밤 사이 뒤바뀔 여지가 있는 것도 관심두지 않는 이유다.

나는 DJ를 믿고 따르기에 그의 메시지를 근거로 현 정국을 분석하고 진단할 것이다. 민주당이 열린우리당으로 갈라지기 전, 100명 넘는 의원 중 기대치가 높거나 호감 가는 의원이 여럿 있었다. 하지만, 마음에 드는 발언을 한다고 해서 지지하거나 그렇지 아니하다고 해서 비판하지도 않았다.

 DJ는 '대북 송금특검'에 대해 무슨 생각을 하고 있을까. 동교동이 조용한 것은 DJ가 그만큼 신중하게 생각하고 있다는 방증이기도 하다. 여러 정황으로 미루어 전직 대통령(김영삼, 노태우, 전두환) 중 현 노무현 정부가 잘되기 바라는 사람은 DJ 한 사람뿐이라 단언한다. 그래서다. 노무현 대통령에 대한 평가는 DJ의 조언을 근거로 내년(2004) 총선 끝나고, 정기국회 개회 때까지 인내하며 지켜보고자 한다.

GUNSAN
DJ ROAD

# 춘추전국시대 방불케 하는 정치판

2003년 11월 15일 조종안(chongani)

양의 탈을 쓰고, 나만 옳다고 우겨대는 한나라당. 그들의 면면에서 정치공작을 일삼던 군부정권을 계승하려는 야욕이 엿보인다. 거기에 이합집산으로 갈라져 이전투구 벌이고 있는 열린우리당(열우당)과 민주당을 보면 지방 제후들이 패권 다툼을 벌이던 중국의 춘추전국시대를 떠올리게 한다.

다양성이 존중되는 사회에서는 각 분야 전문가의 토론을 거친, 검증받은 정책이라 해도 반대 의견이 나오게 마련이다. 그래서다. 모든 문제는 대화를 통한 양보, 타협의 정치를 추구해야 한다. 그럼에도 요즘 정치판에서 타협과 양보를

김대중, 노무현 전·현직 대통령 이·취임식 날 모습(2003년 2월 25일)

제3장 김대중 알아가기 | 159

찾아보기 어렵다.

여야 서로가 자신의 주장이 정의요, 정론이라고 우긴다면 하늘에서 내려보낸 인물이 대통령을 해도 국가 앞날을 예측할 수 없게 된다. 영호남 지역민의 민심을 담보로 서로 헐뜯는 정치 모리배들… 그러면서도 그들은 정부 정책과 사상이 전혀 다른 남북이 통일해야 한다고 부르댄다. 동서 화합도 못 하는 주제에 남북통일을 운운하는 것은 자기모순이 아닐 수 없다.

썩은 정치판 갈아엎기가 하루 이틀, 아니 몇 년 사이에 되는 것이 아니므로 희망이 전혀 없는 것도 아니다. 정치인들의 말 한마디에 일희일비하지 않고 차분한 마음으로 지켜보고자 한다. '로마는 하루아침에 이루어지지 않았다'는 말도 있잖은가.

김대중 대통령 이임식 때(2003년 2월 25일) 보았듯 단기간에 민주주의의 꽃을 피운 한국을 아세아 국가는 물론 세계가 부러워하고 있다. 국민의 힘으로 이룬, 1997년의 수평적 정권교체와 2002년의 정권 연장은 그 자체로 세계적인 자랑거리였다. 국민 의식 수준이 그만큼 성숙해져 있음을 방증하는 대목이기도 하다.

'괘발개발' 식으로 주절대는 정치인들에게 정치개혁 하라고 다그치지만, 그보다 더 중요한 것은 성숙한 국민 의식 아닐지 생각해 본다. 끈기와 인내심도 중요한 요소이다. 정치 개혁을 위한 열쇠는 국민의 마음과 손에 달려있다고 생각해서다. 독재자가 통치하는 시절도 아니지 않은가. 정치개혁은 국민의 표로 이루어져야 하므로 시간이 좀 더 걸릴 뿐이다.

나는 노무현 대통령이 취임 후 지금까지 결코 잘했다고는 생각하지 않는다. 그렇다고 민주당 분열의 주인공으로 찍을 마음도 없다. 지금이 어떤 세상인데 대통령이 정치공작을 하도록 그냥 놔두겠는가. 갈라져 나간 열린우리당 의원들이 잘못은 했지만, 도둑을 지키지 못한 민주당 의원들 또한 큰소리칠 형편은 못 된다.

대통령의 측근 비리 특검을 통과시키는데 앞장섰던 한나라당을 비판하면 했지, 동조했던 민주당 의원들을 탓할 마음은 없다. 민주주의와 국민 의식이 조금씩 성숙해 가는 정치적 과도기에 나타날 수밖에 없는 몸부림(현상)으로 이해하고 싶기 때문이다.

한마디 덧붙이겠다. 정치개혁에 걸림돌이 되는 세력은 누가 뭐래도 박정희와 전두환에게 충성하며 대를 이어가려는 한나라당이다. 그런데도 민주당 의원들은 한나라당에 해야 할 비판을 열린우리당에 쏟고 있다. 과한 비난이나 비판은 오히려 열린우리당을 키워주는 꼴밖에 안 된다고 생각한다.

노무현 대통령에게 한 마디 전하고 싶다. 작년(2002) 12월 대선 끝나고 계속 주장해 왔지만, 성공한 대통령이 되기 위해서는 당신 주변에 '리틀 DJ(한화갑)'가 있어야 함을 잊지 마시기 바란다.

GUNSAN
DJ ROAD

# 박정희는 국익 앞세웠던 애국자, 김대중은 대통령병 환자?

2003년 11월 21일 조종안(chongani)

DJ의 팔십 평생은 한마디로 '파란만장한 삶'으로 표현할 수 있겠다. 동경에서 납치되어 현해탄에 수장되기 직전까지 하늘에 기도했다니, 진인사대천명(盡人事待天命)의 참 의미를 행동으로 보여준 분이기도 하다. 국민의 인권과 조국의 민주주의 확립을 위해 자신의 목숨도 내 걸 줄 아는 세계 최고의 정치 도박사가 아닌가 하는 생각이 들기까지 한다.

그가 대통령에 당선되기까지는 조국의 민주주의를 열망하는 이름 없는 국내외 인사들의 헌신적인 노력을 빼놓을 수 없다. 그들은 독립군에게 독립자금 대주듯 DJ를 보호하기 위해 자신의 재산과 목숨을 아끼지 않았다. 그래서 나는 DJ와 함께 좌파 빨갱이로 몰려 수난을 당했던 그분들을 존경한다.

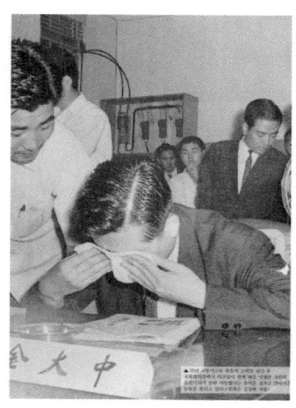

의문의 교통사고로 죽음의 고비를 넘긴 후 함께 변을 당했던 자신(DJ)의 운전기사가 끝내 사망했다는 소식 접하고 눈물 흘리고 있다(1971)

2000년 남북정상회담과 6·15 남북공동선언으로 서울-평양 간 직항로가 개설되고 북한 선수들과 응원단이 부산과 대구에서 열렸던 유니버시아드 올림픽에 참석하여 많은 국민의 환영을 받았다. 이렇게 남북 교류가 활발하게 이루어지고 있는 오늘날에도 반대 세력의 조작된 음해가 끊이지 않고 있는 현실이 안타까울 따름이다.

박정희는 일본군 장교 출신이다. 거기에 좌익 활동으로 사형을 선고받은 경력이 있지만, DJ는 빨갱이도 좌익도 아니다. 그는 국민의 인권과 민주주의를 몇 단계 업그레이드시켰으며, 신자유주의 정책을 고수하여 외환위기에 빠진 나라를 구하고 임기를 마친 대통령이다. 보기와는 달리 유머와 눈물이 많은 따뜻한 사람이다.

그런데, 요즘 세간에 떠도는 여론을 보면 독재자인 박정희는 자신보다 국익을 우선하는 대통령이었고 김대중은 독선적이고 명예만을 생각하는 정치인이었다며 외국에 나가 있다가 선거철에만 들어오는, 대통령병에 걸린 환자였다는 모욕적인 발언을 하는 사람이 많아졌다.

지금도 방종한 생활을 자유롭게 즐기는가 하면 자율과 타율의 진정한 의미를 깨우치지 못하고, 쿠데타와 혁명을 혼동하는 사람이 고위직에 다수 남아 있어 우려를 자아내게 한다.

딸 또래의 여성 연예인을 옆에 앉히고 벌인 술자리에서 간신 임사홍을 뺨치는 차지철 편을 들다가 부하이자 친구의 총에 죽임을 당한 후 개인 사금고에서 나온 십수억의 현금은 국익을 위해 감춰둔 돈이었단 말인가. 법정 진술에 따르면 술자리에 앉힐 여자 관리자가 중앙정보부 과장이었다니, '흥청망청'을 만들어낸 연산군이 제자로 삼겠다고 할지 모르겠다.

쿠데타를 일으켜 평생 대통령을 꿈꾸었던 박정희는 국익을 위해 탱크를 앞세우고 한강 다리를 넘었고, 정치 입문 후, 네 차례의 죽음의 문턱에서도 불의와 타협하지 않고 수평적 정권교체를 일궈낸 김대중이 대통령병에 걸린 환자라니 입이 벌어질 따름이다.

민주주의를 30년 이상 후퇴시킨 독재자와 그 하수인들은, 지역을 볼모로 쌓은 자신들의 기득권을 빼앗기지 않으려고 발악하고 있다. 그들은 수구 언론들과 손을 잡고 조작, 왜곡된 정보를 흘려 국민들을 '우두거니'로 만들기 위해 온갖 협잡을 꾸미고 있다.

세상 사람들에게 물어보라!

사건을 조작하여 사형을 선고하고, 벌건 대낮에 납치, 몸을 동아줄로 묶어 바다에 수장시키겠다고 협박하는 데도 대통령 하겠다고 나설

5·16 군사쿠데타 주체세력(출처 나무위키)

사람이 있겠는지.

　김대중은 대통령 임기 동안 디지털 사용 지수를 세계 정상급으로 올려놓았다. 며칠 전 보도되었던 국제전기통신연합(ITU) 자료에 따르면 178개 나라 중 한국이 4위로 나타난다. 4년에 걸쳐 조사했는데, 1위는 스웨덴, 2위는 덴마크, 3위는 아이슬란드였고 미국은 6위, 캐나다와 영국이 공동 7위였다. 남북정상회담과 노벨평화상 수상, IMF 구제금융에서 벗어난 업적은 차치하고, 디지털 분야 하나만 봐도 누가 대통령병에 걸린 환자가 이룬 공적이라 하겠는가.

　개인의 욕심과 국익의 의미를 어디에서 찾아야 할까. 정부 출범 반세기 만에 국민의 선택에 의해 정권교체를 끌어낸 사람과 탱크를 몰고 돌진하여 청와대를 접수한 사람을 분간하지 못한다면 후손들에게도 창피한 일이며 국가적으로도 비극이 아닐 수 없다.

　경제개발이라는 명목으로 온갖 악행을 저질렀던 독재자와 망해가는 나라의 경제를 일으켜 세계 강대국 정상들에게 '민주주의와 인권의 상징', '20세기의 영웅'으로 칭송받는 인물을 분간 못 한다면, 대한민국 장래는 어둡고, 비극의 역사는 되풀이될 수밖에 없을 것이다.

GUNSAN
DJ ROAD

# 전직 대통령들의
# 선례 될 김대중 전 대통령

2004년 5월 7일 조종안(chongani)

대통령 이·취임식장에서 악수 나누는 전·현직 대통령 부부 (2003년 2월 25일)

　대한민국 전직 대통령들은, 친일 청산 실패와 한국전쟁의 도화선이 됐던 남북분단, 냉전 시대를 거쳐 정치군인들의 정권 찬탈 등 비극적인 현대사에 걸맞게 끝이 불행했다.

　1948년 정부수립 이후 지금까지 8명의 전직 대통령이 역사에 기록됐지만, 하야(下野)와 국외 망명, 쿠데타로 인한 억지 사임, 부하의 총에 저격당하거나, 퇴임 후 구속과 유배 등 국민의 손가락질이 쏟아져 나라에 기여할 기회가 없었다. 국민을 대표하는 대통령의 불행은 개인 차원을 넘어 국가적인 비극이 아닐 수 없다.

그러나 김대중은 불운했던 전직 대통령들과는 달랐다. 그가 임기를 마치는 2003년 2월 25일 퇴임식장은 끝이 아닌 새로운 시작을 알리는 자리였다. 역대 대통령 선거 중 가장 공정했다는 평가를 받으며 치러진 2002년 대선에서 국민이 선택했던 정권 연장이 이를 증명한다.

김대중은 재임 시절부터 정치에는 관여하지 않고 오로지 국정과 남북문제, 퇴임 후에는 도서관 건립 등 국가 미래를 위한 일에만 몰두해 왔다. 그러기에 오는 5월 10일은 전직 대통령 김대중이 첫 해외 순방길에 오르는 날이자, 국익에 도움이 될 활발한 대외 활동을 하기 위해 기지개를 켜는 날이라고 하겠다.

보도에 따르면, 김대중 전 대통령은 프랑스 파리에서 열리는 "OECD 포럼 2004 개회식"에 참석해서 "21세기와 동아시아" 주제로 기조연설을 하고, 노벨 연구소에서 노벨상 수상자 자격으로 "햇볕정책-과거, 현재, 미래"라는 주제의 연설을 할 예정이다. 스위스 제네바에서는 "제57차 세계보건기구(WHO) 총회 개막식"에 참석, 지미 카터 전 미국 대통령과 특별연설을 한다. 이어 동아시아 경제 현황과 전망, 남북회담 이후 남북 관계, 한반도 평화를 위한 국제사회 협력과 지지를 요청할 예정이며, 테러, 빈곤, 질병 해결 등 세계 평화를 위한 메시지도 전할 전망이라 전하고 있다. 새로운 전직 대통령 문화 정착을 알리는 역사적인 순방이 아닐 수 없다.

　이번 순방이 더욱 의미가 깊은 것은, 김대중 개인의 자의적 순방이 아니라 OECD, WHO, 본데빅 총리의 초청으로 이루어짐으로써, 대한민국 위상을 세계에 떨치고 드높이는 계기로 작용할 것으로 여겨지기 때문이다.

　여든 넘은 고령인데도 타고난 건강과 진취적 기질을 발휘해 국제적 신인도를 바탕으로 국익 실현에 일조할 것이라 믿어 의심치 않는다. 헌법을 유린하여 정권을 찬탈한 죄로 퇴임 후에도 대외 활동을 못했거나, 해외순방을 통해 국가 명예를 실추시키고 자신까지 망신당했던 전직 대통령들과는 달리 모범적인 선례를 남기게 될 것으로 기대된다.

　대통령 재임 시절, 민주화 과도기에서 필연적으로 있을 수밖에 없었던 좌절과 대립, 시대적 상황에 따르는 미흡함과 주변 인물들의 과오가 있었음을 인정한다. 하지만 IMF(국제통화기금)로부터 구제금융을 받는 국가적 비상사태임에도 외환위기 조기 탈출과 경제발전의 기초를 다지고 퇴임한 자랑스러운 대한민국의 CEO 대통령 김대중 아니던가.

　이번 순방길이 국가 이익은 물론 김대중이라는 인물이 온 세계에 자리매김하는 기회가 되기를 기원해 본다. 아울러 국민의 인권과 자유, 통일을 위해 평생을 바친 김대중을 존경하는 사람으로서 대통령 재임 시절보다 더욱 뜻있고 역사에 영원한 발자취가 남겨지길 기대한다.

　무엇이 정의이고 진실인지 하늘과 땅은 지켜보고 있다. 김대중의 몸과 마음에 상처를 낸 정치 모리배들과, 5년 임기 내내 방탄 국회와 '아니면 말고' 식으로 개혁의 발목을 잡고 늘어졌던 수구 야당, 그리고 그들의 우산 아래, 할 말이 아닌, 하고 싶은 말만 부르댔던 수구 언론들의 반민족, 반민주적 행위는 냉혹한 역사의 심판을 받을 것이리라…

존경하는 이희호 여사와 임동원 전 외교·안보 통일특보, 김한정 비서관 등 이번 순방에 동행하는 여러분의 무사 귀국과, 박지원 전 장관의 빠른 쾌유를 기원하면서…

**덧붙임:** 눈앞의 이익에만 집착하는 한나라당은, 2002년 대선에서 실패하자, 2004년 4월에 있을 총선승리의 우선 목표를 개혁 세력과 여당의 분열로 설정하고 햇볕정책과 'DJ 양자론'을 들고 나왔다. 영남 지역에 먹혀들 것으로 믿었던 'DJ 양자론'은 대북 송금 특검과 함께 땅에 묻혀버리는 꼴이 되었고, 민주당이 분당은 되었지만, 큰 물줄기는 돌려놓지 못했다. 물은 막히면 쉬었다 다시 흐른다는 자연의 이치를 모르는 수구 꼴통들과 그에 동조하는 먹물들이 한심할 따름이다.

역사의 흐름을 거역했던 한나라당은 2004년 총선에서는 대통령 탄핵이라는 작품에 승부를 걸었다. 하지만 관중들의 박수는커녕 1당의 자리까지 내주고 말지 않았던가. 지난달 북한 룡천 참사 때, 한나라당은 북의 형제들을 도와줘야 한다고 했다. 국민의 눈을 의식해 변한척하는 그들의 위선과 독선이 가히 하늘을 찌르고도 남을 듯하다.

GUNSAN
DJ ROAD

## <김대중 옥중서신> 다시보기

2004년 8월 13일 조종안(chongani)

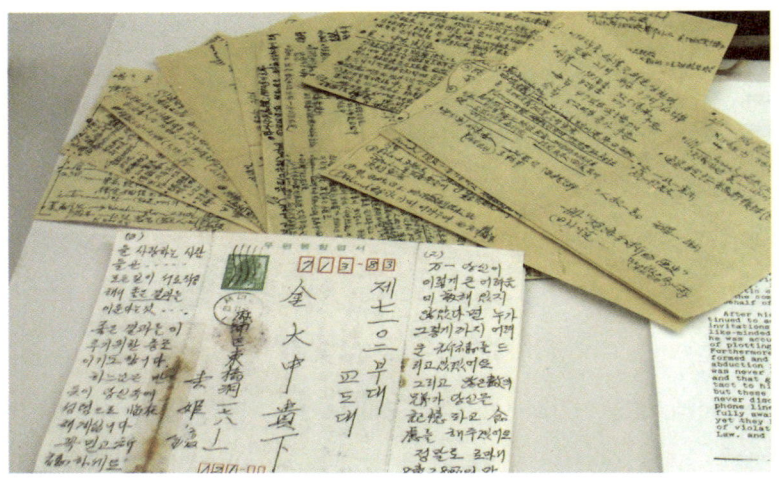

옥중에서 가족과 주고 받은 편지(1980)

1980년 김대중 내란음모 사건으로 수감생활을 하는 동안 부인 이희호 여사를 비롯한 가족들에게 보낸 29통의 봉함엽서 편지를 묶은 것이 <김대중 옥중서신>이다. DJ는 한 달에 단 한 번 가족에게만 편지를 쓸 수 있었다. 봉함엽서 앞뒤에 깨알 같은 글씨로 가족들의 안부를 묻거나 한국의 역사와 문화, 정치, 신앙, 감옥생활을 기록했던 것.

〈김대중 옥중서신〉은 1983년 일본에서 처음 발행되었고, 1987년 버클리 대학 출판부에서 영문판이 출판되었다. 이후, 스웨덴 등 여러 나라에서 번역, 출간되었다.

1980년 5월 신군부에 끌려가 수감되어 판결을 기다리는 몇 달 사이 그의 몸무게는 10킬로그램이나 줄었다. DJ는 타협에 응하면 살려주겠다는 신군부의 회유에 거부하면서도 살고 싶어 몸부림쳤다. 훗날 그는 자서전에 죽음의 공포는 떨쳐버릴 수 없었다고 적었다. 언제 사형장으로 데려갈지 모르기 때문이었다. 그는 복도에서 발걸음 소리만 나도 깜짝깜짝 놀랐다고 회고하였다.

김대중 한 사람만 고초를 당한 게 아니었다. 부인, 자녀들은 물론 혈연관계인 친척, 이웃사촌까지 모두 고난과 고통, 아픔을 감내해야 했다.

DJ는 진정한 사랑을 행동으로 보여줬다. 사형수 시절 가족에게 보낸 편지에서도 느껴진다. 아들에게 쓴 편지에서는 ´진정으로 관대하고 강한 사람만이 용서와 사랑을 보여줄 수 있다. 항상 인내하고 적을 용서하는 힘을 가질 수 있도록 항상 기도하자´라고 당부한다. 사형이 언제 집행될지 모르는 절박한 상황에서 어떻게 ´용서하자´는 말이 나오는지 놀라울 따름이다.

사형 언도를 받았음에도 삶을 포기하지 않았던 DJ, 그는 전두환 세력의 온갖 회유와 협박에도 절대 타협하지 않았다. 가혹한 수형생활공간과 시간을 오히려 자신을 갈고닦는 데 이용했다. 훗날 책자와 강의를 통해 감옥에서 네 가지(독서, 가족 면회, 편지 받는 일, 화단 돌보기 등) 즐거움을 맛보았다고 회고한 것에서도 잘 나타난다.

억울하고 불안한 상황에서 남을 탓하거나 저주하지 않고, 오직 부인에게 감사하는 편지와 함께 모든 걸 하느님의 뜻에 맡기겠다는 대목은 가슴을 아리게 한다. 서신 한 대목 한 대목에서 죽음을 눈앞에 둔 사형수의 유서와 같다는 느낌이 들기도 한다.

아이러니한 것은 독재자들의 비인간적인 탄압이 김대중을 거목으로 만드는데 기여한 꼴이 됐다는 거다. DJ가 부인과 가족에게 보낸 옥중 편지는 1983년 일본에서 처음 발행되고, 1987년 미국 버클리대학에서 출판됐으며, 스웨덴 등 여러 나라에서 번역, 출간되었다. 이는 세계가 DJ에게 얼마나 많은 관심을 두고 있었는지 알 수 있는 대목이기도 하다.

동서가 화합하고 남북이 평화통일을 이루기 위해서는 광주 민주항쟁의 진정한 의미와 '김대중'이라는 인물이 국민에게 정당한 평가를 받을 때 가능하리라는 생각이다. 회원 여러분의 많은 관심과 격려 부탁드린다.

GUNSAN
DJ ROAD

## 김대중을 모르면 우리는 다시 불행해진다

2005년 1월 4일 조종안(chongani)

서울 불바다 발언 보도한 1994년 4월 14일 치 〈동아일보〉 기사

　미국이 이라크 침략을 시도한 지 일주일이 지났다. 군사독재정권 같았으면 국가 위기 상황이라고 국민에게 겁주며 계엄령이라도 내렸을 것이다. 불안해진 사람들의 사재기는 뻔한 일이고, 파병 반대 데모는 엄두도 내지 못했을 것이다.

　걸프전(1991) 때는 전쟁이 일어나기도 전에 등유 등 난방용 기름

사재기가 시작됐었다. 걸프전이 일어나자, 라면에서 쌀까지 생필품들이 없어서 팔지 못할 정도였고, 속보를 듣기 위해 소형라디오 준비해 놓는 집이 많았다. 민중을 탄압했던 위정자들에게 속아 넘어가며 살았던 시절을 우리는 벌써 잊어가고 있다.

1994년 북한 핵 위기 때는 북한의 '서울 불바다' 발언에 이어 핵확산금지조약(NPT) 탈퇴 성명이 나오면서 부유층 거주지인 강남에서 사재기가 시작됐었다. 점차 서울 지역과 수도권으로 퍼지고 지방으로 확산하면서 '전쟁 불감증'을 탓하던 정부가 뒤늦게 '사재기 자제'를 당부하는 어처구니없는 성명을 내기도 했었다. 당시는 위정자들에게 속는 것에 면역이 되었던가 보다.

그런데 지금은 조용하다. 91년이나 94년 때는 정부에서 '방독면을 사라'는 등 전쟁 분위기를 고조시켜 국민을 불안에 떨게 했다. 방독면 사라는 정부 발표에 불안해진 국민들이니 사재기했을 것은 불 보듯 뻔한 일이었다. 그때보다 규모가 큰 전쟁이 벌어지고 있고 핵 위기도 고조되고 있지만 이상할 정도로 평온하다. 데모에 참여하지 않는 국민들은 생활에 집념하고 있다.

그렇다면, 국민이 위기 상황에 의연하게 대처하며 생활에 집념할 수 있도록 한나라당이 정치를 해왔는가? 아니면 지금 잘하고 있는가? 조·중·동은 정확한 정보를 제공하고 있는가?

그렇다고 할 사람이 몇이나 될까. 그들은 김대중 정부 5년 동안 햇볕정책의 발목만 잡으며 전쟁 분위기만 띄웠을 뿐이다. 정말 몰라서 그런지 지금도 특검제를 부르대고 있는 자들이다. 민주호, 평화호에 무임승차 하여 편하게 살아가면서도 죽는소리는 혼자 다 한다.

알리자!

아직도 현실을 직시하지 못하는 이웃 형제들에게 알려야 한다!

친일·반민족 군사독재 세력과 손잡은 꼴통 언론들의 왜곡과 짜깁기 보도에도 국민의 이익만을 위해 묵묵히 일해 온 대통령, 김대중의 업적을 알려야 한다. 인터넷 강국을 만들어 다양한 정보를 공유하도록 하였고. 국민적 월드컵과 건국 후 최고로 공정한 대통령 선거를 치른 이후 시민의식을 몇 단계 업그레이드시킨 대통령, 그가 없었다면 지금과 같은 안정된 생활 유지가 가능했을까. 지금도 김대중을 빨갱이로 알고 있는 불쌍한 형제들에게 진실을 알려야 한다.

GUNSAN
DJ ROAD

# 연세대 'DJ 특별 강연장'에 다녀와서

2005년 2월 6일 조종안(chongani)

연세대학교 각당헌에서 열린 DJ 특별강연(출처 〈한겨레〉 2005년 2월)

지난 2일 서울 연세대학교 '각당헌'에서 열린 김대중(DJ) 대통령의 특별강연장에 다녀왔다. 오전 9시 40분쯤, '각당헌'에 도착했다. 강의 한 시간 전임에도 빈자리가 없었다. 객석 중앙과 좌우에는 방송용 카메라가 설치되어 있었다. 자주 눈에 띄는 외국인 기자들 모습에서 DJ

위상을 또다시 확인할 수 있었다.

강연장에는 이희호 여사가 먼저 들어왔다. 이어 김대중 대통령이 정창영 연세대 총장의 안내를 받으며 입장하였다. 청중 모두가 기립 박수로 환영하는 모습이 보기 좋았다. 단상을 마다하고 객석에 앉아 강연을 경청한 이희호 여사를 존경하지 않을 수 없었다.

리더십센터 소장(양승함)은 소개말에서 "김대중 전 대통령은 학생들에게 제일 존경받는 전직 대통령이십니다. 미래의 리더가 될 학생들이 초대하니까 기꺼이 허락하셨지, 리더십센터에서 초빙했으면 오시지 않았을 것"이라는 말에 첫 웃음이 터졌다.

동장군 맹위에도 연세대 '각당헌'은 훈훈한 기운이 감돌았다. 전직 대통령의 엄숙한 강연장이 아니라 웃음과 활기 넘치는, 세대를 뛰어넘는 대화의 장이었다.

리더를 꿈꾸는 젊은이들과 나라 장래를 걱정하는 노인층의 커뮤니티가 어렵지 않게 이루어지고 있음을 실감했다. 질곡의 삶을 살아온 전직 대통령 과거사에 숙연해지기도 했지만, 특유의 강연 매너에 청중들은 웃음과 박수로 화답했다.

### DJ는 진정한 리더이자 달변가

특강 주제는 〈동아시아와 젊은 리더십〉이었다. '최고의 대화는 경청이다'는 DJ의 말처럼, 각당헌 안에서는 최고의 대화가 이루어지고 있었다.

진정한 리더는 행동이 수반되는 달변가라고 하는데, DJ는 '대화의 달인'이었다. 학생들의 질문에 진지하게 답변하며 듣는 이들을 긴장시키기도 했고 웃음을 자아내게 해서다.

꺼진 마이크 잡고 인사말 하는 걸 본 학생들이 당황하자 "여러분이 너무 많이 오셔서 마이크가 압도되었다"는 말로 웃음과 여유를 보여줬다. 한 여학생 질문에 손바닥을 귀에 대며 "안 들려!"로 응수하자 웃음이 터졌다. 이어지는 질문에 "차츰 어려운 질문이 나오는데, 강연문만 읽고 돌아갔어야 한다"는 말에 또다시 폭소가 터졌다.

객석의 학생은 물론, 계단과 바닥에 앉은 학생들도 끝나는 시간까지 단상의 DJ를 주시했다. 그들을 보는 순간, DJ가 기조연설 하기로 정해졌을 때 학생 모두가 감격했고 기쁜 나머지 눈물을 보이는 학우도 있었다는 심재민(총학생회 간부) 님 글이 떠올랐다.

DJ 강연은 청중을 만족시키기에 충분했다. 질문을 하나하나 꼼꼼히 챙겼고, 때로는 유머를 섞어가며 분위기를 주도했다. 강연과 질문이 1시간 남짓 진행되는 동안 10여 차례 박수와 웃음이 터져 나왔다. 20대 여학생 질문에 여든을 넘긴 노인의 대답이라 하기엔 도저히 믿기지 않는 정열과 논리력을 보여줬다. 강연은 명쾌했으며 어쩌다 전문용어를 사용할 때는 항상 해석이 뒤따랐다. 그러니 청중이 편할 수밖에.

어려운 전문용어 섞어가며 말한다고 모두 달변가는 아니다. 상대가 이해하기 쉽게 해야 한다. 최고 지식인이라 해도 상대가 알아듣지 못하면 가치 없는 말이 된다. 그런 걸 보면 DJ는 '진정한 달변가'라는 생각이다. 그러함에도 지난날 군부독재와 손잡았던 무리는 자신들의 행위를 정당화하기 위해 DJ 참모습을 폄훼하고 있다. 그뿐인가. 그들은 지금도 진실을 가린 채 '김대중은 말쟁이'로 왜곡하고 있다.

    강연 끝나고 '후광김대중 마을' 카페 회원들이 모이지 못한 것이 못내 아쉬웠다. 다음에 더욱 좋은 기회가 있을 것이라 믿는다. 민족의 명절 설날이 사흘 앞으로 다가왔다. 멀리 떨어져 있던 가족이 모두 모여 애틋한 정 나누는 행복한 명절 보내시기를 바란다.

**덧붙임:** 이튿날 집에 도착하니 아내가 〈한겨레〉 보도사진에 내 얼굴 나왔다며 확인해 보라 했다. 무슨 일인가 봤더니 DJ 안경 너머로 내 모습이 보였다. 기자가 내 기념사진까지 찍어준(?) 행운까지 겹쳐 얼마나 흐뭇했는지 모른다.

GUNSAN
DJ ROAD

# 자랑스러운
# 김대중 전 대통령

2005년 6월 1일 조종안(chongani)

김대중 전 대통령이 도쿄대학교 야스다(安田) 강당에서 열린 특별강연에서 일본의 극우세력과 고이즈미 총리에게 직격탄을 날리고 귀국했다.

김대중 전 대통령의 일본을 향한 비판은 북·미, 중·일의 힘겨루기로 인한 동북아시아 정세 불안과 대선에만 눈이 멀어 있는 국내 정치에 신물이 나 있던 차에 속이 후련할 정도로 통쾌한 소식이었다. 역사 왜곡과 독도는 자기네 땅이라고 우기는 억지에 갈증을 느끼고 있던 국민들에게도 시원한 청량음료가 됐을 것으로 사료된다.

전직 대통령이나 총리를 지낸 사람이 일본에 가서 자국의 원수를 비난하는 모습만 봐오

강연하는 김대중 전 대통령

던 터라 더욱 신선하게 다가왔는지도 모른다.

김 전 대통령의 뉴스를 접하면서 느낀 게 있다. 김대중 전 대통령은 상처투성이인 전직 대통령 문화를 새롭게 창조해 가는 대한민국의 자랑이요, 아시아의 자존심이자 지도자라는 생각이 들었다.

일제 패망 후 도쿄대학에서는 외국의 전·현직 원수가 강연한 적이 한 번도 없었다고 한다. 그런데 우리나라 전직 대통령이 처음으로 강연하면서 고이즈미 총리와 각료들을 비판했는데도 기립박수를 받았다니 가슴 뿌듯한 일이 아닐 수 없다. 1천여 명의 청중이 김 전 대통령의 어떤 매력에 끌려 기립박수로 보냈는지도 자못 궁금하다.

김 전 대통령의 강의 내용은 배타적인 쇼비니즘이 아니었다. "과거사 문제는 한·일 간의 나라와 나라, 혹은 국민과 국민 간의 문제만이 아니라, 과거의 불행한 경험에서 올바른 교훈을 터득하려는 사람들과 그렇지 않은 사람들 사이의 갈등이며, 양식이 있는 사람들과 그렇지 못한 사람들 사이의 대결"이라는 대목이 말해주듯, 현실에 입각한 상호주의 입장에서 무엇이 잘못되었으며, 어떻게 바로잡아야 하는지를 지적하고 있다.

특히 전쟁 피해자를 지적하며 일본 국민들도 한국과 지나(만주)와 마찬가지로 일본 군국주의자들의 희생자라고 규정했는데, 객관적 논거와 역사의 진실을 통해 논박할 것은 논박하고, 달랠 것은 설득하며, 때로는 엄중하게 꾸짖고 있었다. 역대 대통령 중 한·일 간의 예민한 사항을 지적한 사람이 없는 것으로 알고 있기에 더욱 가슴에 와닿았다.

김 전 대통령이 일본의 극우세력과 총리에게 쓴소리 할 수 있었던 것도 통일의 기틀을 다진 남북정상회담을 성사시키고, 국가 위기였던 외환위기를 조기에 수습한 노벨평화상 수상자였기에 가능했을 거로 생각해 본다.

　전쟁을 일으켰던 제국주의 일본은 패망 후 반세기 넘게 민주주의를 고수해 오고 있다. 그러나 그들의 민주주의는 타의에 의한 절름발이 민주주의일 뿐이다. 경제 대국이면서도 여·야 정권교체가 한 번도 없었다는 것이 일본의 민주주의가 얼마나 허약한지 말해주고 있음이다. 현직 위정자들이 부당한 권력에 항거하거나 투쟁해 본 역사가 없는 것도 큰 취약점이라 할 수 있겠다.

　민주주의로 가기 위한 과도기 경험이 없는 일본은 패망 후 미국의 보호(?) 속에 민주주의를 실천해 오고 있다. 독도 망언과 신사참배가 말해주듯 제국주의에 익숙해 있는 일본의 위정자들이 국민의 인권과 민주주의를 위해 여러 차례 죽을 고비를 넘긴 김 전 대통령의 뼈 있는 충고를 어떻게 받아들일지 의문이다.

　우리가 알고 있는 것과 달리 일본의 다수 국민과 수구세력을 제외한 대부분 정치인은 김대중을 '긴 따이 쥬'라 부르며 한국인 중 가장 존경하는 인물로 알려져 있다. 일본이 아닌 국제무대에 나가서도 VIP 대접을 받는 김 전 대통령이 국내에서는 정치헤게모니에 휘말려 폄하되고 있다. 김대중 개인의 불행이기 전에 국민의 불행이자 국가의 손실이 아닐 수 없다. 중국의 장쩌민 주석도 김대중은 자기와는 비교될 수 없는 분이라며 극찬했다. 하지만 국내 어용 언론들은 독자의 시선을 다른 곳으로 돌리기에 바빴고, 한나라당 역시 모르쇠로 일관했다.

일부 어용 언론과 한나라당에 충고한다. 전직 대통령이라 할지라도 공적인 자리에서 발언이나 움직임 자체가 우리의 얼굴이자 역사라는 것을 깨닫고 반성해야 할 것이다.

GUNSAN
DJ ROAD

# 박근혜 전 대표는 호남을 '물'로 보지 말라

플러스코리아 | 2006년 10월 24일 조종안 대기자

김대중 대통령에게 "아버지 시대에 있었던 고초에 대해 사과드린다"고 한 뒤 악수하는 박근혜 전 대표(2004년 '영남일보')

언젠가부터 '풀방구리에 쥐 드나들듯' 호남을 들락거리는 박근혜 한나라당 전 대표는 호남을 '물'로 보지 말기 바란다.

호남은 예(禮)와 예(藝)의 고장이며, 낙천적이고 순박하면서도 분별

력과 불의에 항거하는 선비정신이 강한 지역이다. 미사여구 몇 마디에 넘어가는 어리석은 호남이 아니라는 것이다. 설령 넘어간다 해도 그것은 역사에 죄를 짓는 행위에 불과하다.

조선의 퇴락한 양반들과 일제의 수탈에 항거하여 자유당 말기에 와서야 빼앗긴 농토를 찾았던 농민 투쟁사가 말해주고 있음이다. 김대중 전 대통령 고향인 하의도에 300여 년에 걸친 주민들의 토지 탈환운동을 기념하기 위한 '농민 항쟁 기념관'이 있다는 것을 아는 누리꾼은 별로 없을 것이다.

10월 22일 자, 인터넷 〈한겨레〉를 보면 〈"한나라 '호남 민심 자극할라' 비판 주춤"〉이라는 기사 제목이 눈에 들어온다. 김대중 전 대통령의 상징이자, 민족의 화해 협력을 기반으로 수립된 '햇볕정책'을 8년 내내 퍼주기라며 비판해 오다 사정이 달라지자, 비판 수위를 놓고 고민하는 한나라당 대선 주자들을 설명하는 기사이다.

7천만 민족의 명운이 걸린 통일정책 평가가 이랬다저랬다 하다니, 한나라당의 정체성을 여실히 보여주는 대목이다. 그런 정당이 지지율 1위를 1년 넘게 고수하고 있다는 것은 국제적으로 창피한 일이 아닐 수 없다.

한나라당은 2002년 대선을 앞두고부터 햇볕정책 비판의 강도를 높이며 조·중·동의 지원을 받아 대북 송금 특검법을 준비했고, 2003년 참여정부 출범과 함께 날치기로 통과시켰다. 당시 특검법 날치기 통과는 2004년 총선과 민주 통일 세력의 분열이 목적이었다.

그 후 조·중·동과 한나라당은 "노무현 대통령은 김대중의 양자가 아니라면 특검법 거부권을 행사하면 안 된다"며 다그쳤다. 그러니 '햇볕정책' 비판 수위를 고민할 게 아니라 비판해야 앞뒤가 맞는다.

그런데 한나라당에서 방귀깨나 뀐다는 사람들은 호남에 내려가 김대중 전 대통령의 햇볕정책은 성공적이었다고 떠들고 다닌다. 마음에도 없는 칭찬을 늘어놓으며 호남 민심을 사려는 그들이 가증스럽기 짝이 없다.

그뿐인가. 현 정부의 대북정책엔 맹공을 퍼붓지만, 김대중과 '햇볕정책' 앞에선 주춤하는 대선 주자들을 보면 지난 7월 전당대회를 통해 '도로 민정당'으로 거듭났다는 누리꾼들이 제대로 본 것 같다.

'햇볕정책' 평가가 때와 장소에 따라 달라지는 박 전 대표를 보면 국민 앞에서는 막걸리 좋아한다고 해놓고 청와대에서는 '시바스 리갈'만 마시던 아버지를 어쩌면 그렇게 빼닮았는지 모르겠다. 하긴 딸이 아버지 닮는 것을 이상하게 생각할 필요가 없지만.

박 전 대표는 '수첩공주' 시절 한나라당의 얼굴마담 대표가 되자 첫 방문지로 호남을 선택했다. 그만큼 호남에 공을 들이고 있다는 얘기가 되겠다. 필자도 처음 소식을 듣고 긍정적으로 평가했으나, 시간이 지나면서 그의 언행에 보통 실망한 게 아니다.

한나라당 대선 후보들이 오늘은 '햇볕정책'이 성공했다고 했다가 당내 강경파들의 반발에 이튿날 말을 바꾼다면 내년 대선에서 절대 승리할 수 없다는 것을 분명히 밝힌다.

박 전 대표를 비롯한 한나라당 대선주자들은 호남을 물로 보는 어리석은 짓을 당장 멈춰야 한다. 달콤한 공약을 쏟아내며 김대중만 잡으면 호남에 터를 잡을 것으로 판단하는 모양인데, '만만의 동생 천만의 말씀'이다.

박정희의 독재 투쟁에 앞장서면서 시국사범의 무료 변론을 도맡아 온 고 홍남순 변호사의 빈소를 찾아 온갖 미사여구를 늘어놓았던 박 전 대표에게 거듭 당부한다.

조문 끝내고 기자들과의 일문일답 과정에서 조문 배경을 묻는 말에 "고 홍남순 변호사는 일생을 원칙과 양심을 지키며 올곧게 살아온 사람"이라면서 "인권과 민주주의 진전에 크게 기여한 분"이라고 찬양했던데, '인혁당 사건'을 부정하는 사람이 어떻게 그런 평가를 할 수 있는지 의문이다.

또한 "호남의 양심이라고 불릴 정도로 지역에서 존경받아 온 분으로 직접 찾아뵙고 명복을 비는 것이 예의이고 도리"라고 밝혔다. 위선이 눈에 보여 닭살 돋는다.

박 전 대표는 지난 2004년 8월 김대중 전 대통령을 예방, "아버지 시절의 피해와 고통에 대해 딸로서 대신 사과드린다."며 용서를 구했고 김 전 대통령은 "지역감정 해소와 동서 화합의 적임자는 박 대표"라고 극찬한 바 있다. 김 전 대통령의 극찬과 호남에 정성을 들여왔지만, 호남 민심은 냉랭할 뿐이다. 진심이 담겨 있지 않기 때문이다.

박 전 대표를 비롯한 한나라당이 햇볕정책을 비판해도, 호남의 민심을 움직일 수 있는 비책 3가지만 제시하겠다.

첫째, 장준하 선생 의문사와 인혁당 사건, 지역 차별과 인권탄압 등 박정희 유신독재와 전두환 신군부가 날조했던 사건들의 진실을 밝히는 과거사 바로잡기에 적극 동참해야 한다.

둘째, "6·15 선언은 돈으로 산 겁니다. 김정일이 공항에서 껴안아 주니까 치매든 노인처럼 얼어서 있다가 합의한 게 6·15 선언 아닙니까."라는 전여옥의 망언을 취소하든가 공식적으로 사과해야 한다. 김 전 대통령의 명예도 명예지만 역사를 부정하고 있기 때문이다.

셋째, 대통령에게 북한의 간첩 수괴라고 하고, 장관에게 세작이라고 하는가 하면, 전직 대통령에게 치매 환자라고 하는 후안무치한 사람들에게 잘했다고 손뼉 치며 희희낙락할 게 아니라 상생의 정치를 펼치라는 것이다.

박 전 대표를 비롯한 한나라당 의원들이 필자가 제시한 비책을 실천한다면 '햇볕정책' 비판과 관계없이 호남 민심은 놀랍도록 변할 것이다.

GUNSAN
DJ ROAD

# DJ 죽이기에 나선 짝퉁언론(?) <조선일보>

플러스코리아 | 2007년 3월 15일 조종안 대기자

1997년 11월 22일 자 '조선일보' 기사

외환위기 얼마 전까지 '한국경제 걱정 없다. (기사 제목 〈연말 외화 유동성 걱정 안 해도 될 것〉 1997년 11월 22일)'고 보도했던 〈조선일보〉다. 이 신문은 '국민의 정부'를 호남 편으로 몰아 영남의 소외감을 극대화해 왔고 논조는 김대중 대통령이 퇴임한 지 4년이나 지난 지금도 변하지 않고 있다.

〈조선일보〉는 13일 자 사설 '김대중 전 대통령의 최근 모습'을 통해 김홍업의 재보선 출마를 김 전 대통령의 도덕성과 연관 지어 비판했다. 말이 좋아 비판이지 아버지와 아들을 묶는 연좌제식 비난 일색이었다.

신문은 김 전 대통령 자택에 여권의 유력 정치인들이 줄을 이어 찾는 것조차 트집 잡고 있다. 실체도 모르는 측근까지 들먹이며 측근의 집을 여권의 사랑방, 김 전 대통령 자택은 여권 정치의 본산(本山)이라며 비아냥대고 있다. 그렇다면 이명박 박근혜도 여권 정치의 본산에 가서 조언을 받고 왔다는 얘기가 된다.

〈조선일보〉는 "여권 인사들이 김 전 대통령을 찾는 이유와 김 전 대통령이 이들에게 빠짐없이 전하는 메시지의 숨은 뜻이 무엇인지 다 알고 있다."라고 말하고 있다. 다 알고 있다니, 그러면 됐다. 김 전 대통령의 건강이 걱정돼서 그렇지, 여·야 후배 정치인들의 공개적인 방문은 많으면 많을수록 좋다고 생각되기 때문이다.

어제오늘의 주장이 다르고, 장소에 따라 기사 내용이 바뀌는가 하면, 다른 신문사 기자로 사칭하고 인터뷰를 요청했다 들통이 나는 바람에 기자의 신뢰감을 땅에 떨어뜨린 〈조선일보〉는 DJ의 도덕성을 문제 삼기 전에 과거에 저지른 자신들의 잘못부터 빌었어야 했다.

언론의 자유가 만개한 지금, 김홍업의 출마를 여권의 구태(舊態) 정치로 매도하며 김 전 대통령까지 끌어들여 난도질하는 〈조선일보〉의 보도 행태는 80년 신군부 시절 전두환의 입 노릇을 하던 그때를 연상시킨다.

어쨌든 김홍업은 심판할 유권자나 있지, 호남을 무시하고 동서 갈등을 부추기는 〈조선일보〉의 심각한 구태는 누가 바로 잡아 주냐는 것이다. 또한 호남의 민심을 그렇게 모르면서 어떻게 1등 신문 자리를 지킬 수 있겠는가.

호남에서는 김영삼 대통령 시절의 총선에서 정당과 지역을 초월해 신한국당(한나라당) 후보를 당선시킨 전례가 있다. 또한 전북에서는 50% 전남에서는 40% 가까운 민주당 후보들이 낙선했던 과거가 있다는 것을 상기했으면 한다. 〈조선일보〉 주장대로 호남의 민심이 DJ에게만 얽매여 있었다면 어떻게 그런 결과가 나왔겠는가.

수백억의 부정한 재산을 물려받은 독재자의 딸이 아버지의 후광으

김홍업 후보 선거사무소 개소식에 참석한 이희호 여사가 지지를 호소하고 있다(2007년 4월)

로 국회의원에 당선되어 야당 대표를 지내고 대통령에 출마한다고 해도 문제 삼지 않던 〈조선일보〉다. 그런데 정당 소속도 아니고, 개인 김홍업에게 주어진 권리행사를 비난하는 것은 형평성에도 어긋나기에 하는 얘기다.

정론·직필과 담을 쌓은 신문이니 그러려니 하려고 해도, 위안부 문제에 대해 국내판 기사에서는 일본을 비판하면서, 일본판에서는 황당한 내용으로 한국 정부를 비판, 민족과 국민의 자존심에 침을 뱉으며 국가 망신까지 시키고 있는 〈조선일보〉의 구태를 그냥 보고만 있을 수 없어 지적하는 것이다.

DJ를 지지하고 김홍업의 출마를 지지하는 입장에서 최종 선택권은 지역민들에게 있다는 것을 밝히면서 다른 언론이나 시민단체의 비판은 기꺼이 수용할 용의가 있다. 그러나 편파와 왜곡 보도가 사훈(社訓)으로 착각될 정도의 〈조선일보〉는 비판할 자격이 없다는 것이다.

자칭 민족지라고 우기는 〈조선일보〉를 왜 사람들이 '짝퉁 언론'이라고 하는지 지난달 KBS '미디어포커스' 방송 자료가 잘 설명해 주고 있다. KBS가 분석한 자료에 따르면 〈조선일보〉는 전두환 대통령을 긍정적으로 평가한 사설이 전체의 98%에 이르지만 노 대통령을 부정적으로 평가한 사설은 전체의 89%가량 되는 것으로 나타난다.

또한 전두환·노태우·김영삼 대통령 때까지는 대통령을 언급한 〈조선일보〉 사설이 50건 미만이었지만, 김대중 대통령 시절에 100건을 넘어서고 노무현 대통령 때는 276건이나 됐다.

박정희, 전두환, 노태우, 김영삼에 비하면 지역 안배에서 진일보한

'김대중 정부'를 자의적 통계를 내세우며 지역 편중 인사라고 집요하게 트집을 잡고, 편 가르기 전략을 통해 DJ와 영남을 완전히 갈라놓은 〈조선일보〉다.

우리는 지금까지 〈조선일보〉에 세뇌당해 왔고 지금도 당하고 있다. 그런데 안타까운 것은, 그러한 사실을 인정하는 국민이 얼마나 되느냐는 것이다. 이렇게 찌라시만도 못한 〈조선일보〉에 한마디 덧붙이고자 한다.

"조선! 너나 잘하세요. 'DJ 죽이기'에 광분하지 말고!"

GUNSAN
DJ ROAD

## DJ, "식견과 철학을 가진 대통령 필요하다!"

플러스코리아 | 2007년 4월 2일 조종안 대기자

방송사와 인터뷰하는 DJ

김대중 전 대통령은 개국 5주년을 맞는 CBS TV(2일 방영)와의 특별 대담에서 연말에 치를 대통령 선거와 대선 후보의 자질, 한나라당의 대북정책 변화 등 다양한 문제에 대해 자신의 의견을 피력하며 해결책을 제시하기도 했다.

김 전 대통령은 본격적인 대담이 시작되기 전 건강관리를 묻자 "과음과 식 안 하고 담배 안 피고 휴식을 자주 취하면서 무리를 안 한다." 라고 말하고, "과식도 안 하는데 어떻게 대식가라고 소문이 났는지 모르겠다."라며 미소를 지었다.

김 전 대통령은 작년 3월 대구 영남대학교를 시작으로 부산대, 서울대, 광주대, 공주대의 릴레이 특강으로 노익장을 과시했다. 4월 6일에는 전북대에서 명예박사 학위를 받고 '한반도 평화와 통일의 전망'이란 주제로 특강 할 예정이다.

또한 오는 5월에는 독일을 방문, 재임 시절 '베를린 선언'을 했던 대학에서 제정한 '자유상'의 첫 번째 수상자가 되어 강연하고 유럽의 몇 나라를 돌아볼 것으로 알려졌다. 하반기에는 미국과 일본 방문을 계획하고 있는 것으로 전해져 올해도 노벨상 수상자다운 활동을 보여줄 것으로 예상된다.

### 대통령 선거

김 전 대통령은 연말에 치러질 대선의 범여권 후보 단일화에 대해 "지금 당장에 단일 정당으로 하려면 지구당 문제도 있고 이해관계가 있는 사람이 있기 때문에 어려울 수 있다"면서 "대선 후보를 중심에 세워 선거를 치른 뒤 정권교체에 성공하면 그 사람을 중심으로 단일당을 만들면 되지 않겠냐?"라고 말했다.

이 같은 언급은 단일 당이 어려우면 단일 후보라도 내야 한다는 뜻으로, 먼저 통합신당을 만든 뒤 단일후보를 내겠다는 열린우리당의 방침과는 배치되는 것이다. 그러나 정세균 의장은 "차이가 있는 것 같지만 차이가 없다"며 원래 전당대회에서 결의한 대로 대통합신당을 만들기 위해 '선(先) 통합' 기조를 유지할 것임을 분명히 했다.

### 대선 후보 선정 방법과 자질

김 전 대통령은 대선후보를 선정하는 방법과 관련, 대선에 출마하고 싶은 사람들이 '위원회(committee)' 같은 것을 만들어 여론조사 등으로 낮은 사람들을 탈락시키는 방식 등을 제시했다.

이는 정동영 전 열린우리당 의장이나 천정배 의원 등이 제안한 '대선 예비 주자 원탁회의'나 '민족의 화해와 통일을 위한 종교인협의회'가 구상하는 '대통합 원탁회의'와 비슷한 것으로 해석된다.

김 전 대통령이 범여권 진영의 대통합 필요성에 대해 자신의 견해를 꾸준히 밝히기는 했지만, 통합방식까지 구체적으로 방법을 제시한 것은 이번이 처음이어서 정치권 안팎에 있는 범여권과 한나라당 대선 주자들의 반응이 주목된다.

김 전 대통령은 최근 대선 후보들의 자질 문제가 자주 거론되는 것과 관련, "21세기는 인류 역사상 최대 격동기다. 현재 우리가 지닌 문제에 대한 식견과 철학을 가진 사람이 필요하다. 또 남북, 민족 문제에 대해 확고한 신념이 있어야 한다. 그리고 빈부의 양극화를 해결할 수 있어야 한다. 가난한 사람들과 고통받는 사람들이 정부를 믿을 수 있게 해야 한다. 무너지는 중간층 역시 살릴 수 있어야 한다. 이런 자질들을 모두 갖춘 사람이 필요하다고 생각한다."라고 역설했다.

GUNSAN
DJ ROAD

## "DJ의 통일 의지와 집념을 존경한다"
### 양성철 전 주미대사 "클린턴은 5가지 이유로 평양 방문을 못했다."

플러스코리아 | 2007년 4월 30일 조종안 대기자

지난 2월 김대중 전 대통령의 오키나와 휴가에 동행했던 양성철(68) 전 주미대사가 25일 CBS '손 숙의 아주 특별한 인터뷰'에 출연, 김 전 대통령을 만나게 된 인연과 1965년부터 지금까지 40년 넘게 이어지고 있는 사연을 털어놨다.

이에 앞서 양 전 대사는 지난 2월 18일부터 나흘간 김대중 전 대통령의 일본 오키나와 휴가에 박지원 전 문화부 장관, 장석일 주치의 등과 다녀와, 자신이 가장 정치색이 적기 때문에 같이 가자고 연락하신 것 같다고 말했다.

그는 후일담에서 "6자 회담에서 2·13 합의를 끌어내, 대결 구도에서 대화·협력 분위기로 큰 틀이 바뀌게 되어 김 전 대통령도 굉장히 좋아하셨다. 다자간 협의체가 생겼을 뿐 아니라 북일, 북미 관계를 정상화할 틀도 마련됐고, 한반도와 동북아 평화 체제 및 비핵화 실현을 위한 실무협

양성철 전 주미대사

의체도 생겼기 때문이다. 이렇게 엄청난 진전이기 때문에 김 전 대통령은 상당히 고무된 상태이다. 원래 낙관적인 분인데 이번 타결로 더 낙관적으로 되셨다"며 "김 전 대통령은 지금이 남북 관계를 진전시킬 절호의 기회라고 강조하셨다"는 말을 덧붙였다.

'엔 카오 키' 콧수염 교수로도 유명한 양 전 주미대사는. 서울대학교 정치학과를 졸업한 엘리트로 알려진다. 그는 '한국일보' 기자로 활동하다 미국으로 유학, 한미 양국에서 정치학과 교수와 한국국제정치학회 회장을 역임했다. 지금은 고려대학교 석좌교수로 재직 중이다.

### DJ와의 처음 만남과 40년 인연

양 전 대사는 "1965년 6월 당시 미국 존슨 대통령이 하와이 대학에 설립한 '동서 문화센터' 장학생으로 가 있었는데, 한국에서 세 국회의원(DJ 포함)이 국무성 초청으로 미국으로 가는 길에 하와이에 들러 우연히 통역을 하게 되었고, 그때 인연이 80년대 망명 시절을 거쳐 지금까지 이어지고 있다"라고 말했다.

사회자가 김 전 대통령과 알려지지 않은 이야기 듣고 싶다고 하자, 스칸디나비아 지역의 이민자가 많은 미국 중서부의 5개 대학이 컨소시엄을 만들어 전년도 노벨상 수상자를 초청해 학생들에게 강의하도록 하는데, 2000년 노벨평화상 수상자인 김 전 대통령이 2002년에 초청받았다며, 대통령 시절 노벨상 받은 인물 초청은 김 전 대통령이 처음이라고 밝혔다.

그런데 초청받은 김대중 대통령이 참석하지 못하니 자신에게 대신

가라고 해서 자료를 찾던 중 〈김대중 옥중일기〉와 〈나의 사랑 나의 조국〉을 읽게 되면서 김 전 대통령이 얼마나 탄압을 받으며 고통스러운 삶을 살아왔는지 알게 되었다고 말했다.

그 뒤 서로 바빠서 못 만나다 대사 임기 끝나고 자문위원으로 있으면서 거의 한 달에 한 번 이상씩 만나 뵈면서 집념과 강인한 열정, 젊은 사람이 도저히 따라갈 수 없는 의지, 국가에 대한 특히, 통일문제와 동북아정세에 대한 집념이 너무나 감격스러울 정도로 깊은 인상을 받아 많은 것을 존경한다고 부연했다.

양 전 대사는 인터뷰 말미에 온 국민을 충격에 빠뜨렸던 버지니아공대 참사 사건을 대하는 방법도 제시했다. 그는 어떤 인종이나 민족이나 국가나 극한 상황에 있으면 일어날 수 있는 일이라며 미국은 다인종, 다문화, 다종교 사회이고 정신적으로 문제가 있는 학생이 저지른 범행이니 조금 더 냉정한 판단으로 대처해 달라고 요구했다.

1996년 15대 국회의원으로 의정활동 경험이 있는 양 전 대사는 김대중 정부 시절 남북정상회담이 열리던 해인 2000년부터 3년여 동안 주미대사를 지냈으며, 자신의 '인생론'을 담은 책 〈움-민구의 작은 발견〉(현대시문학)을 저술하기도 했다.

GUNSAN
DJ ROAD

## '노통·DJ 정책' 칭찬한 전여옥의 변신?

플러스코리아 | 2007년 5월 4일 조종안 대기자

"…이회창 씨가 대통령이 안 됐으면 좋겠습니다. 이번 대선에서는 가난과 실패를 겪어본 사람이 뽑혔으면 좋겠습니다. 자수성가한 사람 말입니다… 그래서 이회창 씨보다 노무현 씨가 낫다고 생각합니다. 부산에서 2년 반 동안 요트에 미쳤다고 알려졌는데 그것도 마음에 들었죠. 단순히 호화생활 했다는 부정적인 생각보다는 실컷 놀아봤으니, 앞으로 사고도 덜 치겠다고 생각했습니다." – '문화일보' 발췌

이상은 2002년 대선을 4개월여 앞둔 8월, 당시 저널리스트였던 전여옥이 가수 조영남과의 대담에서 노무현 후보를 평가한 내용 일부이다. 전여옥의 칭찬 릴레이

재·보궐 선거일이던 2005년 5월 30일 저녁 박근혜 한나라당 대표가 전여옥 대변인에게 '수고했다'며 치하하고 있다.

는 노무현에서 그치지 않고 김대중 대통령으로 이어진다.

"사실 저는 햇볕정책 지지자다. 한반도에서 전쟁의 위험이 희석된 건 다 햇볕정책 덕분이었다. 어차피 통일은 될 텐데 적대시하면 할수록 통일비용만 올라간다."

전여옥의 일장 연설에 기자가 반박한다.

"하지만 서해교전(제2 연평 해전)에서 우리 군(軍) 5명이 죽었다."

기자의 반박에 가위눌려 답변 못 할 전여옥이 아니다.

"정말 돌 맞을 이야기지만 우리나라는 휴전국이기 때문에 어차피 희생을 감수해야 한다. 분단국에서는 있을 수 있는 사건이다." – 주간조선

이만하면 햇볕전도사 전여옥이라 해도 부족함이 없을 것 같다. 'DJ 광신도' 메달 달아줘도 불만 터뜨릴 사람이 없을 것 같기도 하고.
세상은 돌고 돈다고 한다. 그런데 '전여옥 세상'은 돌아도 너무 돌아버린 것 같아 정신과 상담이라도 받아볼 것을 권하고 싶다.
어쨌든, 전여옥은 2004년 2월 24일 '조선닷컴'에 기고한 〈포스트 최병렬이 박근혜라니〉라는 제목의 칼럼에서도

"한나라당은 더 말할 나위도 없이 완전히 부패한 당이다. 차떼기 정당이며 매

수 정당이다.

나는 박근혜라는 여성 정치인에 대해 회의적이다. 박근혜 의원은 스스로 벌고 쌓은 정치적 자산이 아니라 박정희 대통령의 딸이라는 '정치적 유산'의 상속자로서 살고 있기 때문이다. 그의 정치적 경력이나 정치활동을 볼 때 그는 여전히 박정희의 그늘에 묻혀 있다. 박정희는 죽었지만 '정치적 왕조'로서 딸 박근혜를 통해 일종의 '유훈 정치'를 하고 있다고 볼 수 있다.

정치인으로서 박근혜는 실망스러웠다. 그는 여전히 영남권의 공주로서, 특정 지역의 편애 속에서 안주했다. 국회의원으로서 몸을 던져야 할 때 몸을 사렸다. 가장 실망스러운 것은 스스로 미니 정당을 창당해 나갔다가 다시 한나라당에 쪼르르 돌아온 모습이었다.

하지만 여전히 공주의 특권은 남았다. 탈당도 어렵지만 복당은 더더욱 어려운 다른 정치인과 달리 공주의 복당은 일사천리로, 아무런 장애 없이 이뤄졌다.

나를 비롯한 많은 이들은 암울하고 숨 막혔던 그리고 공포에 가득 찼던 박정희 시대를 기억한다. 아버지 박정희를 떠나 정치인 박정희에 대한 평가와 극복이 정치인 박근혜에게 반드시 거쳐야 할 통과의례였다.

박근혜에게 '통과의례' 작업은 정치인으로서 독립이지만 '정치적 유산'의 포기를 뜻했다. 결국 박근혜는 상속녀로 남았다. 그녀의 선택이었다.(아래 줄임)"

박정희 대통령이 비명횡사한 소식이 신문에 보도되던 1979년 10월 27일 저녁 집에서 "박정희 대통령 타계 기념 불고기 파티를 열었다"라고 실토했을 정도이니 전여옥의 박근혜 비판은 혹독하다 못해 눈물겹다.

절규에 가까운 눈물겨운 비판은 '박근혜와 전여옥은 처음부터 어울리지 않는 견원지간(犬猿之間)'으로 해석되기도 한다. 또한 2004년 2월까지만 해도 전여옥은 정신이 바로 박힌 저널리스트였고 〈일본은 없다〉의 저자였던 것으로 보인다. 재판이 끝나봐야 알겠지만.

그런데 전여옥은 2004년 3월 노무현 탄핵 사태를 다룬 TV 토론에 나와 노무현을 격렬히 비판하며 탄핵 당위성을 설파한다. 그 토론을 지켜본 당시 한나라당 대표 최병렬은 곧바로 전국구 후보로 스카우트한다.

전여옥은 최병렬에 의해 한나라당 대변인이 되자 며칠 전에 했던 말을 뒤엎고, 박근혜에 대한 평가를 180도 바꿈과 동시에 박정희 찬양론자로 변신한다. 명문대 출신에 글로 먹고 살아온 저널리스트가 술집 접대부만도 못한 추태를 보여주기 시작한 것이다.

전여옥의 거침없는 전, 현직 대통령에 대한 몰상식한 발언은 반통일, 반민주 세력인 유신 본당과 5공 잔당들의 피를 끓게 했고 카타르시스를 느끼게 했다. 세상이 바뀌어 대통령에게 무슨 육두문자를 써도 박정희나 전두환 시절처럼 잡혀가 고문이나 폭행당하지 않는다는 것을 간파하게 되자 그녀의 광기는 더해갔다.

"대통령은 대학 나온 사람이 돼야 한다", "5억 달러를 개인 계좌에 넣어준 뒤 김정일이 껴안아 주니까 김대중 대통령이 치매든 노인처럼 얼어있다 합의한 것이 6·15 선언 아니냐."라는 등 막말이 그칠 줄 모르고 이어졌다. 그러나 박근혜는 '충성녀' 전여옥을 감싸주었다.

박근혜의 뒷받침으로 최고위원에까지 오르고 박근혜 캠프에서도 전여옥은 박근혜로 통하는 수문장이었다.

그러함에도 전여옥은 어느 날 갑자기 박근혜를 향해 "주변 의원들이 무슨 종교 집단 같다. 그(박근혜) 캠프에서는 '이명박은 악(惡)이고 박근혜는 선(善)'이라는 사고방식을 갖고 있다"는 인신공격성 독설을 퍼부었다.

박근혜를 향한 '충성 모드'의 원조가 누군데. 박근혜가 말렸는데도 전여옥은 '지도부 책임'이라는 명분을 내세워 최고위원을 사퇴했다. 박근혜 지지도가 1위를 달리고 있어도 눈물 흘리는 연기를 해가며 최고위원 자리를 던졌을까?

가관인 것은 언제부터인지 저격수인 홍준표 의원과 입을 맞추며 李·朴 대선 주자와 지도부를 가리지 않고 비판의 칼날을 세우고 있다는 것이다. '정치인의 변신은 무죄'라는 말을 실감 나게 하는 대목이다. 아무리 정치인의 변신은 무죄라지만, 변신인지 변태인지 헷갈리게 달라지고 있는 그를 보노라면 무서운 여자라는 생각과 함께 정치도 무섭게 느껴지는 요즘이다.

GUNSAN
DJ ROAD

## 'DJ·盧정부' 10년이 이상하면 YS 5년은?

플러스코리아 | 2007년 5월 5일 조종안 대기자

노무현 대통령은 작년 10월 9일 북한이 핵실험을 감행하자 전직 대통령들을 청와대로 초청 대응책을 논의했다.

김영삼(YS) 전 대통령이 "김대중 정권과 노무현 정권의 10년은 이상한 10년이고, 잃어버린 10년"이라고 했단다. 한나라당 사람들도 입만 열면, '10년 동안에 경제가 파탄 났다.', '10년 동안 빼앗긴 정권을 찾아와야 한다.'며 제법 독립군 행세를 하려 들던데, YS도 이젠 유신 잔당의 일원이 다 됐나 보다.

지난달 재보선 지원 유세 때 기자에게 "사사로운 정이나 지역의 자존심보다 잃어버린 10년을 더 연장할 수 없는 중차대한 선거"라고 했던 강재섭 대표의 주장과도 일맥상통한다. '초록은 동색'이라더니 한나라당 물을 먹으면 모두 '바담풍'이 되나 보다.

이승만-박정희-전두환-노태우 정권에 자신의 5년(1993년 2월~1998년 2월)을 합한 50년이 진짜 이상한 정권들이었고, 잃어버린 게 많았던 세월이었는데 그걸 모르다니. 그러니까 외환위기를 불러오고도 파출소 순경 인사권도 없었던 '김대중 탓'으로 떠넘기지. 한편, 연민의 정도 느껴진다.

YS는 나라가 걱정되어 잠을 못 이룬다는 말을 자주 한다. 그렇다면 강삼재 전 의원이 1천억이 넘는 불법 자금을 안기부가 아니라 YS에게 받았다고 실토하고 무죄로 풀려났으니, 최소한 돈의 출처와 용도에 대해 해명 한마디는 있어야 했다. 그런데 지금까지 입을 다물고 있으니 그게 이상하지 않고 무엇이 이상하냐는 것이다.

YS와 함께 '이상한 여당', '이상한 선거', '이상한 대통령' 등의 비난을 퍼붓는 이명박, 박근혜 대선주자들도 예외일 수 없다.

4월 초에 열린 대한민국 고엽제 전우회 정기총회에서, 유신독재 정권의 퍼스트레이디(박근혜)를 '우리들의 영웅이신 고 박정희 대통령의 영애(令愛)'라고 소개하고 기립박수로 환영하는 것을 보며, 얼마나 헷갈렸는지 모른다. 자기들에게 보상해 준 정부는 좌파로 몰고, 피해를 주고도 철저히 외면했던 정권의 퍼스트레이디를 환호하다니. 돌을 던져도 시원치 않을 터인데, 이상해도 보통 이상한 게 아니었다.

YS는 지난달 10일 북한민주화위원회 창립대회에 참석했을 때도 "김대중, 노무현 두 사람이 김정일에게 엄청난 돈을 퍼줘 북한이 핵실험을 하게 하고 온 나라를 망쳐놓았다"라고 비판했다.

그렇다면 김영삼 정부 5년 동안의 남북 관계는 지금 한나라당이 주장하는 상호주의 원칙을 지켰고 실익을 챙겼을까. 천만의 말씀이다. 김대중 노무현 정부보다 더 퍼주었으면서도 손실도 컸고 국민의 자존심을 상하게 하는 일들이 자주 일어났다는 것을 기록이 말해주고 있다.

좌파, 정부가 따로 있는 게 아니다.

YS는 대통령 취임식장에서 '어느 동맹국도 민족보다 나을 수 없다'면서 정상회담을 위해 일급 사상범인 이인모 노인을 인도적 차원이라는 명분으로, 북한으로 보내고 반가운 회답이 올 것으로 기대했다. 그러나 북한은 며칠 후 NPT를 탈퇴했고 이전에 납북된 어부마저 돌려보내지 않았다.

민족의 지도자가 되겠다는 욕심에 차 있던 YS는 북한과의 진정한 화합이나 교류 차원이 아닌 정상회담만을 위한 대북정책을 펴면서 퍼주기만 했지, 하나도 받지 못하고 실패로 끝났다. 김일성의 죽음을 말하는 이들도 있지만 그것은 부차적인 문제다.

YS정권이 이인모 노인을 북한으로 보내고 얻은 건 그해 10월 러시아 정보기관이 북한 핵무기는 1990년대에 만들어졌으며 핵실험만 늦추어 왔다는 소식뿐이었다. 그런데도 김대중이 퍼주어 북한이 핵무기를 만들었다고 엎어치기를 하고 있으니 이상해도 보통 이상한 YS가 아니다.

YS재임 5년 동안 말만 앞세웠지, 아무 진전 없이 끝남으로써 '어느 동맹국보다 민족이 우선이다'는 '민족 우선론'은 오히려 북한이 민족주의 주장을 합리화하는 근거로 오늘날까지 이용하고 있다.

　그뿐인가 북한 핵 문제를 해결한답시고 청문회는커녕, 국민적 검증도 없이 40억 달러를 북한에 퍼주고도 협상 과정을 주권 국가의 외교권을 발휘하지 못하고 미·북 간의 협상에 끌려다녀 나라를 망신시키고 국민의 자존심을 상하게 했다.

　1995년에는 동포애라는 명분을 앞세워 "식량난을 겪고 있는 동포들이 곤경에서 벗어날 수 있도록 북한이 필요로 하는 곡물을 제공할 용의가 있다"며 쌀 15만 톤(당시 2천억)을 무조건 퍼주었다. 우리 정부의 비축 양곡이 모자라면 외국쌀이라도 사서 주겠다고 한 점도 이해한다.

　그러나 이해할 수 없는 것은 국가 사이에는 절대로 양보할 수 없고 외교 통례상 기본인 국가·국기·국호 까지 명시하지 않기로 합의했다는 것이다. 이러한 합의는 YS정권의 실책을 넘어 역사에 두고두고 남을 오점이다.

　지금의 북한 주민들은

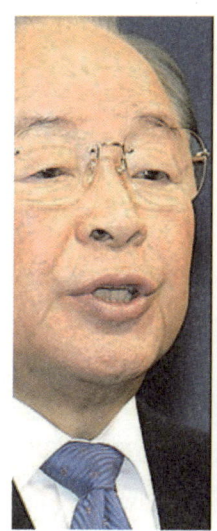

(좌)김영삼(YS) 전 대통령 / (우)김대중(DJ) 전 대통령

구호품 포대에 적힌 'KOREA'를 보고 남한에서 보내준 식량이라며 남측 형제들에게 고맙게 생각한다고 한다. 우리는 모두 북한 주민들이 고맙게 생각하는 것도 통일비용 저축의 하나라는 것을 깨달아야 할 것이다.

YS 재임 시절에는 죽도록 퍼주고도 쌀 수송선이 북한 항에서 억류당하는 등 거듭 일어나는 사건으로 국민이 불안에 떨어야 했는데, 북한만 탓할 게 아니라 남북 관계를 원활하게 하지 못한 YS 정권에게도 책임이 크다는 것을 알아야 한다.

세계가 환호했고 인정하는 남북 정상회담과 6·15 남북공동선언은 통일의 초석이 될 것이라 확신한다. 그러한 성과들이 기반이 되어 최근에는 북·미, 남·북 관계가 긍정적으로 풀리고 있는데도 '잃어버린 10년'을 노래하며 '퍼주기'와 '햇볕정책 실패'를 끈질기게 주장하는 YS와 한나라당은 자기 성찰부터 해야 할 것이다.

재임 5년 동안의 극히 일부분만을 들춰봐도 이 정도인데 YS는 청와대 초청으로 이루어진 전직 대통령들의 오찬 자리에서 햇볕정책의 공식 폐기 선언과 금강산 관광사업, 개성공단 사업을 즉각 중단할 것을 요구했다. 특히 "노무현 대통령은 김정일 변호사냐?"라고 따지는 대목은 두고두고 회자될 것이다.

전직 대통령인 YS는 덕담만 하기도 부족한 말년의 삶을 살아가고 있다. 그런데, 자기 주제와 분수를 모르고 남 탓하기, 생떼 쓰기, 억지 쓰기, 엎어치기 인생에 10년 타령만 하고 있으니, 나라가 혼란스럽고 국민이 불행해질 수밖에, 오호통재라!

GUNSAN
DJ ROAD

# 존경하는
# 김대중 대통령님께(2008)

2008년 8월 4일 조종안(chongani)

서울 동교동 자택에서 김대중 대통령과 인사하는 필자(2005년 어버이날)

김대중 대통령님, 이희호 여사님 안녕하세요.

'후광김대중 마을' 카페지기 조종안(인터넷 필명: 종아니·chongani)입니다.

말레이시아 쿠알라룸푸르의 말라야 대학이 대통령님의 민주주의와 외환위기 극복, 남북 화해 협력 추진을 높이 평가하여 수여하는 인문학 명예박사 학위를 받으신 데 대해 카페 회원들의 마음을 모아 진심으로 축하드립니다.

민주주의와 국민의 인권, 한반도 평화 정착에 대한 대통령님의 기여를 외국 대학과 단체들도 세계사적으로 인정하는 데 반해 국내에서는 정치적 이해관계를 따져가며 폄훼하고 있어 개탄하지 않을 수 없습니다.

특히 2000년 6·15 남북공동선언을 부정하려 드는 한나라당과 입맛에 맞게 왜곡하는 외눈박이 언론들의 작태는 역사를 20년 전으로 후퇴시키고 7천만 민족의 숙원인 통일을 지연시키고 있어 여간 안타까운 게 아닙니다.

친일 군사독재를 추종하는 한나라당과 외눈박이 언론의 기회주의적인 태도는 여러 곳에서 나타나고 있는데요. 〈조선일보〉가 허위로 보도하고 한나라당이 비난하는 순서에 맞춰 압수수색을 당하고 구속되어 지난 6월에 보석으로 출감, 불구속으로 재판받는 김형근(인터넷 필명: 효량) 통일 교사가 대표적인 예가 되겠습니다.

보안법 7조 위반 혐의로 컴퓨터와 휴대폰, 아이들 방의 노트북, 게임시디까지 빼앗겼던 김 교사의 압수수색은 2005년 5월께 임실 관촌중 학생과 학부모 180여 명을 인솔, 순창 회문산에서 열린 '남녘 통일 애국열사 추모제'에 참가해 빨치산을 추모했다는 2006년 12월 〈조선일보〉의 허위보도가 발단되었습니다.

검찰이 김형근 교사에게 적용하는 보안법 제7조 위반 혐의 자료가 1만 6,000장에 이르고 있는데요. 통일 교사를 통해 2000년 남북정상회담과 6·15 남북공동선언을 부정하려는 한나라당과 이명박 정권의 야비한 술책이라 여겨집니다.

존경하는 대통령님!

'후광김대중 마을' 카페에서는 작년 4월 14일 김 교사가 압수수색을 당하는 것을 목격하고 3일 후 카페 자유게시판과 인터넷 언론 등을 통해 '김형근 교사에 대한 공안 탄압을 규탄한다!'라는 제목의 성명을 발표하였고, 통일교육의 정당성을 주장하는가 하면 옥중에 있는 김 교사를 위로해 왔습니다.

6·15 정신으로 통일교육을 해온 김 교사에게 보안법 제7조 적용은, 1만 통이 넘는 통일 편지를 보관하고 있는 저와 카페 회원들도 처벌이 가능하고, 2000년 남북정상회담과 6·15 선언 부정이 최종 목표라는 것을 시사하고 있어 여간 걱정되는 게 아닙니다.

한나라당 의원들은 김 교사가 전북지방경찰청 보안과 소속 경찰들에게 압수수색을 당하던 하루 전날(4.13) 개성공단을 방문하고 돌아와 이구동성으로 북한을 도와야 한다고 주장하여 교활함의 극치를 보여주기도 했습니다.

한나라당이 폐지를 반대하는 국가보안법 7조는 '찬양·고무, 이적단체 구성 및 가입, 이적표현물 소지 및 반포 등' 대표적인 독소조항으로 폐지되어야 마땅한 악법입니다. 2000년 6월 남북 정상회담 이후 북한에 다녀온 여야 정치인들과 문화예술인들의 발언을 종합 분석해 보면 찬양·고무에 해당되는 내용이 수두룩하기 때문입니다.

김 교사는 지금까지 10회에 걸쳐 재판에 임하고 있으며 오는 8월 25일(오전 10시) 전주지방법원 제3호 법정에서 제11차 공판을 앞두고 있습니다. 이처럼 중요한 시기에 평화통일을 지향하는 대통령님 생각이 담당 판사와 국민에게 어떤 방식으로든 전달된다면 무죄 석방도 가능하다는 생각에 올리는 글이오니 혜량해 주시면 감사하겠습니다.

지난 7월 29일 대통령님이 입원했다는 뉴스 제목을 보고 깜짝 놀랐으나 종합검진 차 입원하셨다는 내용을 보고 얼마나 기뻤는지 모릅니다. 부디 건강관리 잘하셔서 평화통일을 맞이하는 그날까지 만수무강하시기를 기원합니다.

김대중 대통령님과 이희호 여사님의 건강과 행운을 회원들의 마음을 모아 다시 한번 기원합니다. 안녕히 계십시오.

GUNSAN
DJ ROAD

# 딸아이의 반성문
## <굿바이, DJ>

오마이뉴스 | 2009년 8월 24일 조종안(chongani)

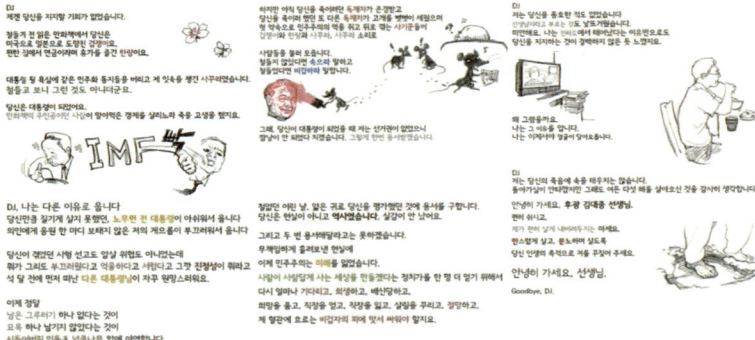

딸아이의 반성문 <굿바이, DJ>(1~6)

    국민의 정부(1998~2002) 시절, 외환위기를 조기에 극복한 김대중(DJ) 정부를 적극적으로 밀어줘야 경제도 살고 개혁도 할 수 있으니 민주당 후보 찍어야 한다고 해도, 서울에서는 민심이 별로라며 콧방귀 뀌던 딸이었다.

    그로부터 몇 년 지난 2005년 1월 1일, 엄마 아빠가 카페(필자가 운영하는 DJ 지지카페) 회원들과 동교동 김대중 전 대통령 댁을 방문할 것이니 사진 좀 찍어달라고 해도 다른 약속 있다며 현장에 나타나지 않아 실망시켰던 딸이다.

그해(2005) 어버이날 앞두고는 '남북정상회담'과 '노벨평화상'을 받은 전직 대통령을 만나 인사도 드리고, 기념사진도 찍고, 그분이 살아온 얘기를 듣는 것은 잊지 못할 추억으로 남을 것이라고 설득해도 "글쎄요?"라고만 답했던 딸이었다.

게임 회사에서 기획파트 일을 보면서 웹툰(Webtoon) 작가로 활동하는, 그래서 정치적이라고 하기엔 좀 그랬던 그 애….

그런 애와 나는 부녀간이면서도, 평생 의견이 다를 것으로 알고, 아쉬움 속에 딸아이의 생각을 존중해 왔다. 아빠 말을 하늘처럼 믿던 딸애의 어린 시절을 생각하며 아쉬움을 달랠 수밖에 없었다.

그런데 하늘의 조화일까? DJ 장례식 이틀 앞두고 딸 홈페이지에 들어갔더니 "서러워서 쓰고, 편집하고, 그림을 그렸다. 죽은 사람에게 편지를 쓰는 것은 산 사람을 달래기 위해서다. 나는 엄청나게 달래지고 싶었다. 어떻게든 달래지지 않으면 목이 졸려서 죽을 듯한 기분이었다…"로 시작하는 글과 DJ에게 용서를 비는 반성문(만화)을 그려놨더라.

반성문을 보는 순간, DJ가 남북 관계 분위기만 바꿔놓은 게 아니라, 딸아이 생각마저 바꿔놓고 떠났다는 생각에 가슴이 뭉클했다. 조금은 놀라고 흥분된 기분으로 딸아이 반성문을 읽었으며, 읽어갈수록 가슴이 싸~아했다. 사람은 오래 살고 볼 일이다. 이렇게 기쁜 날도 있으니까.

## GUNSAN DJ ROAD

# <김대중 배우기> 강좌, 연재 마치고

오마이뉴스 | 2010년 3월 18일 조종안(chongani)

빌 클린턴 미국 대통령과 정상회담(2000)

　김대중 대통령은 한국 현대사에 큰 업적을 남겼다. 대한민국을 선진 민주주의, 인권 국가로 만들었으며, 문화강국, 정보화 강국, 사회정의와 복지사회 실현을 위해 노력했다. 특히 2000년 남북정상회담은 평화통일을 앞당기는 견인차 구실을 했으며, 한국인 최초로 노벨상을 받아 대한민국 국격을 높인 인물로, 세계적으로 존경받고 있다.

세계가 인정하는 인물의 사상과 정책을 살펴보는 〈김대중 배우기〉 강좌가 2010년(2월~3월) 김대중도서관 지하 1층 컨벤션홀에서 열렸다. 여섯 개 분야로 나눠 진행된 강좌는 '(사) 행동하는 양심' 준비위원회와 〈오마이뉴스〉가 후원했다. 추운 날씨에도 매회 홀을 가득 메웠으며, 수강생도 대학생에서 팔순 노인까지 다양한 연령대가 참여해서 눈길을 끌었다.

강의 때마다 요점을 정리해서 기사로 내보내기도 했다. 매주 목요일 아침 군산에서 고속버스나 기차로 올라가 취재 마치고 심야버스로 내려와 원고 작성하다 보니 육체적, 정신적 면에서 무리가 따랐다. 하지만, 귀한 콘텐츠와 새로운 정보를 접하면서 느끼고, 배우는 등 보람도 있었다.

두고두고 뇌리에서 지워지지 않을 경험도 했다. 서울에 올라가는 날마다 웹툰 작가로 활동하는 딸(1983년생, 서울 거주)을 만나 데이트 즐긴 후, 함께 강의에 참여하고 수료증까지 받아서다.

매주 목요일 '홍대거리'에서 딸을 만나 점심도 먹고, 커피 마시면서 다양한 분야(정치, 경제, 예술, 문화 등)의 견해와 시각을 공유해 보기는 처음이었다. 그래서 그런지 소소한 일정 하나도 남다르게 느껴졌다. 함께 걷기만 해도 마음이 흐뭇해지면서 행복감에 젖어들기도 했다.

딸은 한때 김대중(DJ)을 '미국, 일본으로 도망친 겁쟁이', '편한 집에서 연금이라며 휴가를 즐긴 한량', '대통령 될 욕심에 민주화 동지들을 버리고 잇속을 챙긴 사꾸라'로 알고 있었다. 그랬던 딸이 2009

년 8월 DJ가 서거하자 반성문(만화)을 그려 자신의 홈페이지에 공유해 놓았다. 그래서 더욱 감회가 새로웠는지 모른다.

만화를 통해 김대중을 처음 알았다는 딸의 말을 듣는 순간 얼마나 놀랐는지 모른다. 하나밖에 없는 자식 교육을 잘못 시킨 나 자신이 미워졌다. 한편, 판단력이 부족한 아이들은 부모가 양질의 책을 구해 읽혀야 한다는 것도 새삼 깨닫게 되었다.

지난 2월 11일 두 번째(주제: 〈김대중 정부의 '갈등관리'〉) 강의부터 다섯 번째(주제: 〈김대중 정부의 '햇볕정책' 어디까지 왔나〉) 강의까지 수강한 딸은 강의료가 무척 싸면서도 내용이 풍부했다며 첫 번째(주제: 〈김대중의 '민주주의'〉) 강의 놓친 것을 아쉬워했다.

특히 '갈등관리' 강의는 낯선 개념이어서 재미와 흥미를 더했다고 느낌을 밝혔다. 5주 차 '햇볕정책'을 비롯해 통일에 관한 이슈가 다뤄

김대중도서관 전자 방명록에 서명하는 딸(2010년 2월)

질 때는 데면스럽게 들었다고 털어놓으면서 "제가 이렇게 관심이 없다면 다른 젊은이들도 그렇지 않겠느냐?"라고 되묻기도 했다.

딸의 솔직함이 마음에 들면서도 안타까움을 금할 수 없었다. 많은 젊은이가 가난한 북한과 통일이 되는 것을 싫어한다는데, 뜬소문만이 아니라는 생각이 들었기·때문이었다. 마지막 여섯 번째(〈김대중 리더십〉) 강의는 안 받겠다고 해서 충격이 더 컸던 것 같다.

그럼에도 딸은 〈김대중 배우기〉 강좌를 높이 평가했다. 타이틀이 부담스럽지만 않았어도 자의로 신청했을 거라는 말을 덧붙였다. 순간, 반성하려면 아직 멀었다는 생각이 들면서 쓴웃음이 지어졌다. 딸이 피해의식(전라도 출신)에 젖어 있는 것은 아닌지 의심이 들었고, '왜곡된 사고 바로잡기가 이렇게 어려운가?' 하는 안타까운 생각이 들기도 했다.

**GUNSAN DJ ROAD**

# DJ는 언제부터 '선생님'으로 불렸을까

오마이뉴스 | 2023년 12월 24일 조종안(chongani)

정치인 시절, 사업가시절, 학창시절 DJ(왼쪽부터)

　김대중(1924~2009) 전 대통령은 전남 하의도에서 태어나 목포에서 상업학교 졸업했다. 광복 이후 해운회사와 〈목포일보〉 사장을 역임하였다. 1961년 5월 민의원 당선 후 6·7·8대 국회의원을 지냈다. 군사독재 시절(60~80년대) 네 번의 죽을 고비와 6년의 감옥생활을 하면서도 불의와 타협하지 않았고, 1997년 헌정사상 최초로 평화적 정권교체를 이뤄냈다.

1998년 2월 대통령으로 취임한 김대중(DJ)은 '금 모으기' 통해 외환위기(IMF)를 앞당겨 극복한다. 이어 한국을 세계가 부러워하는 IT 강국으로 만든다. 정치, 언론, 문화, 예술 분야에서도 눈부신 성과를 거둔다. 민주화와 세계평화를 위해 헌신한 공로 인정받아 2000년 노벨평화상 받았다. 그 후 그에게는 '평화의 사도'란 수식어가 따라붙기 시작하였다.

국민의 인권과 평화통일을 위해 살았던 DJ. 그는 1961년 5월 쿠데타를 일으킨 박정희 세력의 협박에 굴하지 않았다. 1980년 전두환 신군부가 협조하면 목숨을 살려주겠다고 회유했을 때도 '역사와 국민 속에 영원히 살 것'이라며 단호히 거절하였다. 그래서 그런지 그에게는 '민주화의 거목', '행동하는 양심', '선생님', '인동초', '빨갱이' 등 다양한 수식어가 따라다닌다.

2009년 8월 DJ가 서거하자 미국 〈뉴스위크〉는 '나라와 사회를 변화시킨 11인의 세계적 트랜스포머의 한 사람'으로 선정하고 추앙했다. 그럼에도 그에 대한 평가는 극과 극으로 갈린다. 호칭 역시 마찬가지. 서거한 지 14년 지난 지금도 DJ 관련 기사 댓글난에서 '빨갱이'란 호칭이 심심찮게 보이는가 하면 많은 사람이 '선생님' 호칭을 즐겨 사용하고 있다.

### 한국 현대사에 큰 족적 남긴 김대중, 그의 발자취

2004년부터 '후광김대중마을(다음카페)'을 운영해 오고 있는 필자는 '언제부터 김대중 대통령을 선생님이라 부르기 시작했느냐?'는 질문을 가끔 받는다. 지난 8일(금) 'DJ 스터디' 때도 어느 대학생이 비슷한 질문을 던졌다. 선거철 술자리 담론 때 심심찮게 등장하던 화두였고, 그 분야에 관심이 많았던 필자는 언론 보도와 관련 서적을 뒤져보았다.

DJ의 정치 입문은 1954년으로 기록된다. 그해 목포에서 3대 민의원 선거(민선)에 무소속으로 출마했다가 낙선한 것. 1956년 9월 민주당에 입당하고, 1958년 4대 민선에 재출마했으나 실패한다. 그는 1961년 5월 강원도 인제 보궐선거에서 당선된다. 그러나 5월 16일 쿠데타를 일으킨 박정희가 국회를 해산시키는 바람에 선서도 못 해보고 의원직을 잃게 된다.

50~60년대 신문에서는 김대중 뒤에 후보, 의원, 씨(氏), 대변인 등만 보인다. 그는 1964년 4월 김준연 의원 구속 동의안 처리 때 국회에서 5시간 19분의 필리버스터(의사진행발언)로 동의안 처리를 무산시

제7대 국회의원 시절 목포에서 의정 보고대회 열고 있는 김대중 의원

킨다. 그의 필리버스터는 헌정사상 최초 기록으로 기네스북에 오르기도 하였다. 사람들에게 강한 인상을 남겼던 그때도 언론들은 '의원'으로 보도하였다.

1967년 재임에 성공한 박정희는 평생 대통령을 위한 음모를 꾸민다. 이름하여 '3선 개헌'이다. 1969년 당시 제1야당인 신민당은 그 해 7월 19일 서울 효창운동장에서 시국 연설대회를 개최하였다. 이날 DJ는 수십만 청중 앞에서 3선 개헌 음모에 대해 엄중히 비판, 많은 청중이 카타르시스를 느꼈다고 한다. 이때도 사회자는 '김대중 의원'이라 소개하였다.

40대 나이에 제1야당(신민당) 대통령 후보로 선출되어 돌풍을 일으켰던 DJ. 그는 1971년 5월 선거를 며칠 앞두고 의문의 교통사고를 당한다. 덤프트럭이 그가 탄 승용차를 덮친 것. 그 사고로 두 명이 숨졌으며 DJ는 평생 지팡이에 의지하는 인고의 세월을 보내야 했다. 하지만 당시 신문들은 '대통령 후보' 또는 '김대중 씨'로 보도하였다.

유신 정권의 DJ 탄압은 계속된다. 1973년 8월 '김대중 납치 사건'이 터진다. 일본 동경 팔레스호텔에서 양일동 민주통일당 당수를 만나고 나오던 DJ가 중앙정보부 요원들에 의해 납치된 것. 이 사건은 여러 언론에 대서특필 되었고, 독자들은 경악했다. 납치 사건은 수사가 1년 넘도록 지속됐는데 이때도 신문 기사에서 '선생' 호칭은 발견되지 않는다.

60~70년대 DJ의 선거유세 및 실내 강연은 많은 청중에게 카타르시스를 느끼게 하였다. 입은 있으되 말을 함부로 할 수 없을 정도로

'김대중 선생 납치 사건' 진상규명 소견서 발표하는 한승헌 변호사(1993년 11월)

살벌했던 시절, 사람들이 하고 싶은 말을 대신해 줬던 것. 따라서 DJ는 연설 잘하고 국회도서관을 가장 많이 이용하는 의원으로 알려져 있었으며, 미남에 파이프 담배를 즐기는 멋쟁이 의원 이미지가 강했다.

### "청중들이 '김대중 선생 만세!'를 삼창"

1975년 4월 21일 치 〈동아일보〉 기사가 시선을 멈추게 한다. 신문은 "전 신민당 대통령(前 新民黨 大統領) 후보 김대중(金大中) 씨는 19일 오후 서울 정동교회 구내에서 열린 시국강연회(時局講演會)에서 납치 사건 이후 처음으로 대중(大衆) 연설을 하면서 3~4분 간격으로 청중들의 박수와 폭소를 받아 유세(遊說) 분위기를 방불케 했다"라고 보도하였다.

신문에 따르면 DJ가 연설을 마치고 밖으로 나오자, 시민들이 일제히 박수와 환호성을 질렀다. 그가 승용차에 올라 시동을 걸려고 하자 사람들이 에워싸는 바람에 한동안 출발하지 못하였고, 차가 떠나자, 사람들은 뒤를 따르며 애국가를 불렀다는 것. 한 청년의 선창으로 교회에 모인 사람들이 "김대중 선생 만세!"를 삼창 했다는 대목이 눈길을 끈다.

네이버 뉴스(라이브러리) 검색창에서 '김대중 선생'을 검색해 보니 유신독재가 막을 내리는 1979년엔 기사가 9건에 불과했으나 광주항쟁 일어난 1980년에는 82건으로 10배 가까이 늘었다. 이후 해를 거듭할수록 많아져 1987년 158건, 1993년 241건으로 대폭 증가했다. 그해(1993)는 민주당에 '김대중 선생 납치사건' 진상조사위가 꾸려지고 국정조사를 촉구했던 해였다.

이러한 결과는 여론 형성 및 정보전달 수단으로 큰 비중을 차지하는 매스미디어 발전과 연관성이 깊어 보인다. 대표적인 예로 TV 방송을 꼽겠는데, 70년대는 흑백 TV 드라마가 선풍적인 인기를 끌었으나 보급에 한계가 있었다. 따라서 서민층도 TV 뉴스를 쉽게 접할

정동교회 시국강연 알리는 당시 '동아일보' 기사

수 있었던 시기는 컬러 TV가 인기 혼수품으로 꼽혔던 1980년대 중반 이후였다.

언제부터 DJ에게 '선생(님)' 호칭이 따라다녔는지 알아보기 위해 관심 끌었던 사건 위주로 살펴보았다. 옛날 신문 기사와 서적, 매스미디어(신문, 방송, 통신, 영화 등) 발전 과정, 필자의 경험 등을 토대로 분석해 본 결과 '김대중 선생' 호칭은 '5·18 광주청문회' 열렸던 1988년 이후 대중적으로 사용되기 시작했을 것으로 추정된다.

# 04 PART

## 취재노트

# GUNSAN
# DJ ROAD

GUNSAN
DJ ROAD

# DJ가 생각하는 '21세기와 민족의 미래'
### 김대중 전 대통령 부산대 강연, "성공하는 세계인 돼라!"

플러스코리아 | 2006년 9월 16일 조종안 기자

부산대에서 강연하는 김대중 전 대통령(2006년 9월)

　김대중 전 대통령은 15일 오전, 부산대학교 10·16 기념관에서 〈21세기와 민족의 미래〉 제목으로 특강을 진행했다. 김 전 대통령은 통로와 바닥에도 앉지 못한 학생들이 연단에 올라 테이블 가까이 다가앉자 "강연 재미없게 했다가는 바로 맞을 것 같다"는 조크로 조심스럽게 지켜보던 청중들에게 웃음을 선사했다.

부산대와 10·16 민주항쟁 기념사업회가 주최한 초청 강연회에 참석한 김 전 대통령은 최근 이루어지고 있는 부시 정부의 대북 압박을 에둘러 비판하면서도 '한미동맹은 굳건히 유지돼야 한다'고 주장했다.

김 전 대통령은 강연 전날 〈르 몽드 디플로마 티크〉 한국어판 창간 인터뷰에서 "북한 문제를 중국 봉쇄에 악용하는 미. 일 네오콘(신보수주의자)들은 한반도 문제에서 손 떼라"라고 직격탄을 날려 '전쟁광'이라며 부시를 증오하는 많은 국민에게 '과연 전임 대통령답다!'는 칭찬을 받기도 했다.

미국 네오콘을 강하게 비판했던 김 전 대통령은 15일 부산대 강연에서도 6자 회담을 좌초시키고 있는 북한의 위조지폐 문제에 대해 "미국은 북한의 위폐 문제를 보류하거나 위폐 제조의 증거를 명확히 제시해야 한다."라며 또다시 강력한 주문을 내놔 학생들로부터 큰 박수를 받았다.

이어 "클린턴 정부 때 북미 관계가 거의 해결 단계까지 갔던 것이 오늘날과 같이 악화된 것에 대해 매우 유감스럽게 생각한다."라며, "퇴임 후 나를 찾아온 클린턴 전 대통령이 '1년만 더 대통령의 자리에 있었으면 햇볕정책의 틀 속에서 한반도 문제가 완전히 해결될 것이었는데 참으로 아쉽다'라고 이야기한 적이 있다. 그 말을 들었을 때 나는 너무도 가슴이 아팠다"라는 표현으로 힘에 의존하고 있는 부시 정부의 대북 봉쇄를 우회적으로 비판했다.

그러나 "한미동맹은 북한의 전쟁 도발과 주변 강대국의 야망을 억

지하는 데 결정적인 요소로 우리는 이것을 흔들림 없이 지켜나가야 한다."라며 한미동맹의 중요성을 재차 강조하기도 했다.

### 10년 걸리든 20년 걸리든 통일은 평화적으로..

통일에 대해 김 전 대통령은 "우리는 베트남식의 무력 통일도 배제하고 독일식의 흡수통일도 배제하고 몇 년이 걸리든 평화통일로 가야 한다"라며 국토의 분단 상태가 계속되는 것은 한국전쟁의 재판 가능성을 배제하지 못하고 또 한 번 전쟁한다면 핵무기까지 동원될 가능성이 있으니 그렇게 되면 우리 민족은 문자 그대로 전멸하게 될 것"이라고 경고했다.

위기 국면에 있는 핵과 미사일 등 대량 살상무기 문제에 대해서는 "우리는 이것을 반드시 평화적으로 해결해야 한다. 그러기 위해서는 미국도 북한이 안심하고 핵을 포기하고 미사일 발사를 유예할 수 있도록 그 대가를 보장해야 한다. 북한의 안전을 보장하고 북한과 외교 관계를 열면서 경제제재를 해제해 주어야 한다."라며 북·미 간 일괄타결 협상을 재차 주문했다.

김 전 대통령은 부산 아시안게임에서 보듯 "2000년 남북정상회담 이후 남북 관계는 성공적이었다."라며 "북-미 관계가 악화했기 때문에 남북 관계가 진전이 없어 보이는 것뿐이다. 남북정상회담은 남북 긴장을 한 번에 후퇴시켰다."라며 남북정상회담의 성과를 강조했다.

작통권에 대해서는 예민한 사항이니 기본적인 것만 말하겠다며, "전시작전통제권은 당초 한미간에 합의된 대로 2012년에 이루어져야 하고 미국은 한국의 말을 들어야 한다."라며 "작통권 환수를 놓고 겨루는 여. 야의 주장을 큰 틀에서 보면 한미 관계를 같은 맥락에서 보는 것 같다"라고 덧붙였다.

퇴임 후 부산 방문이 처음인 김대중 전 대통령은 14일 오후 부산역에 도착, 환영 현수막과 피켓을 든 '후광 김대중 마을' 카페(http://cafe.daum.net/whokwang) 부산, 경남 회원들과 시민들이 "대통령님 내외분의 부산 방문을 환영합니다."를 외치자 활짝 웃으며 승용차에서 내려 화동과 사진을 찍는 등 고마움을 표시하기도 했다.

GUNSAN
DJ ROAD

# 김대중을 정치판에 끌어들이지 말라

플러스코리아 | 2006년 10월 5일 조종안 기자

임기 마치고 사저로 돌아온 김대중 대통령이 환영나온 주민들을 향해 손 흔들어 답하고 있다.
(2003년 2월 24일)

대선이 가까워지면서 '김대중 전 대통령'이 언론에 자주 등장하고 있다. 헛소리를 해대는 짝퉁 언론인 '조갑제'에서부터 여·야당 대표까지 다양하다. 이름만 등장하는 게 아니다. '김대중 모셔가기'와 '김대중 손잡기' 등 부풀리기와 추측성 기사가 난무하고 있다.

본론에 들어가기 전 한마디 하고 넘어가자. 김 전 대통령은 재임 시절이나, 퇴임 후에도 국내 정치는 일절 관여하지 않고 통일과 세계 평화를 위해 여생을 바치겠다고 국민과 약속했다. 또한 그 약속은 지금까지 지켜지고 있으며 의식 있는 정치인과 지식인, 그리고 국민에게 많은 박수를 받고 있다.

또한 '안티 DJ' 세력이 있는 것도 사실이다. 하지만, 민주주의와 통일의 초석을 쌓은 시대적인 인물이라는 것을 선진국 지도자들로부터 인정받고 있다. 김 전 대통령이 방문하는 나라 국영방송사에서 '김대중 특집'을 꾸며 방영하는 것에서도 잘 나타난다.

세계적으로 긍정적인 평가를 받는 인물을 국내에서는 빨갱이라고 폄훼하고, 정치인들은 권력을 잡기 위한 수단으로 끌어들이려 하는가 하면, 언론인의 사명을 군사독재 정권에 팔아먹은 짝퉁 언론들은 그때그때 달라지는 기사를 써대니 한심하기 그지없다.

"민주당 내 당권경쟁이 본격화되면 동교동계라는 용어가 다시 거론될 가능성이 있다. 동교동계라는 말이 나와서도 안 되고 동교동계라는 모임이 있어서도 안 되며, 이를 이용해서도 안 된다."

위는 김대중 대통령이 퇴임 앞둔 2003년 1월 2일 당시 박지원 비서실장을 통해 동교동계 해체 지시를 보도한 신문 기사 일부이다. 당시 김 전 대통령은 해외에 있는 동교동 모임도 해체할 것을 주문했다. 유신독재와 전두환 신군부 거치면서 각종 박해와 탄압받을 당시 함께 했던 동지들을 '토사구팽'한다는 소리까지 들어가며 새로운 정치

질서를 구축하기 위한 구국적 결단이었다.

박 실장은 이어 "김대중 대통령은 퇴임 후 평범한 국민, 전직 대통령으로서 현직 대통령이 성공할 수 있도록 하고 우리 대한민국이 발전하고 세계 평화가 유지되도록 협력하는 일에 전념할 것이며 국내 정치문제에는 일절 개입하지 않을 것"이라고 덧붙였다.

김 전 대통령은 3년 6개월쯤 지난 지금까지 국민과 한 약속을 성실히 지켜오고 있으며 노벨평화상을 수상한 전직 대통령답게 일주일에 2-3회씩 신장 투석을 하는 몸임에도 남북 관계 개선과 세계평화 증진에 마지막 열정을 바치고 있다.

김 전 대통령 재임 5년 동안 사형수들의 형이 한 번도 집행되지 않았고, IMF로 인해 수많은 파업과 극한 데모가 있었지만 1997년 13만여 발에 달했던 최루탄이 1999년에는 단 한 발도 사용되지 않았다. 2002년 12월 대선을 야당 대통령 후보를 비방하는 누리꾼이 구속될 정도로 역사상 초유의 공정선거를 치렀다. 대통령을 마음 놓고 비판하는 사회를 만들어, 대한민국은 언로가 트인 인권국이 되었음을 세계에 과시했고, 선진국 지도자들로부터 '민주주의와 인권의 상징'으로 인정받고 있다.

그럼에도 한나라당은 퇴임식 하루 전인 2003년 2월 24일 최고위원회의에서 김대중 정권 5년을 '정치 암흑기', '인치적 통치행위', '실패한 정권'이라며 경쟁이라도 하듯 혹평을 쏟아냈다. 그랬던 사람들이 대선을 앞두고 호남의 표가 절실해지자 김 전 대통령의 고향까지 쫓아가 성공한 대통령이라고 업적을 외치며 통합이니 공조니 떠벌리고 있으니, 철면피도 그런 철면피는 없을 것이다.

　김대중은 독실한 가톨릭 신자이자 페미니스트이며 가족을 무척 중요시한다. 〈김대중 옥중서신〉에도 나와 있듯, 사형수 몸으로 국민과 나라의 장래를 위한 기도를 하는가 하면 아들, 며느리, 손자, 손녀들에게 여러 통의 편지를 보내고 화초를 가꾼 것만 봐도 그의 따뜻한 마음과 신앙심, 그리고 넘치는 가족애를 짐작할 수 있다.

　김대중은 자신의 생일이나 기념일마다 후배와 지지자들이 열어 주는 축하 행사 외에는 가족 중심으로 조용히 치르는 것으로 알려진다. 필자는 2006년 3월 영남대와 그해 9월 부산대 강연 때 동대구역과 부산역에서 환영 행사를 치른 적이 있다. 처음엔 비서실의 만류가 있었다. 하지만, 광고하지 않고 조용히 치르겠다는 조건으로 조촐한 환영 행사를 진행한 적이 있다. 짝퉁 언론들을 통해 알려진 것과는 크게 다르기에 하는 얘기다.

　북으로부터 여러 차례 초청받았으니 따뜻한 봄날에 조용히 다녀오면 될 일을 조·중·동은 방북을 반대한다는 기사를 연일 특종으로 올렸고 한나라당은 지방선거를 핑계 삼아 연기를 강요하더니 결국 방북을 무산시켰다. 반통일적 반민족적 처사가 아닐 수 없다.

　또한 지난 8월 13일 김대중 '도쿄 납치 생환 33주년' 축하 행사 때는 옛 동교동계 인사들이 자리를 함께한 것을 두고 하나같이 정계 개편에 관해 추측성 기사를 써댔다. 눈앞의 이익에만 몰두한 나머지 세계적인 인물을 잘못 써먹고 있는 것 같아 속이 보통 상하는 게 아니다.

　2003년 1월 동교동계 해체 지시가 있던 날 당시 민주당 한화갑 대표는 "김대중 대통령의 성공적인 임기 마무리와 함께 동교동계가 맡았던 역사적 소임은 다했다"며 "2002년 대선을 통해 확인된 새로운 정치 환경에 걸맞은 새로운 형태의 정치적 변화가 있을 것으로 본다."라고 말해, 동교동계 해체를 재확인했다.

퇴임 후 동교동계라는 특정 정파를 기반으로 정치적인 영향력을 행사할 생각이 전혀 없다는 것을 명백히 밝혔음에도 동교동계 좌장 격인 한화갑 대표를 비롯한 정균환, 박상천 등 DJ를 따르던 의원 다수는 약속을 어기고 있다. 행동으로 보여주면 될 일을 "우리가 DJ의 정통 계승자"라며 무슨 일만 있으면 동교동을 들먹이는 열린우리당 의원들 역시 마찬가지다.

노동자, 농민을 위한 법률안이 국회에 산적해 있는데도 권력 잡기에만 '올인'하는 정치 모리배들과 짝퉁 언론인에게 부탁한다. 동서 화합, 남북 공조, 평화통일에 써먹어야 할 김대중을 정치판에 끌어들여 나라를 망신시키고 그의 가치를 떨어뜨리는 짓을 멈춰주기 바란다.

GUNSAN
DJ ROAD

# 배우 오정해, "김대중은 영원한 선생님.."

플러스코리아 | 2006년 11월 4일 조종안 기자

김대중도서관 후원의 밤 행사에 참석한 김대중 대통령

국악인이자 인기 여배우인 오정해 씨가 2일 오후 7시 연세대학교 대강당에서 열린 김대중도서관 후원의 밤 행사에 참석, 김대중 전 대통령에 대한 존경심을 다시 한번 드러냈다.

실내 분위기 돋우는 타악기, 4중창 아카펠라 등의 식전 공연 끝나고 김대중 전 대통령과 이희호 여사가 기립박수받으며 행사장에 입장했다. 이어 임채정 국회의장과 한나라당이 빠진 여야 정당 대표들이 뒤따라 입장, 무대 앞줄에 나란히 앉았다.

국민의례로 시작된 행사는 김대중도서관 후원회장인 박삼구 금호그룹 회장과 정창영 연세대 총장의 인사말에 이어, 1974~75년 동아일보 백지광고 사태 당시 가택연금 상태임에도 첫 시민 격려 광고를 낸 김대중 전 대통령에게 31년 만에 감사장과 메달을 전달했던 김인호(84) 전 〈동아일보〉 광고국장과 최근 소천한 강원룡 목사, 고은 시인, 박찬호 선수의 축하메시지가 담긴 영상이 상영됐다.

공식 행사는 "오늘, 이 자리가 있기까지 정부와 노무현 대통령 개인의 지원이 절대적으로 컸고 진심으로 감사드린다."라며 "김대중도서관은 도와주신 재원을 활용해 무엇보다 한반도 평화를 위한 연구와 노력에 힘을 다할 것"이라는 김대중 전 대통령의 인사말을 끝으로 마쳤다.

이어진 축하공연에서는 배우이자 국악인인 오정해 씨가 화려하고 단아한 한복차림으로 무대에 올라 구성지고 애잔한 가락으로 '우리 어머니'를 열창했다.

오정해 씨는 인사말에서 "이렇게 뜻깊은 도서관이 생겨 너무나 좋고, 앞으로도 크게 발전했으면 좋겠다."라며 "제 아이들도 크면 데리고 들러볼 것이다."라고

국악인 오정해 씨(군산시 제공)

말했다. 이어 "평소 김대중 선생님을 존경해 왔는데, 저는 앞으로 김대중도서관이라고 못 부를 것 같다. 어떻게 존경하는 선생님의 존함을 함부로 부를 수 있겠느냐"라고 해서 웃음과 함께 큰 박수를 받았다.

오정해 씨는 이렇게 좋은 날 한 곡 더 불러도 괜찮지 않겠느냐며, 분위기를 자연스럽게 리드하면서 영화 〈서편제〉에서 듣던 목소리로 '진도아리랑'을 구성지게 부르고 아리랑 1절을 두 번 합창하는 것으로 축하 행사를 마무리했다.

오정해 씨와 김 전 대통령과의 인연은 남다르다. 93년 〈서편제〉 관람한 김 전 대통령이 출연진과 식사하는 자리에서 오정해 씨의 뛰어난 판소리 실력에 감탄, 결혼을 하게 되면 주례를 서주겠다고 약속했다. 그 후 천생연분인 김운형 씨를 만난 오정해 씨는 97년 대선에서 승리, 취임을 앞둔 김 전 대통령을 찾아가 "약속을 지키셔야지요."라며 주례를 부탁했고, 약속이 이루어져, 대통령 당선인을 주례로 결혼식을 올린 유일한 신부로 기록되었다.

교수로도 활동하고 있는 오정해 씨는 "부부는 상대방의 기를 살려주고 인간적인 성장과 각자의 일에서도 하나가 돼야 합니다. 그리고 부부생활에서 무엇보다 소중한 것은 서로 참는 일입니다."라는 김대중 전 대통령의 주례사를 생활의 지표로 삼고 있다고 전했다.

오정해·김운형 씨 부부는 8년 전의 김 전 대통령 주례사를 지금도 가슴에 담고 '상대방의 기를 살려주는 부부, 인간적인 성장과 일에서도 하나가 되는 부부, 서로 참고 이해하는 부부 그러나 부도덕한 일에는 단호히 반대하는 부부'가 되어 열심히 살아가고 있다.

GUNSAN
DJ ROAD

# DJ, "'73년 동경 납치사건' 왜곡 참을 수 없다"
### "진실을 발표할 수 없다면 발표하지 말라",

플러스코리아 | 2007년 3월 10일 조종안 대기자

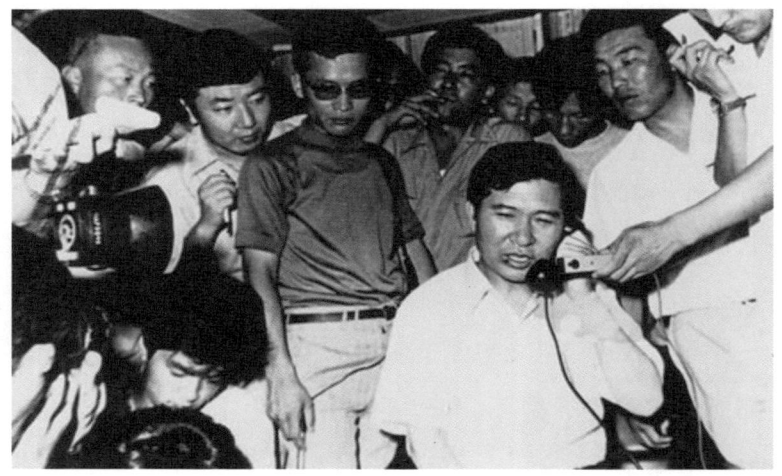

중정 요원들에게 납치됐다가 구사일생으로 풀려나 기자회견 중 전화 받는 DJ

 국정원 '과거사진실규명위원회'가 출범한 지 2년이 지나도록 '김대중 납치 사건'에 대한 진상조사 결과 발표가 지연되자 김대중 전 대통령이 진상규명에 직접 나섰다.

 김 전 대통령 측은 9일 동교동 '김대중도서관'에서 기자간담회를 갖고 "조사 대상 7건 가운데 유일하게 납치 사건만 발표가 미뤄지고 있는데, 진상을 규명하지 않고 적당하게 한다면 역사가 문제 삼을 것"이라며 조속한 발표를 촉구하는 의견을 과거사위에 전달했다고 최경환 비서관이 말했다.

국정원은 그동안 민청학련·인혁당, 부일장학회(현 정수장학회) 헌납, 동백림 간첩단, 대한항공기 폭파, 김형욱 전 중앙정보부장 실종 사건 등 진상조사 결과를 발표했으나 유독 '김대중 납치 사건'에 관해서만 침묵해 왔다.

김 전 대통령은 지난달 15일 일본 〈교토통신〉과의 회견에서 "제가 들은 바에 의하면 이번 조사발표가 늦어지고 있는 이유가 일본 정부와 외교 문제 때문이라는 이야기가 있다"면서 "저는 진상조사위원들에게 '당신들이 있는 그대로 진실을 발표할 수 없다면 발표하지 말라'고 말했다"라고 과거사위원들과의 대화 내용을 밝혔다.

이어 "진상을 적당하게 발표하는 것은 허락하지 않겠다. 참을 수 없다. 그것은 역사와 국민의 배신이다"라는 내용으로 국정원 과거사위에 출석해 발언한 사실도 소개했다.

이와 관련해 김대중 납치 사건 진상규명을 위한 시민의 모임 대표를 맡았던 한승헌 전 감사원장도 지난 1월 말 과거사위원회에 보낸 의견서에서 "김대중 납치 사건은 박정희 대통령의 지시나 사주에 의한 살해 목적의 범행이었다는 엄연한 사실을 확인해 공표해 달라"라고 요청한 사실을 공개했다.

한 전 감사원장은 의견서에서 "국정원 과거사 위원회의 과거사 진상규명 노력이 독재자의 정적 제거 범행에 오히려 면죄부를 주는 결과가 되지 않아야 한다"라고 경고했다.

시민모임은 "납치 현장인 동경 그랜드파레스 호텔 2210호실에서 10미터짜리 나일론 끈, 숄더 백 등이 발견된 것으로 보아 범인들이 피해자를 살해하고 그 시체를 토막 내 짊어지고 나오려 했던 것을 입증한다"면서 이 사건은 박정희 전 대통령의 지시로 계획된 명백한 살해 의도를 가진 납치 사건이라고 주장했다.

한편, 일본 <아사히 신문>은 지난해 7월 국정원 과거사 진실 규명 위원회가 이후락 당시 중앙정보부장이 DJ 납치를 지시했다는 중정 요원의 증언을 확보했지만, 박정희 전 대통령이 지시했다는 직접 증거는 못 찾았다고 보도한 바 있다.

김 전 대통령은 "어떤 의미에서 보면 일본의 주권을 침해한 사건인데 왜 일본은 그런 것을 감추고 있느냐. 납치 문제에 있어 저는 살아났고 안전하게 있지만 한 개인의 인권 문제라고 해서 정부와 권력 양

김대중 납치사건 주요일지

- 1973년 8월 8일 도쿄 그랜드 팔레스 호텔서 납치
- 1973년 11월 2일 도쿄 일본 총리 관저에서 김종필 당시 총리-다나카 가쿠에이 일본 총리 양국 정부간 공식 종결키로 '외교적 합의'
- 1998년 2월 김대중 대통령 취임
- 2005년 2월 '국가정보원 과거사건진실규명을 통한 발전위원회' (위원장 오충일), 7대 '우선조사대상'에 김대중 납치사건 포함
- 2005년 2월~2006년 8월 김대중 납치사건 뺀 6건의 우선조사대상 (중간)조사결과 발표
- 2007년 3월 김 전 대통령, 철저한 진상규명 및 한국-일본 정부의 사과 요구

김대중 납치사건 주요 일지(플러스코리아)

측이 적당히 공모해서 정치 결탁을 했는데 이를 언제까지 끌고 갈 것이냐?"면서 강한 어조로 한국과 일본 정부를 비판하기도 했다.

아래는 지난 2월 15일 일본 〈교도통신〉과의 기자회견 녹취록 주요 대목이다.

〈교도통신〉 – 납치 문제에 대한 진상규명위원회의 발표가 늦어지고 있는데, 최종적으로 어떻게 결론이 나야 한다고 생각합니까?

김대중 – "그것은 제가 요구하는 것이 아닙니다. 진상규명 위의 위원들에게도 '당신들이 진상을 규명하지 않고 적당하게 한다면 역사가 반드시 그것을 문제 삼을 것이다'고 했습니다. 지금까지 이 문제에 관해서 몇 번이나 발표가 있었습니까? 그러나 매번 진실을 말하지 않았기 때문에 다시 하게 되었습니다.

제가 들은 바에 의하면 이번에 조사 발표가 늦어지고 있는 이유가 일본 정부와 외교 문제 때문이라는 이야기도 있지만, 저는 위원들에게 '당신들이 있는 그대로 진실을 발표할 수 없다면 발표하지 말라'고 말했습니다. 그러나 '진상을 적당하게 발표하는 것은 허락하지 않겠다. 참을 수 없다. 그것은 역사와 국민에 대한 배신이다'고 이야기했습니다. 제가 먼저 진상규명을 하라고 요구하지 않았습니다. (중간 줄임)

납치 문제에 있어 저는 살아났고, 안전하게 있기 때문에 이해(利害)는 없습니다. 하지만 인권 문제를 한 개인의 인권 문제라고 해서 정부, 권력 양측이 적당히 공모해서 정치결착을 했습니다. 그것을 언제까지 끌고 갈 것입니까? 이 사건은 이미 30년 이상 지나서 현재의 한국 정부도, 일본 정부도 책임이 없는데, 진상까지 발표하지 않고 숨기려는 그런 태도로 어떻게 민주국가라고 할 수 있습니까?

어떻게 세계의 지도 국가라고 할 수 있습니까? 그것은 한국도 일본도 같다고 생각합니다.

    저는 복수의 심정이 타오르고 있는 것도 아니고, 일본을 욕보이고 싶어 하는 의도도 없습니다. 단지 한국과 일본이, 한국도 그 당시 권력이 잘못된 일을 했고, 일본도 그것을 적당하게 처리했으므로 그런 과거의 잘못된 일은 적극적으로 양국의 국민과 세계에 발표하고, 잘못한 것은 잘못했다고 사과하고, 그것으로 결착을 지으면 그만 아닙니까? 왜 그렇게 하지 않는 것입니까? 제가 일본에 대해 심한 말을 한 것입니까?

    저는 일본의 참된 친구입니다. 과거의 정권이 모두 반일을 이야기할 때도 저는 그것은 안 된다고 당당하게 말한 사람 중의 하나였습니다. 저는 일본의 진정한 친구라고 생각하고 있습니다. 제가 대통령에 재임했을 때 일본의 친구로서 태도를 직접 보여주지 않았습니까? 그런 제가 일본의 현재에 대해 염려하고 있다면, 여러분들도 한번 생각해 볼 여지가 있다고 생각합니다." – 자료제공: 김대중도서관

**GUNSAN
DJ ROAD**

# DJ, 그가 살아 있다면 뭐라고 경고했을까?
### 달라도 너무 달랐던 DJ와 박근혜의 부산대 방문

오마이뉴스 | 2015년 3월 18일 조종안(chongani)

"박근혜 대통령님 대학에 오셨으면 대학생들의 귀에 귀 기울여 주십시오!"

"박근혜의 부산대 방문 환영하지 않는다"

"대통령의 기습적인 방문에 유감을 표명합니다"

"박근혜 대통령님 5·16 쿠데타, 유신독재가 불가피한 선택입니까"

윗글은 지난 16일 오후 박근혜 대통령이 부산대학교를 찾았을 때, 학생들이 들고 있던 피켓에 적힌 글귀들이다. 학생들은 피켓시위에 이어 학교 정문에서 박 대통령 방문을 규탄하는 기자회견을 열었다. 이 뉴스를 접하면서 온갖 상념과 추억이 떠올랐다.

부산은 박근혜 대통령 텃밭이나 다름없는 지역이다. 그러니 박 대통령의 깜짝 방문을 반기고 환영해야 함에도 곳곳에서 피켓시위와 기자회견이 열렸다니 놀랍다. 고 김대중 전 대통령이 부산대와 10·16민주항쟁기념사업회 초청으로 2006년 9월 15일 부산대 10·16 기념관에서 특별강연 했는데, 학생들 반응이 그때와 180도 달라서다.

### 영남지역 환영 열기 예상외로 뜨거워

기자는 2006년 당시, 부산에 살고 있었다. 후광 김대중 지지 모임인 인터넷카페 '후광 김대중 마을'도 운영하고 있었다. 그해 9월 14일 오후 김대중 전 대통령(아래 김대중 대통령) 내외가 KTX 편으로 부산역에 도착한다는 소식을 듣고 부산·경남 지역 회원들과 부산역에서 환영식을 했는데, 부산 시민의 환영 열기는 예상외로 뜨거웠다.

김 대통령은 그해 3월 대구 영남대 초청 강연 때도 학생들의 열렬한 환영을 받았다. 영남대와 거리에는 환영 현수막이 여러 개 내걸렸다. 동대구역에서 열린 환영식 때는 모르는 분들이 대통령 내외가 언제쯤 도착하는지 묻는가 하면 차표를 물리는 사람도 있었고, 피켓이라도 들고 있자는 사람, 기다렸다가 대통령이 나오면 박수나 치고 가자는 사람 등 많은 시민이 관심을 나타냈다.

후광김대중마을 부산·경남 회원들이 부산역에서 김대중 대통령 부부 도착을 기다리고 있다(2006)

김 대통령의 부산대 강연 예정 시간은 15일 오전 10시 30분이었다. 강연이 열리는 부산대 10·16 기념관 앞마당은 10시 조금 지나면서 학생과 시민, 취재진으로 장사진을 이루었다. 대구와 부산은 김 대통령이 정치적 탄압을 받았던 지역으로 불모지나 다름없다고 생각했는데, 무르익은 환영 분위기에서 작은 희망과 위로를 받았다.

김대중 대통령이 곧 도착한다는 안내 방송이 흐르자, 긴장과 흥분이 교차했다. 카메라와 휴대폰을 가진 사람들은 재빠르게 움직였다. 그들은 대통령이 어느 방향으로 입장하는지 서로 묻고 예견하면서 촬영하기 좋은 위치를 찾아다녔다. 높은 곳에서 찍자며 2층 3층으로 몰려가기도 했다. 조금 후 김대중 대통령 내외가 얼굴을 보이자, 박수와 환호가 터져 나왔다.

### 팔순의 전직 대통령과 20대 대학생들… 어색함 찾아볼 수 없어

10·16 기념관은 강연이 시작되기 전부터 통로까지 꽉 들어찼다. 필자는 어렵사리 비집고 들어가 연단 앞바닥 좁은 공간이나마 차지할 수 있었다. 대통령 입장을 알리는 안내방송이 나오자, 사람들이 모두 자리에서 일어났다. 그리고 박수를 아낌없이 보냈다. 기립박수는 길게 이어졌고, '동서 화합, 남북 공조, 평화통일'을 나도 모르게 읊조렸다.

바닥조차 확보하지 못한 남녀학생들은 아예 연단 위로 올라가 자리를 잡았다. 학생들은 거리낌 없이 자유분방했고 누구 하나 말리지 않았다. 팔순을 넘긴 전직 대통령과 20대 남녀 대학생들. 딱딱함이나 어색함은 찾아볼 수 없었다. 그 모습을 보며 "박정희, 전두환 대통령이 강연해도 학생들이 가까이 앉아 강연을 듣고 질문할 수 있을까"하는 생각이 들었다.

강연 주제는 〈21세기와 민족의 미래〉였다. 김 대통령은 학생들이 가까이 다가앉자 "강연 재미없게 했다가는 바로 맞을 것 같다"라고 해서 긴장 감돌던 강연장을 편하게 만들었다. 그는 "학생 여러분도 '서생적 문제의식과 상인적 현실감각'을 잘 조화시켜 나가기를 바란다"라고 당부하고 남북 및 북미 관계, 전시작전통제권 환수, 평화통일 등을 화두로 강연을 펼쳤다.

강연이 끝나고 질의응답 시간에 한 여학생이 "김대중 전 대통령님의 특강에 참석하게 되어 무척 행복하다"라며 "2000년 정상회담 때 북한에서의 에피소드와 6·15 선언의 결과, 전시작통권 환수에 대해 대통령님은 어떻게 생각하시느냐?"라고 묻자 "질문이 너무 길고 복잡하

휴대폰과 카메라 렌즈를 김대중 대통령에게 맞추는 학생과 부산 시민들

손을 들어 화답하는 김대중 대통령 내외

다. 요점만 골라해 보라"라고 해서 강연장은 또다시 웃음바다가 됐다.

김대중 대통령은 1천여 명의 학생들에게 "21세기 지식정보화 시대에 걸맞게 성공하는 젊은이가 돼라, 성공하는 민족의 일원이 돼라, 그리고 성공하는 세계인이 돼라"는 당부로 강연을 마쳤다. 그가 10·16 기념관을 빠져나올 때도 사진을 찍으려는 학생과 시민들이 몰려들어 혼잡을 빚었다. 김 대통령은 지팡이에 몸을 의지하면서도 일일이 손을 들어 화답했다.

### 김대중 대통령이 살아 있다면 뭐라고 경고했을까?

부산대 연구센터를 방문했다가 학생들의 피켓시위를 피해 연구 시설만 돌아보고 발길을 돌린 박근혜 대통령. 대학생들이 피켓도 들지 못하게 막는 청와대 경호원들과 경찰의 과잉 경호 등, 놀라운 내용이어서 9년 전(2006) 휴대폰으로 찍은 사진과 메모를 보며 희미해진 기억을 정리해 보았다.

지난 16일 부산대 학생들이 박근혜 대통령에게 보여주기 위해 피켓시위를 벌이자, 청와대 경호처와 경찰은 경호에 방해된다는 이유로 총학생회장을 길에서 끌어내리고 학생들을 따라다녔다고 한다. 이에 최혜미 부총학생회장은 '텔레비전에서 시민들과 포옹하고 악수하던 (박근혜) 대통령 모습과는 너무나도 달랐다'라고 했다.

김대중 대통령은 2009년 6·15 남북공동선언 9주년 기념식에서 당시 이명박 대통령을 향해 "이대로 가면 MB도 국민도 불행해질 것"이라고 경고했다. 그리고 '행동하지 않는 양심은 악의 편이다.' 나쁜 정당을 이기기 위해서는 '하다못해 담벼락을 쳐다보고 욕이라도 할 수 있다'라고 했다. 그가 만약 살아 있다면 국민을 외면하며 독선으로 치닫는 박근혜 대통령에게 뭐라고 경고할지 자못 궁금하다.

GUNSAN
DJ ROAD

# DJ, 'IFJ 특강'으로 외부강연 재개

"지금은 내 방북보다
남북정상회담이 더 중요.."

플러스코리아 | 2007년 3월 13일 조종안 대기자

## 2007 IFJ-JAK Special Conference
"Peace and Reconciliation of the Korean Peninsula"

March 11th ~ 17th, 2007
Seoul in S. Korea
Mt. Keumgang in N. Korea

2007년도 국제기자연맹(IFJ) 특별총회 알리는 웹자보

　2007 국제기자연맹(IFJ) 특별총회가 12일 오전 서울 소공동 롯데호텔에서 열린 세미나(제목: 〈각국에서 보는 평화와 언론〉)를 시작으로 공식 일정에 들어갔다.

　이번 특별총회의 첫 행사인 세미나에서 가나 기자협회 브라이트 크와메 블라우 사무총장은 "반기문 UN 사무총장이 임기를 맡고 있는 지금이 한반도 평화와 통일을 완성하기에 적기"라며 "남한과 북한은 하나의 국민, 같은 운명을 가진 하나의 나라로서 자신의 권리를 가질 자격이 있다"라고 주장했다.

1926년 창립된 국제기자연맹(IFJ)은, 117개국에서 50만 명의 언론인이 가입한 세계 최대의 순수 언론인 단체로, 1952년 언론자유 창달과 기자들의 권익옹호, 직업상 윤리규정을 확보하기 위해 지금과 같은 조직으로 재정비됐다.

### DJ 외부강연 재개

지난 2월, 2·13합의 이후 일본 오키나와로 휴가를 떠나 휴식을 취하며 새로운 한반도 상황에 대처하기 위한 구상을 가다듬은 김대중 전 대통령도 IFJ 총회에서의 특별강연을 시작으로 외부 강연을 재개한다.

김 전 대통령은 국제기자연맹(IFJ)과 한국기자협회가 공동 주최하는 '2007 IFJ 특별총회' 이틀째인 13일 오전 롯데호텔에서 '6자회담은 성공할 것인가'란 주제로 특별강연을 한다.

김 전 대통령의 이번 강연은 작년 12월 노벨평화상 수상 6주년 기념행사에서 '밴 플리트 상' 수상 연설을 한 이래 처음이다.

세계 각국 130여 명의 기자들이 참석한 이번 '2007 IFJ 특별총회'는 IFJ 역사상 처음으로 서울과 금강산, 개성공단에서도 열리게 되어 있어, 6·15 남북공동선언의 주인공인 김 전 대통령의 특강이 총회의 의미를 더욱 부여할 것으로 예상된다.

'한반도의 평화와 화해'를 주제로 열린 '2007 IFJ 특별총회' 특강 내용에는 김 전 대통령 본인의 민주화 여정과 남북통일 방안, 북·미 관계 정상화에 대한 긍정적 전망을 토대로 '한반도와 동북아에 평화

김대중 대통령과 김정일 북한국방위원장이 남북 공동선언에 합의한 뒤 손을 맞들고 있다.(2000)

의 봄이 올 수 있다'는 메시지 등이 담겨있는 것으로 알려졌다.

김 전 대통령은 지난달 16일 열린우리당 신임 지도부의 예방을 받은 자리에서도 "북한의 변화에 주목하고 대응해야 한다. 남북 관계가 획기적으로 발전할 것이고 이에 능동적으로 대처해야 한다"라며 한반도 정세에 대한 낙관적인 견해를 피력한 바 있다.

김 전 대통령은 작년 10월 북한의 핵실험 여파와 미국의 강경책으로 12월에 열린 6자 회담이 성과 없이 막을 내리고 북미 간의 줄다리기가 이어지고 있었음에도 인사를 오는 여·야 정치인들에게 "내년에는 북·미, 남·북 관계에서 우리가 생각지 못한 놀라운 변화가 일어날 것"이라며 대비할 것을 주문해 왔다.

### 국내외 일정

앞으로 있을 김 전 대통령 일정은 27일 신라호텔에서 열리는 '로마

협정 50주년 EU(유럽연합) 기념행사'에서 동아시아 지역통합 및 한반도 평화 발전에서 유럽의 역할 등을 주제로 기조연설을 하고 4월부터는 국내 대학 강연에 나설 것으로 전해졌다.

5월에는 독일 베를린 자유대학이 수여하는 '자유상' 수상차 독일을 방문, '한반도 해빙 정국'의 메시지를 전파할 것으로 보인다.

이밖에 비공개 일정으로 12일 동교동 김대중 도서관에서 재미 한국인 지도자들의 모임인 '넷 칼(Net-KAL)' 회원 50여 명을 만나고, 26일에는 미국 하버드대 케네디스쿨 재학생 50여 명을 면담, 한반도 문제의 현실과 전망 등에 대해 격의 없는 대화를 나눌 예정이다. 또한 상반기 중 강연 및 대화를 통해 북한과 미국에 대해 관계 개선을 위해 적극적인 대화를 주문하면서 자신의 방북 역할론 보다 남북정상회담의 필요성에 무게를 두고 정부에 적극적인 남북 관계 개선 노력을 촉구할 것으로 알려졌다.

김 전 대통령 측 최경환 비서관은 이날 "김대중 전 대통령께서는 작년 6월 방북이 연기된 이후에는 방북계획을 새로이 추진하지 않았다"라고 밝혔다.

이어 최 비서관은 "남북 양측의 요청이 있으면 갈 용의는 있지만 남북 양쪽 정부로부터 공식적이든 비공식적이든 방북 요청을 받지 못했다."라며 "지금은 남북정상회담 등 당국 간 대화와 협력이 중요한 때라는 게 김 전 대통령의 생각"이라고 덧붙였다.

GUNSAN
DJ ROAD

# 한나라당의 '대북정책' 변화의 조건

플러스코리아 | 2007년 3월 17일 조종안 대기자

회담에 앞서 정담 나누는 김대중 대통령과 김정일 위원장(2000)

 2000년 남북정상회담 이후 7년 동안 남북관계 발전에 별다른 대안 제시도 못하고 정부의 발목만 잡아온 한나라당이 대북정책 기조를 근본적으로 바꾸겠단다. 그동안 외쳐온 뜬구름 잡는 식의 '상호주의'를 바꾸겠다는 모양인데, 시대 변화에 따르는 어떤 비전을 제시할지

자못 궁금하다.

　아직 공식적인 발표는 없지만, 박정희, 전두환 정신과 맞지 않으면 친북 좌파세력으로 몰던 한나라당이 변하겠다니 그나마 다행이라는 생각이다. 그런데 외환위기 며칠 전까지도 '조선일보'와 함께 "한국경제 걱정 없다"라고 부르댔던 97년 대선 정국이 떠올라 입맛이 씁쓸하다.

　당시 한나라당은 제2의 국난이라는 외환위기를 불러오고도 대선에서 패한 후유증으로 며칠만 입을 열지 못했지, 이듬해(1998) 2월 국민의 정부가 출범하자 '외환위기는 야당에게도 책임이 있다'며, 총리 인준을 6개월씩 미루면서 나라를 빼앗긴 독립군처럼 행세해 왔다.

　2002년 대선 앞두고는 대기업을 회유 협박하여 800억 원 넘는 불법정치자금을 차떼기로 긁어모아 나눠가진 사람들이다. 이에 검찰이 수사에 착수하자 겉으로는 야당탄압이라 하면서 방송국에 떼로 몰려가 프로그램을 바꾸는가 하면 정부 기관에 압력을 넣고 다녔다. 말만 야당이지 여당 이상으로 권력행사를 하고 다녔던 것.

　서민들은 외환위기에서 벗어나기 위해 결혼반지까지 내놓으며 금모으기 하고 있는데, 대구와 부산, 마산 등지를 찾아다니며 집회를 열고 '김대중이 외환위기 벗어나면 내 손가락에 장을 지지겠다'라며 지역감정을 조장하고 사사건건 발목 잡아 온 게 한나라당 양심이다.

　가관인 것은 '대구에는 추석이 없다.' '부산의 기업체 모두 호남으로 옮겨갈 것이다'는 등의 〈동아〉, 〈조선〉 기사이다. 거기에 한나라당은 한술 더 떠 햇볕정책이 남남갈등 일으켰다고 주절대는가 하면 대북송금 특검법을 날치기 통과해 그동안 쌓아온 남북의 신뢰를 무너뜨렸다.

달포 전까지만 해도 대선 예비주자인 이명박 전 서울시장은 "지금 남북 정상이 만난다 하더라도 북핵문제는 해결할 수 없다"며 "남북정상회담은 할 필요가 없다"고 강조했다. 그런데 갑자기 대북정책 기조를 근본적으로 바꾸겠다니 이만저만 헷갈리는 게 아니다.

유연한 대북정책을 구사할 필요가 있다는 전략적 판단에 따른 것이라고는 하지만 하도 속아왔기에, 믿을 수가 없다. 오죽하면 '어떻게 하면 정부의 발목을 잡고 남북대화에 고춧가루를 뿌릴지 연구하는 시간을 벌어보자'는 사탕발림이라는 생각이 들겠는가.

2000년 6월의 남북 정상회담을 계기로 흐르기 시작한 평화통일의 물줄기에 온갖 오물을 퍼부으며 대화를 방해하는 게 대북정책의 기조였던 한나라당이 진정으로 변하겠다고 다짐했다면 최소한 다음 몇 가지는 선행되어야 한다.

첫째, 한나라당은 최소한 1천만 이산가족에게라도 공식적인 사과를 해야 한다. 만약 아무런 해명 한마디 없이 '인도적 지원은 계속 하자'고 하거나 '정상회담을 찬성한다'는 등 듣기 좋은 말만 늘어놓는 것은 위선에 불과할 뿐이기에 하는 얘기다.

둘째, 총선과 대선을 앞두고 '북풍'을 일으키는 바람에 불안에 떨어야 했던 국민과, 보안법 희생자 유가족에게 사과해야 한다. 그렇지 않고 두루뭉수리 넘어간다면, 멀쩡한 사람 간첩으로 만들어 '북에서 남파된 간첩'이라고 선전했던 '유신시대 정신'을 이어가겠다는 것과 다를 바 없다.

셋째, 그동안은 '햇볕정책'과 '6·15 공동선언'을 퍼주기와 실패한 정책으로 폄훼하면서 한반도 평화를 위한 정책개발은 전무하다시피 했는데, 유신 독재정권의 정신을 이어받은 결과물이라 하겠다. 하여 박정희 전두환 정권의 전통을 이어받지 않겠다는 약속과 북한이 망하기를 원하는 '꼴보수 세력'과 결별은 못해도 부화뇌동은 하지 않겠다는 다짐은 있어야 한다.

위에 열거한 내용을 담보로 한나라당을 믿어보겠다. 사과 없는 반성으로는 진정으로 뉘우칠 수 없고, 사과 없는 용서와 화해는 헛구호에 그칠 뿐이기에 하는 얘기다.

21세기 지식기반 정보화시대 남북관계를 6~70년대 대북관에서 탈피하지 못하고 이슈가 있을 때마다 한미동맹 와해와 안보 공백이라는 평계로 발목 잡기에 급급해온 한나라당은 진정한 반성과 함께 겸손한 자세로 시대변화에 동참해야 할 것이다.

GUNSAN
DJ ROAD

# 김대중 마지막 고향방문 동행취재기(1)

오마이뉴스 | 2009년 4월(23~24일) 조종안(chongani)

첫날(4월 23일)은 아침부터 마음이 설레었다. 가슴도 콩닥콩닥 뛰었다. 〈오마이뉴스〉 제8기 시민기자 기초강좌 모집에 등록할 것이냐, 김대중 전 대통령이 14년 만에 고향 하의도 방문한다는 데, 따라나설 것이냐를 놓고 고민하다가 전직 대통령 취재 택하고부터 뛰기 시작한 가슴이었다.

김 전 대통령은 40% 밑도는 지지율로 임기를 마쳤다. 하지만, 국민의 인권과 민주주의를 위해 헌신했으며, 철벽처럼 꽉 막혔던 남북 교류의 물꼬를 트고, 노벨평화상까지 받은 전직 대통령 동행취재는 영광이자 행운이 아닐 수 없었다. 또한 군산 구도심권에 있던 기차역이 금강하굿둑 부근으로 이전하고 처음 이용하는 날이어서 감회가 새로웠다.

군산역 플랫폼에 도착하는 익산행 무궁화호

예매한 KTX 고속열차표(익산-함평)에 5호차로 표시되어 있었다. 순간 '출발 전부터 행운이 따라주는구나!' 소리가 절로 나왔다. 대통령 일행은 6호 차에 탑승하고 있어서였다. 열차(군산-익산)를 타고 가면서도 1시간 후쯤 만날 대통령 내외 모습이 그려졌다 사라지곤 하였다.

### 익산역에서

오전 10시 13분 군산역을 출발한 기차는 10시 40분쯤 익산역에 도착했다. 함평행 고속열차 출발 시각이 11시 5분이어서 기다리는 동안 가져간 책 꺼내 읽었다. 하지만, 글은 눈에 들어오지 않았고 마음도 정리되지 않았다.

김대중(DJ) 대통령 일행이 탑승한 열차는 정시에 도착했다. 심호흡을 두어 번 하고 기차에 올랐다. 좌석에 앉아 윤철구 비서관에게 전화했더니 반가워하며 5호 차로 오시라 했다.

흥분된 가슴을 쓸어내리며 5호 차 문을 열고 들어섰다. 김 전 대통령과 이희호 여사는 객실 중간쯤 좌석에 다정하게 앉아 창밖을 주시하고 있었다. 2005년 어버이날과 신년 단배식, 환영 행사 등에서 몇 차례 뵌 적은 있지만, 떨리는 가슴을 억제할 수 없었.

주치의와 박지원 의원, 김옥두 전 의원을 비롯한 비서관들이 수행하고 있었다. 객실 분위기는

자리에서 일어나 비서관들과 농담 주고받는 박지원 의원

차분했으나 한가롭지는 않은 것 같았다. 윤 비서관은 중국인민 외교학회 초청으로 5월 초 중국을 방문, 베이징대학에서 강연하게 될 김 전 대통령의 신변문제를 준비하고 있었다.

윤 비서관 옆에 앉아 사람들과 인사하면서 명함도 주고받았다. 윤 비서관에게 "대통령님 관련 기사는 쟁쟁한 기자들이 많아 쓸 엄두도 내지 못하겠다. 요즘엔 기억력도 전만 못한 것 같아 고민"이라 했더니 "기사를 읽어봤는데 작은 일 하나도 자세히 기억하고 계시던데요"라고 해서 얼마나 놀랐는지 모른다. 내 기사를 대부분 읽고 있음을 암시하고 있어서였다.

윤 비서관이 "대통령님 뵈었나요?"라고 묻기에 잠시 고개만 숙였다고 했더니 웃으며 자리에서 일어났다. 나도 따라 일어났다. 윤 비서관은 대통령 내외에게 다가가 "후광마을 다음카페 운영자이고 〈오마이뉴스〉 시민기자로 활동하는 조종안 선생"이라 소개했다. 표정에서 나를 기억하고 있음을 읽을 수 있었다. 이후 짧은 대화와 함께 대통령의 육성 메시지까지 녹음기에 담을 수 있었다.

"여러분께서 내가 어디를 갈 때나, 또 평소에도 나를 잊지 않고 항상 성원해 주셔서 참으로 감사합니다. 나는 여러분의 그러한 성원으로 큰 위로를 받고 있습니다. 회원 여러분, 모두가 건강하시고 더욱 행복하시기 바랍니다."

짧은 멘트이지만, 카페 회원들에게 존경하는 대통령 육성을 전할 수 있다는 것 자체가 보람이었고, 중요한 목적 하나가 순조롭게 이루어져 만족스러웠다. 대통령의 육성 메시지와 1박 2일 일정을 사진과 글로 남기려고 무리해 가며 나섰기 때문이었다.

박지원 의원이 자리에서 일어나더니 휴대폰으로 들어온 뉴스를 설명했다. 그는 "삼풍백화점 무너진 것은 박정희 책임, 성수대교 가라앉은 것은 전두환 책임, 외환위기의 65%는 김대중 책임이라고 우기는 YS는 무척 편하게 사는 양반"이라며 대변인 시절 "경복궁이 무너지면 대원군 책임이냐?"라고 따졌던 일화를 얘기해서 웃음바다가 되기도 했다.

### 나비의 고장 함평에서

차창 밖으로 스쳐 가는 풍경을 감상하다 문득 '정들자, 이별' 글귀가 떠올랐다. 긴장이 풀리고 웃기도 하면서 대화에 익숙해질 만하니

함평역에 도착, 환영객과 인사하는 DJ.

까, 곧 함평에 도착한다는 안내방송이 나왔기 때문이었다. 익산-함평은 1시간 5분가량 소요 됐는데, 고속으로 질주하는 열차가 원망스러웠다.

함평역에는 박준영 전남 지사를 비롯해 지역 기관장들과 군민들이 기다리고 있었다. 도착과 동시에 기차에서 뛰어내려 대통령 내외를 향해 셔터를 누르기 시작했다. 마음에 드는 사진을 고르기 위해서는 누구보다 먼저 움직여야 했기 때문이었다.

〈목포의 눈물〉과 〈고향의 봄〉이 울려 퍼지는 가운데, 함평역 광장에서 간단한 환영식이 열렸다. 건물 곳곳에 "김대중 전 대통령님의 '녹색의 땅 전남' 고향 방문을 환영합니다!"라고 쓴 현수막이 내걸려 있고, 민주당 당원으로 보이는 주민들은 각종 환영 글귀가 적힌 펼침막을 들고 열렬히 환영했다.

마이크를 잡은 대통령은 약간 쉰 목소리로 "저는 일생동안 여러분에게 큰 은혜를 입었습니다. 여러분의 성원 덕택으로 국민과 나라를 위해 일할 수 있었던 것에 늘 감사하게 생각합니다."로 시작하는 인사말을 약 7분 동안 하였다.

환영식 끝나고 식당으로 이동, 남도의 토속 음식인 짱뚱어탕 먹었다. 매콤하면서도 담백한 국물 맛이 일품이었다. 식사 후 대통령 일행은 나비축제 열리는 함평엑스포공원으로 이동했다. 대통령 부부는 이석형 함평군수 안내로 친환경농업 전시관, 다육식물관, 국제 곤충관 등을 둘러보고 나비곤충생태관 앞 화단에 21년생 팽나무 한 그루를 기념식수 했다.

김대중 대통령 내외를 환영 나온 함평군민들.

함평 나비대축제(기간 4월 24일~5월 10일, 주제 '나비=희망')는 생태환경에 대한 다양한 체험이 가능한 행사로 알려진다. 특히 세계 각국의 화려한 나비와 신비한 곤충, 아름다운 꽃들이 어우러지는 감동의 생태 현장을 돌아볼 수 있어 곤충에 관심이 많은 청소년과 어린이들이 많이 찾아올 것으로 예상되었다.

생태 현장과 전시관을 돌아본 대통령은 어린이들과 함께 나비 날리기도 하고, 구경 나온 주민들과 기념사진을 찍기도 하였다. 이어 대통령은 "축제장이 매우 웅장하면서도 아기자기하고 다양한 꽃들이 참 아름답다. 이것이 진정한 지방자치의 성과일 것"이라며 관계자들을 격려했다.

### 목포에서

나비 축제장을 둘러본 대통령은 오후 3시쯤 정치적 고향인 목포로 향했다. 필자는 기자 전용 버스에 동승해서 이동했다. 얼마쯤 달렸을까, '무안'을 알리는 이정표가 나타났다. 순간 1971년 5월 총선 앞두고 지원 유세 다니던 김대중 대통령 후보가 도로(목포-무안)에서 의문의 교통사고를 당했던 기억들이 떠올랐다.

함평에서 목포 시내로 진입하기까지는 30분 남짓 소요됐다. 만찬 열리는 신안비치호텔로 이동하는 거리 양편에는 '김대중 전 대통령 목포방문 환영!' 문구가 적힌 현수막이 여기저기 내걸려 있어 목포 시민들의 환영 열기가 어느 정도인지 짐작케 했다.

대통령 일행은 오후 4시 못 되어 호텔에 도착했다. 주변 경관이 아늑하고 예스럽게 다가왔다. 만찬은 6시에 시작한다고 했다. 5시 조금 지나면서 만찬에 참석할 환영객들이 하나둘 모여들기 시작했다. 조금 후에는 김홍업 전 의원 얼굴도 보였다. 이후 호텔 로비는 환영객들로 붐비기 시작했다.

목포 신안비치호텔에서 영상 통해 감사 인사 전하는 김대중 대통령

만찬에 앞서 목포 시립국악원 꿈나무들의 가야금 병창과 판소리, 목포대 음악과 김철웅 교수의 〈청산에 살리라〉와 가수 해바라기의 〈사랑으로〉 이중창, 그리고 시립합창단은 〈그리운 금강산〉, 〈만남〉, 〈고향의 봄〉 등을 불러 분위기를 무르익게 했다. 이어 〈신라의 달밤〉을 〈목포의 달밤〉으로 개사해서 불러 박수를 받았고, 민족의 한이 서린 〈목포의 눈물〉을 환영객들과의 합창으로 축하공연 피날레를 장식했다.

공연 끝나고 정종득 목포시장의 환영사와 대통령의 고향 방문에 대한 인사가 있었는데, 70년대 유신 정부 시절과 80년대 신군부 시절 온갖 고초를 당했던 일들을 회고하는 대목에서는 환호와 함께 우렁찬 박수가 터지기도 했다.

만찬은 8시 조금 넘어 끝났고, 숙소로 이동하는 대통령 일행을 따라갔으나 여객선터미널 부근에서 하룻밤 묵는 게 비용도 적게 들고 몸도 편할 것 같았다. 해서 윤 비서관에게 내일 아침 8시 50분까지 터미널에 도착하겠다고 말하고, 6년 전 하의도 답사 때 묵었던 여관을 찾아갔다.

"아주머니, 하룻밤 자는 디 얼만가요?"

"몇 분인디요?"

"저 혼잡니다."

"혼자라, 그라믄 3만5천언만 주씨요. 방이랑은 깨끗항께."

"하이고, 너무 비싸네요. 6년 전 하의도 들어갈 때도 이 여관에서 묵었는디, 좋아서 또 왔으니 3만 원만 합시다."

"6년 전 하의도 갈 때도 왔었다고라. 음~ 그르믄 그렇게 하씨요."

"그럼 내일 아침 7시 30분에 깨워주셔야 합니다. 컴퓨터 인터넷도 할 수 있지요?"

"컴퓨터 있는 방은 4만언씩 받는디라. 그냥 3만 5천언만 주씨요."

"아이참 아주머니도. 저 아래 여인숙 간판 보고도 이곳 찾아왔으니, 컴퓨터 있는 방에서 3만 원에 하룻밤 묵읍시다."

"아 그릏께 4만언씩 받는디 5천언 깎아준다고 안 허요."

"……"

아주머니의 친절을 무시할 수 없어 숙박료 치르고 방으로 들어갔다. 그런데 컴퓨터가 구형이라 화면이 느리게 뜨고, 사진 한 장 편하게 공유할 수 없었다. 나갈까도 생각해 봤으나, 내일을 위해 일찍 자는 게 좋을 것 같아 샤워하고 잠자리에 들었다.

GUNSAN
DJ ROAD

# 김대중 마지막 고향방문 동행 취재기(2)

아침에 일어나 샤워부터 하고 휴식 취했다. 문득 'DJ 지지모임' 회원들과 답사 다녀왔던 6년 전 하의도 풍경이 눈앞에 그려졌다. 망망대해가 펼쳐지는 '섬' 임에도 평화로운 농촌을 떠올리게 했던 하의도, 지금은 '천사(1004)의 섬' 중 하나로 소개되기도 한다. 함께 활동했던 디제이로드, 후광사랑 회원들 모습도 영화 필름처럼 뇌리를 스쳐 지나갔다.

창밖은 아직 어둠이 가시지 않고 있었다. 시계는 6시 10분을 지나고 있었다. 모닝콜 부탁하고 잠자리에 들었음에도 한 시간이나 빨리 깬 걸 보면 무척 긴장돼 있었던 모양이었다. 자

지금은 볼 수 없는 옛 하의도 모습(2009)

리에서 뒤척이다가 시계를 보니 7시 25분. 모닝콜 울리기 직전이었다. 하의도행 객선 출발 시각은 오전 9시, 시간이 넉넉하기에 샤워도 하고 면도도 하는 등 여유 부리면서 움직였다.

챙기지 못한 소지품은 없는지 확인하고 8시쯤 여관에서 나왔다. 아침을 든든하게 먹어두는 게 좋을 것 같았다. 상쾌한 아침 공기 마시며 걷다가 사람들이 웅성대는 식당으로 들어갔다. 부산에서 홍도와 흑산도로 관광 왔다는 아주머니 30여 명이 각자 구입한 김과 미역을 자랑하느라 귀가 따가울 지경이었다.

뭘 먹을지 고민하다가 평소 좋아하는 육회비빔밥 주문했다. 파김치와 미나리무침 등 밑반찬 퀄리티가 훌륭했다. 그릇을 비우고, 칭찬하지 않을 수 없었다. 70대로 보이는 주인과 대화가 이뤄졌다. 아저씨는 김대중 대통령에 대해 서운한 감정이 있는 모양이었다. 재임 5년 동안 목포에 해놓은 게 없다는 게 이유였다. 그는 안기부 얘기도 꺼냈다.

"여그요. 바로 여그에 안기부가 있었어요. 여그가 목포 관문 아닙니까. 그란디 대통령 시절에 그 안기부 하나를 없애지 못 허고 임기를 마감했다 이겁니다. 올봄에사 건물을 뜯어냈어요. 그러니 쓰겄어요. 그 양반 땜이 나도 군대에서 피 본 사람입니다. 그란디…."

아저씨는 원망은 해도 욕은 하고 싶지 않다고 했다. 아쉬운 마음으로 식당을 나올 수밖에 없었다. 음식을 맛있게 먹었음에도 뒷맛은 씁쓸했다. 마음을 다잡으며 비안개 자욱한 바닷가에서 심호흡 몇 차례

하의도행 남해 페리호 선실에서 김대중 대통령과 이희호 여사

반복했더니 기분이 전환되는 것 같았다. 활기 넘치는 부둣가 풍경과 시원한 공기는 언짢았던 기분을 전환하기에 충분했다.

하의도행 승선권 구입하기 위해 여객선터미널 대합실에 갔다. 말쑥하게 차려입은 아저씨가 하의도에 가려 하느냐고 묻더니 옆 건물, 이층으로 올라가시라고 안내했다.

조금 있으니 대통령 내외가 탄 승용차가 도착했고 일행이 배에 오르자 곧 출발했다. 배가 6년 전 다녀갈 때와 달라 선원에게 물어보니 좌석이 350석이 넘는 쾌속선(남해 페리호)으로, 홍도와 흑산도를 왕복하는 데 처음으로 하의도에 들어가는 거라고 했다.

### 하의도에서

페리호가 옹곡포구(하의도 선착장)에 도착하기 전부터 주민들은 함성을 지르며 환영했다. 14년 만에 고향땅을 밟은 대통령은 감개무량한 표정으로 손을 흔들어 답했다. 이희호 여사와 승용차에 오른 대통령은 환영인파를 어렵게 뚫고 선영을 참배한 뒤 하의 3도 농민운동기념관 개관식 행사장으로 이동했다.

대통령 일행이 도착하자 행사장 앞마당은 시골 잔칫집 분위기로 바뀌었다. 차에서 내린 대통령이 휠체어를 타고 단상 쪽으로 향하자 삼삼오오 모여 대화 나누던 주민들이 몰려들었다. 한 아주머니는 "본 사람은 일로 나오랑께, 그래야 뒷사람도 조까 보제!"라며 고함을 질러대기도 했다.

하의도 대리에 산다는 장남기(65) 씨는 "우리 면민들은 대통령 재임 때 오시기를 원했고, 또 그때 왔어야 머든 지대로 바까지고(제대로 바꿔지고), 신경도 지대로 써지고 그랬을턴디, 대통령 그만두고 옹께 무슨 힘을 쓰겄소. 신안군에서 하의도가 가장 빈촌이고, 빈집도 젤 많다."라면서 안타까운 표정을 지었다.

한 할머니는 "하의도가 생겨난 뒤로 사람이 제일 많이 모였다"며 기뻐하였고, 다른 할머니는 "우리 대통령이 늙기는 혔지만, 옛날처럼 미남"이라며 부러운 표정을 짓기도 했다,

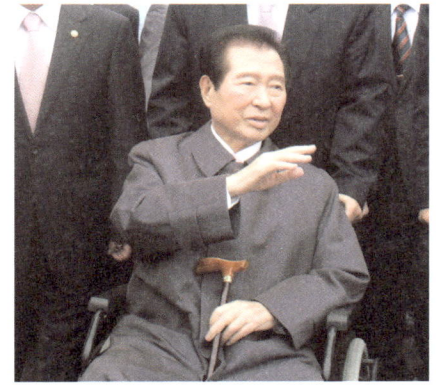

환영나온 주민들에게 손들어 답례하는 김대중 대통령

사회자가 참석 인사를 소개할 때마다 꽹과리와 박수 소리가 비안개 자욱한 하의도 앞바다로 퍼져 나갔다.

농민운동기념관 개관식은 우중에 치러졌다. 하얀 비옷을 입은 노인이 대부분으로 빗방울이 굵어져도 자리를 뜨지 않고 대통령 축사를 경청했다. 일부는 숙연한 표정을 짓기도 했는데, 행사 마치고 떠나려는 대통령에게 다가가 "김대중! 김대중!"을 외치기도 했다.

"여러분이 아시는 대로 저는 하의면 후광리에서 태어나 열세 살 때까지 살았습니다. 저는 어렸을 때 덕봉서당에 다녔습니다. 그런데 하루는 아버지가 여기에 초등학교가 들어서니까 구경하러 가자해서 웅곡리에 있는 초등학교 2학년으로 월반해서 들어갔습니다. 그 뒤 목포로 와서 북초등학교, 또 목포상업학교를 졸업하였습니다. 두 분이 상의해가지고 나를 목포로 유학시켰던 것입니다. 그런데 만약 저의 아버지가 2학년으로 월반시키지 않았더라면 어떻게 됐겠습니까. 아마 지금 신안군 군수나 돼가지고.. 그런 생각이 듭니다.(아래 줄임)" - 2009년 4월 24일 마지막 고향방문 녹취록

비가 그치지 않아 기념행사는 대통령 축사로 마무리했다. 장소를 옮겨 기념식수 마치고 전시관 내부 돌아본 대통령은 방명록에 '사람을 하늘처럼

하의 3도 농민운동 개관식에서 축사하는 김대중 대통령

모시라'는 뜻이 담긴 '사인여천'(事人如天)이란 글귀를 남겼다. 대통령 일행이 자리를 뜬 후에도 주민들은 천막에 차려놓은 음식을 먹으면서 대통령 내외의 고향 방문을 화제로 담소를 나눴다.

김 전 대통령은 해안도로를 돌아 유명한 '얼굴바위' 배경으로 기념 촬영하고, 덕봉강당과 생가에 들렀다가 4학년 1학기까지 다녔던 하의초등학교 방문했다.

정문에는 대통령 친필 '새천년의 꿈' 글귀가 음각으로 새겨져 있었다. 손자·손녀뻘 되는 후배들과 기념 촬영했는데, 학생들은 두 팔을 머리꼭지로 모으고 하드 모양을 그리며 "할아버지 사랑해요!"를 연거푸 외쳤다.

대통령 내외는 강당에서 지역 주민들과 오찬을 함께 했다. 담백한 미역국에 지역 특산물인 김, 홍어 등이 적당히 삶아진 돼지고기와 잘 익은 김치가 차려졌다. 특히 천일염을 생산하는 지역답게 모든 음식이 개운하고 맛깔스러웠다.

꽃다발 걸어준 화동을 가슴에 품는 이희호 여사와 김대중 대통령

하드모양 그리며 어린 후배들과 기념사진 찍는 김대중 대통령과 이희호 여사

하의초등학교 교장은 "김대중 전 대통령님 내외분을 모시고 오찬을 하는 것을 하의초등학교의 거룩한 행사이고 평생의 영광으로 생각한다"며 "민주화의 화신이고 세계 평화의 전도사인 대통령님과 이희호 여사님의 만수무강과 우리나라 평화와 번영을 위해 건배"하자며 잔을 높이 들었다.

### 29시간 만에 대통령 일행과 헤어지다

하의도 일정 마치고 오후 3시 웅곡포구를 출발한 쾌속선은 4시경 목포 여객선터미널에 도착했다. 대통령 일행은 호텔에 들렀다가 6시 KTX로 올라간다고 했다. 일정을 모두 마쳤는데, 더 따라갈 이유가 없을 것 같아 목포역으로 갔더니 4시 50분에 출발하는 KTX 열차가 기다리고 있었다.

전날 승차권(익산-함평) 구입할 때도 예감이 좋았는데, 오늘도 익산행 기차표를 쉽게 구입했다. 그동안 쌓였던 피로가 풀리는 것 같았다. 차에 오르니, 옆 좌석 주인은 없고 하의도에 관한 책자 두 권이 자리를 지키고 있었다.

눈감고 휴식 취하고 있는데 옆자리 주인이 나타났다. 하의도 행사에 다녀오느냐고 물으며 관련 책자가 두 권인데 특별히 쓸 곳이 있느냐고 물었더니, 아니라며 한 권을 주기에 고맙게 받았다.

대화가 진전되면서 그가 김대중 대통령 막냇동생 큰아들이고 필자보다 연하인 것도 알았다. 명함을 주고받으며 신상 문제를 얘기할 정도로 이내 가까워졌다. 일산에서 커피숍 운영한다는 그는 어렸을 때 경찰들에게 가택수색 당하고 놀라던 추억들을 스스럼없이 말해주었다.

가슴을 아프게 했던 것은 그의 사촌 형인 김홍일 전 의원이 병세가 악화되어 보좌관이 수저로 떠 넣어주는 죽으로 연명하고 있다는 소식이었다. 불법 정치자금 문제로 검찰 조사를 몇 차례 받기도 했지만, 고문 후유증이라는 생각에 착잡한 심정을 가누기 어려웠다.

대화는 익산 도착 때까지 1시간 30분가량 이어졌는데, 다음 기회에 또 만나기로 약속하고 헤어졌다. 짧았지만 반가운 만남이었고, 유익한 시간을 보낸 것 같아 기뻤다.

23일 오전 11시경 KTX 고속열차에서 만나 24일 오후 4시 조금 넘어 헤어졌으니, 김대중 대통령 일행과 함께한 시간은 얼추 30시간 가까이 됐다. 짧은 시간에 만들어진 값진 추억들을 10%도 표현하지 못했지만, 나머지는 추억의 앨범에 영원히 소중하게 보관될 것이다.

**덧붙임:** 기록에 따르면 DJ의 마지막 국내 여행은 2009년 4월 고향(하의도) 방문이었다. 그는 〈마지막 일기장〉에 "14년 만의 고향방문. 선산에 가서 배례. 하의대리 덕봉서원 방문. 하의초등학교 방문, 내가 3년간 배우던 곳이다. 어린이들의 활달하고 기쁨에 찬 태도에 감동했다. 여기저기 도는 동안 부슬비가 와서 매우 걱정했으나 무사히 마쳤다. 하의도민의 환영의 열기가 너무도 대단하였다. 행복한 고향 방문이었다."라고 기록하였다.

GUNSAN
DJ ROAD

# DJ, 일부 정치권 우려와 달리 정상회복
## "기도하는 마음으로 차분하게 지켜보고 싶다"

오마이뉴스 | 2009년 8월 3일 조종안(chongani)

4월 23일 오전, 전남 함평역에서 김대중 대통령 보좌하는 윤철구 비서관(좌측)

　기관절개 수술을 받은 김대중 전 대통령(86세)은 고령이어서 수일 내 위독한 순간을 맞을 수도 있다는 일부 정치권의 우려와는 달리 정상혈압을 회복, 지금은 안정을 취하고 있는 것으로 알려졌다.

　김 전 대통령 측 윤철구 비서관은 2일 밤 기자와의 전화 통화에서 "2일 아침 이희호 여사, 박지원 의원, 최경환 비서관 등과 함께 면회를 했다"면서 "병세가 악화되었다는 일부 보도는 과잉반응"이라고 지적했다.

지난달 29일 세브란스병원에서 인공호흡기를 직접 폐와 연결하는 기관 절개 수술을 받았던 김 전 대통령에 대해 당시 의료진은 인공호흡기를 오래 부착하는 것에 대한 환자 불편을 덜고, 합병증 발병을 막기 위한 것이라고 밝혔었다.

윤 비서관은 "김 전 대통령이 어제 새벽 혈압이 떨어진 것은 사실"이라며 "그러나 오후부터 다시 안정을 찾아 의식이 또렷한 상태를 유지하고 있다"라고 밝혔다. 확인되지 않은 일부 보도처럼 그렇게 심각한 수준은 아니라는 것이다.

그는 "김 전 대통령은 집에서 혈액 투석을 받을 때도 가끔 혈압이 떨어지는 경우가 있었지만, 그때그때 차분하게 대처했다"면서 "아픈 곳을 물어보면 손으로 지적하고, 간호사가 묻는 말에도 고개를 끄덕이는 등 의사소통은 충분히 이루어지고 있다"라고 덧붙였다.

이에 일산에서 개인 사업을 하는 김 전 대통령 조카 김 아무개(47세) 씨는 전화 통화에서 "일부 보도처럼 큰아버지(DJ)가 정말 생명이 위독하시다면 친척들에게도 연락이 오는 게 상식 아니겠느냐?"며 기도하는 마음으로 차분하게 지켜보고 싶다고 전했다.

윤철구 비서관은 김 전 대통령 가까이서 15년째 보좌해오고 있으며, 김 전 대통령 내외의 2008년 4월 15~25일 미국 오클랜드·보스턴 방문, 지난 4월 23~24일 하의도 방문, 5월 4~8일 중국 베이징 방문 때도 수행했던 측근 비서관이다.

### 임종 직전 상황

기록에 따르면 그해(2009) 8월 18일 오후 김대중 전 대통령 임종 직전, 차남 김홍업 씨는 김 전 대통령을 향해 "죄송합니다. 용서해 주십시오. 책임을 지고 가정을 잘 이끌어 화목한 가정을 책임지고 만들겠습니다. 어머님을 잘 모시겠습니다"라고 말했다.

이어 김 전 대통령의 건강과 의료, 생활, 살림 등을 담당하는 윤철구 총무비서관은 "대통령님께서 항상 말씀하셨듯이 끝까지 사모님 모시고 살 것입니다. 행복했습니다. 감사했습니다."라고 전했다.

박지원 전 비서실장 역시 "대통령님께서 바라고 원하시던 모든 일이 잘 되고 있습니다. 대통령님께서 병원에 입원하신 이후 남북 화해와 국민화합도 이루어지고 있습니다. 편히 쉬십시오. 여사님을 끝까지 잘 모시겠습니다"라고 마지막 말을 건넸다.

그렇게 주변 사람들이 한마디씩 마지막 인사를 건네자 김 전 대통령은 모든 상황을 이해하는 듯 눈가에 눈물이 흘렀다. 이에 윤철구 비서관이 거즈로 김 전 대통령의 눈물을 닦았다.

이어 중환자실 계기판에서 '뚜뚜' 소리가 나는 경고음이

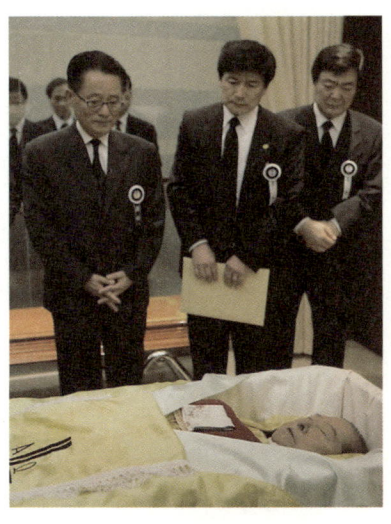

박지원 전 비서실장과 윤철구 총무비서관이 입관 후 마지막 보고하고 있다.(2009년 8월 19일)

울렸고 정남식 의과대학장이 18일 오후 1시 43분 "대통령님께서 서거하셨습니다"라고 임종을 선언했다.

GUNSAN
DJ ROAD

# 국장(國葬) 하루 앞둔 군산 분향소 풍경
## "DJ 때 민주주의 맛을 제대로 봤어요!"

오마이뉴스 | 2009년 8월 23일 조종안(chongani)

군산 시민문화회관 앞 도로에 설치된 애도 현수막.

 시민의 문화공간으로 이름난 군산 시민회관 제1전시실이 석 달도 채 안 되는 사이에 두 전직 대통령을 애도하는 장소가 되었다. 노무현 전 대통령 조문객들의 향냄새가 가시기도 전에 김대중 전 대통령 분향소가 설치된 것.

 22일 오후 김 전 대통령 분향소가 있는 시민 문화회관 제1전시실을 찾았다. 90년대 후반까지만 해도 해마다 작품 전시회를 열어 친근감이 가는 장소인데, 존경하는 대통령 분향소로 변해 마음이 무거웠다. 그것도 100일도 안 되어 두 번이나….

분향소에는 전북도지사, 군산 시장, 시의장 등 기관 및 단체장들이 보낸 조화가 진열되어 있었다. 그중 '군산시 장애인 연합회장'이 보낸 조화가 눈길을 끌었다. 김 전 대통령이 재임 시절 장애인 복지에 얼마나 힘을 기울였는지 설명하는 것 같아서였다.

분향소에 들어서니 차분하고 엄숙하면서도 바쁘게 움직이고 있었다. 안면 있는 얼굴도 여럿 보여 어색한 감이 덜했다. 시간에 쫓겨 안부를 묻고 너스레를 떨 시간도 없이 조문객을 만나보았는데, 노무현 전 대통령 서거 때보다 흥분과 노여움이 덜한 것 같았다.


조문객 1

자매로 보이는 아주머니 세 분이 조문을 마치고 나오기에 다가가 말을 걸었다. 그중 나이가 가장 많이 들어 보이는 아주머니(박연순 63세)에게 김 전 대통령에 대해 아는 대로 한마디 해달라고 당부했더니 기다렸다는 듯 거침없이 나왔다.

"김대중 대통령은 우리나라를 위해서 일생동안 몸을 바치셨잖아요. 그런 양반이 마지막 가시니까 너무 서운해서 왔어요. 그 얘기를 애들 한티도 많이 해줍니다. 매사에 정직하고 평생을 몸바친 대통령 본을 받으라고요. 그리고 그분을 보낸 너무 좋고 감동스러워요."

옆에 있던 동생(55세)은 직장(법무사무소)에 다닐 때 사무소 소장이 김대중 대통령이 군산에 올 때마다 나가서 박수를 치고 고함을 지르고 와서는 악수도 하고 큰 소리도 치고 왔다고 자랑했다면서 젊은 시절을 회상하기도 했다.

조문객 2

급우들과 분향 마치고 나오는 이연경(여고 2학년) 학생에게 김대중 전 대통령을 언제부터 알기 시작했느냐고 물었다. 그는 어렸을 때 선거 벽보를 보고 얼굴을 기억하고 있었는데 엄마와 아빠가 하는 얘기를 듣고 더 확실하게 알게 되었다고 했다.

혹시 밉게 보였다거나 감동받았던 적 없었느냐는 질문에는 미워 보인 적은 없고, 어렸을 때라서 의미는 잘 몰랐지만, 북한 평양에서 김정일하고 남북정상회담 하는 것을 TV로 보면서 무슨 뜻인지도 모르고 전율을 느꼈다며 수줍게 웃었다.

조문객 3

손자 손목을 잡고 나오는 할아버지(76)를 잠시 만났다. 3·1절에는 태극기, 광복절에는 성조기를 들고 광화문에서 고성 지르는 할아버지들과 비교되면서 쓴웃

군산 시민문화회관 제1전시실에 마련된 분향소

음이 지어졌다. 그에게 김 전 대통령을 언제부터 알게 되었느냐고 묻자, 일본에서 납치되었을 때(1973년 8월) 충격을 받아 그때부터 관심을 두게 되었고 하나라도 알고자 했다고 말했다.

"손자를 데리고 오신 걸 보면 뭔가 가르쳐주려고 오신 것 같은데요?"라고 했더니 고개를 끄덕이며 "제일 존경하는 양반이었는데 돌아가셔서 가슴이 아프다"며 "노벨평화상도 타고 노력도 하고 대한민국의 거목"이라고 부연했다.

### 한 철에 두 전직 대통령 조문은 불행중 불행

이유야 어떻든 여름 한 철에 민주화의 기틀을 다진 전직 대통령 두 분을 조문한다는 것은 불행 중 불행이 아닐 수 없다. 특히 두 분의 죽음이 조·중·동과 손잡고 전직 대통령의 단골 삼계탕집까지 세무조사 벌였던 이명박 정권과 무관하지 않다는 게 더욱 걱정되고 분노하게 한다.

그래도 시민들은 차분한 가운데 분향을 하며 김 전 대통령의 명복을 빌고 있었는데, 고인이 워낙 연로하고 1개월 넘게 병석에 누워있어서 그런지 서거 소식을 듣고 놀랐고 황망하다고 하면서도 표정은 차분했고 노 전 대통령 때처럼 눈물을 보이는 시민도 많지 않았다.

군산시청 직원들과 의회 의원들, 민주당 당직자 등이 돌아가면서 도우미 역할도 하고 조문객들을 받고 있었는데, 19일 오전 8시부터 조문객을 받기 시작, 22일 오후 5시 현재 3,000명 가까운 시민과 학생들이 분향을 마치고 돌아갔다고 한다.

검은 양복을 입고 조문객을 받던 군산시 의회 이래범 의장은 23일 오후 2시 서울 국회 앞마당에서 열리는 영결식에 참석하기 위해 군산에서 29명이 올라갈 것이라며 발인식 마치는 오후 5시까지는 분향소를 개방할 것이라고 했다.

GUNSAN
DJ ROAD

# 하의도 생가 흙을 서울로 운반하기까지

오마이뉴스 2009년 8월 25일 조종안(chongani)

부산·경남 회원들이 분향소 부근에 설치한 애도 현수막

　　김대중 대통령은 2009년 8월 18일 서거하였다. 이후 장례는 국장(國葬)으로 치러졌다. 필자는 군산과 서울을 오가며 장례 현장을 카메라에 담았다. 조문객을 만나 인터뷰도 했다. 20일에는 서울 여의도에 설치된 분향소에 다녀왔다. 다음날 늦잠을 자고, 취재 준비하다가 '후광김대중 마을(다음카페)' 게시판에 올라온 글(제목:〈장례식에 대한 제안입니다》)을 발견했다.

지나칠 수 없어 열어봤더니 미국에 거주하며 회원으로 활동하는 '지푸라기(닉네임)'님이었다. 그는 "하관 후 허토할 때 하의도 흙과 봉하마을 흙을 차례로 뿌렸으면 한다, 가능하면 김대중 대통령 유족과 노무현 대통령 유족이 차례로 할 수 있다면 더 좋겠다."라고 했다. 대통령님이 지긋지긋한 지역문제(지역감정)를 안고 가주셨으면 하는 바람으로 글을 올렸다는 것.

짧은 글이었지만 많은 걸 생각하게 했다. 동서 화합을 의미하므로 고인이 된 대통령님도 기뻐하시겠지 싶었다. 곧바로 관계 비서관에게 연락했더니 고향의 흙은 괜찮은데 봉하마을 흙을 합해서 뿌리는 것은 정치적으로 오해받을 소지가 있어 곤란하다고 했다. 사물을 보는 눈이 후진국 수준인 정치인들이 원망스러웠지만, 그렇다고 원망만 하고 있기에는 시간이 없었다.

다급한 마음에 여기저기 알아보니 하의도에서 출발하는 마지막 배가 오후 4시 30분이었다. 시간이 촉박했다. 전화하면서도 생가터 흙을 영결식에 맞춰 동교동 자택까지 공수해 올 수 있을지가 의문이었다. 그러나 할 수 있다는 자신을 갖고 고향이 하의도인 김대의 회원에게 전화해서 전후사정 설명한 뒤 알아봐 달라고 부탁했다.

어렵게 연결되어 하의면 부면장 박상명 씨와 김종우 우체국장이 옛 생가터 흙을 상자에 담기는 했는데 육지로 공수하는 것이 문제였다. 해서 목포까지만 운반해 주면 알아서 하겠으니 오후 4시 30분 하의도 출발하는 마지막 배 놓치지 말라고 당부했다. 다른 방법 없으면 동생에게 부탁해서 목포로 달려갈 요량이었다.

그렇다고 군산 분향소 취재를 포기할 수는 없었다. 취재에 필요한 도구 준비해서 집을 나섰다. 그런데 통화하던 중 갑자기 전화가 끊겼다. '가던 날이 장날'이라고 배터리가 소진됐던 것. 전화번호 적힌 메모지 놓고 나와 얼마나 답답했는지 모른다.

전날 서울에 다녀와 휴식이 충분하지 못한 상태에서 어렵게 취재 마쳐서인지 심신이 몹시 피곤했다. 점심도 저녁도 못 먹고 돌아다녀 배도 고프고 힘도 빠졌지만, 김 전 대통령이 지하에서 기뻐하실 거라는 생각에 견뎌낼 수 있었다.

뛰는 가슴 졸이며 하의면 우체국장에게 전화했더니 다행히도 생가터 흙이 목포에 도착했는데 더는 움직이지 못하겠다고 했다. 긴장은 조금 풀렸지만, 이튿날 영결식 이전 동교동 자택에 도착할 수 있느냐가 관건이었다.

김대중 대통령 고향 하의도에서 공수해 온 흙 상자

아무래도 목포로 내려가야 할 것 같아 동생에게 전화하려는 순간, '고속버스'가 떠올랐다. 해서 김종우 우체국장에게 고속버스 택배로 보내달라고 부탁했다.

여의도 국회 앞마당에서 하의도 향우민들과 만장을 들고 김 전 대통령 서거를 애도하는 김대의 회원과도 통화했다. 마침, 행사 중이었다. 상엿소리가 전화기 통해 구슬프게 들려왔다. 염치 불고하고 행사 끝나면 늦더라도 고속버스 터미널에 가서 하의도 흙 담긴 박스 인계받아 동교동으로 전해달라고 당부했다.

이렇게 해서 새벽 2시 조금 넘어 대통령님 생가터 흙이 동교동 자택에 도착할 수 있었다.

한 회원의 제의로 하의도 생가터 흙을 서울로 가져올 수 있었는데, 흙 상자가 DJ 자택에 도착하기까지 12시간은 가히 피 말리는 순간순간이었다. 그래도 존경하는 대통령님이 지하에서나마 고향 흙냄새 맡으면서 고이 영면에 드는데 보탬 됐다는 것에 보람 느낀다. 서울도 한때 대통령에게는 핍박받으며 살았던 객지라는 생각에 마음이 더 애틋했는지 모른다.

존경하고 사랑하는 김대중 대통령 애도 현수막을 거리 곳곳에 내걸어준 서울, 부산·경남, 대구·경북, 강원도 속초 등지 회원들과 '김대의'님, '지푸라기'님 등에게 감사의 마음 전하고 싶다.

GUNSAN
DJ ROAD

# 이해동 목사 "우리 모두 작은 김대중이 됩시다"
### 김대중 대통령 서거 6주기 앞두고 추모행사 열려

오마이뉴스 | 2015년 8월 4일 조종안(chongani)

국립 5·18 민주묘지 참배 분양하는 참가자들

　　김대중 대통령 6주기(8월 18일)를 앞두고 지난 1일부터(1박 2일) 광주 국립 5·18 민주묘지, 목포 김대중 노벨평화상 기념관, 신안군 하의도 등에서 '2015 김대중 평화캠프'(명예조직위원장 이해동 목사)가 열렸다. 김대중 평화 캠프는 지난 2010년부터 매년 열리는 추모행사다. 이날 행사에는 김대중 정신 계승 단체 회원과 광주 시민 등 700여 명이 참가했다.

전국 각지에서 모인 참가자들은 1일 오전 11시 5월 정신 계승과 실천을 다짐하며 국립 518 민주 묘지를 참배했다. 이어 세월호 광주시민 상주 회원들과 광주시민이 준비한 추어탕과 비빔밥으로 점심을 함께했다. 오후에는 목포로 이동 김대중 노벨평화상 기념관을 돌아보고 7시부터 안치환, 신형원 등이 출연하는 '김대중 평화 콘서트'를 관람하며 김 전 대통령의 민주·평화 정신을 기렸다.

　2일 오전 11시에는 하의도 김대중 대통령 생가에서 추모 마당이 펼쳐졌다. 하의도 주민대표 인사와 추모 공연, 국민의례 순으로 진행된 추도식에서 이해동(82) 목사는 "왜곡된 역사를 바로잡은 김대중 대통령의 바른 뜻을 이어받기 위해 전국 각지에서 평화 캠프에 참가하신 많은 동지와 함께 하의도 생가에서 추모식을 하게 된 것은 매우 뜻깊은 일이 아닐 수 없다"라며 소회를 밝혔다.

　이 목사는 "김 대통령이 온몸을 바쳐 쓴 민주주의와 민족 화해 역사는 우리가 반드시 지켜내야 하고 거듭거듭 되살려내야 할 그리고 발전시켜야 할 우리의 역사"라고 정의하고 박근혜 대통령 3년 차인 현 시국을 '총체적 난국'으로 규정했다. 뭐 하나 되는 게 없고, 무엇 하나 잘하는 일이 없고, 제대로 되는 일도 없고, 어느 곳 하나 성한 데가 없다는 것이다.

　이어 "김대중 대통령을 비롯한

추모사 낭독하는 이해동 목사

수많은 국민의 피와 땀으로 찾은 민주주의도, 서민경제도, 남과 북의 민족 화해와 평화도 깡그리 무너져버렸다"라며 "있는 것은 오직 국민을 속이려는 거짓말과 국민을 억누르려 하는 갖가지 폭력뿐"이라고 개탄했다. 그는 "박근혜 정권이 출범하고 고작 2년 반 동안, 작년 4·16 세월호 참사를 비롯해 오늘에 이르기까지 죽음의 행렬이 끊이지 않고 있다"라고 부연했다.

이 목사가 추모사를 읽어 내려가는 동안 불볕더위가 내리쬐는 김대중 대통령 생가 앞마당은 무거운 침묵이 흘렀다. 이 목사는 적반하장의 극치를 보여주는 박 대통령의 통치 스타일도 지적했다.

"국민에게 한 공약은 깡그리 저버린 배신자가 도리어 자기 뜻에 고분고분 따르지 않는다고 해서 다수에 의해 선출된 직을 가진 사람(국회의원)을 '배신의 정치' 운운하며 숙청하고 있고, 자신은 국민의 소리에 귀 막고, 아픔에 눈 감는 패턴으로 철저히 국민 무시의 작태를 취하면서 국민 중심 정치를 운운하고 있습니다. (박

김대중 대통령 생가 앞마당을 가득 메운 참가자들

근혜 대통령) 자신은 법을 완전히 무시하고 법 위에 군림하면서 입으로는 법치를 말하고 있습니다."

이 목사는 "법은 땅에 떨어지고 정의가 무너진 세상을 대할 때마다 성경 구절이 연상된다"라며 구약성서 하박국 1장 2절~4절을 소개했다. 강포, 죄악, 패역, 겁탈, 굴절된 정의, 변론과 분쟁 등으로 못된 자들이 착한 사람을 등쳐먹는 세상. 정의가 짓밟히는 세상이 됐다고 구원을 요청하는 선지자 하박국의 호소 내용과 우리 현실이 한 치의 어긋남도 없다는 것이다.

이 목사는 "이처럼 비참한 현실을 타개하려면 우리가 무엇을 어떻게 해야 하겠느냐"라고 물으면서 김대중 대통령의 유언을 떠올리기도 했다. 그는 "김 대통령께서는 돌아가시기 전에 퇴행하는 민주주의와 서민경제, 남북의 민족 화해 평화를 되살려내기 위해 우리에게 행동하는 양심으로 살아달라고 신신당부했는데 6년이나 지나도록 피맺힌 당부를 따르지 못하고 이렇듯 부끄러운 모습으로 서 있어 참으로 죄스럽다"라고 말하며 비통해했다.

"우리나라와 우리 민족이 지금의 이 총체적 난국을 극복하려면 지금이라도 자신의 안전이나 이익을 도모하는 좀스러운 삶에서 벗어나서 평생 대의를 위해 행동하는 양심으로 살고 가신 김대중 대통령을 바르게 배워야 하고 충실히 따라야 하겠습니다. 우리 각자가 행동하는 양심으로 살아서 우리 자신들이 작은 김대중이 되어 주변 이웃들의 삶 속에 물이 스며들듯, 기름이 번지듯 김 대통령의 올곧은 정신과 삶이 확산하도록 만들어야 하겠습니다."

이 목사는 "행동하는 양심으로 살아가겠다고 결의를 다지는 일이 지금 이 뜻깊은 김대중 대통령 생가에서 6주기를 추모하는 우리 모두의 자세여야 할 것"이라며 "우리 모두 삶의 현장에서 이 어른을 되살려냄으로써 중병이 든 우리 역사를 바로 고쳐 세우자"라는 당부로 추모사를 끝냈다.

㈔행동하는 양심 전국 각 지역 대표와 준비 위원장, 김대중 부산기념사업회 배다지 이사장, 새정치 민주연합 박지원 의원, 임수경 의원, 설 훈 의원, 이윤석 의원, 고길호 신안 군수, 송영길 전 인천시장, 미얀마 NLD 한국지부 네툰나잉 위원장 등이 참석한 추도식은 참가자 전원이 〈임을 위한 행진곡〉을 합창하는 것으로 모두 마쳤다.

## GUNSAN DJ ROAD | 김관영 지사 "'김대중 리더십'은 나의 정치적 좌표"

오마이뉴스 | 2023년 3월 6일 조종안(chongani)

군산에서 열린 DJ 사진전에 참석해 인사하는 이희호 여사와 김관영(왼쪽) 지사(2015년 11월)

 2022년 7월 취임한 김관영 전북지사는 정책 외연 확대 및 '세일즈 외교'를 펼치고 있어 주목받고 있다. 김대중(DJ) 대통령의 어록('서생적 문제의식과 상인의 현실감각')과 김 지사의 '실사구시' 행보가 맞닿아 있어 눈길을 끈다.

김 지사는 도지사 예비후보 시절에도 방송사와 인터뷰에서 "김대중 대통령은 가장 존경하는 정치인"이라며 "눈앞에서 벌어지는 어떤 현상이나 정책을 바라볼 때 문제의식을 가지고 보되, 한편으론 현실 문제도 함께 고민해야 한다"라고 말했다.

김 지사는 국회의원 시절 군산에서 세 차례(2015년, 2018년, 2023년) 열린 김대중 사진전을 적극 지원했으며 지금은 '김대중 재단(김대중 기념사업회)' 이사이기도 하다.

그는 지난 1월 1일 김대중 도서관 국제회의실에서 열린 김대중재단 신년 하례식에 참석해 "김대중 정신을 잘 살리고 계승하기 위해 노력 하겠다"면서 "광역단체장 입장에서 김대중 정신을 더욱 열심히 전파하고 정책으로 집행하는 일에 모든 역량을 집중하겠다"라고 다짐했다.

이어 김 지사는 "김대중 대통령은 민주주의가 위기에 처한 시대(1960~1980년대)에 행동하는 양심으로 국민의 인권과 자유를 지켜내셨다"며 "저 역시 대통령님 정신을 계승 발전시키는 데 주춧돌 역할을 다하겠다"라고 덧붙였다. 아래는 지난 2월 말 메일과 대면으로 진행한 김관영 지사와 인터뷰를 일문일답으로 정리한 것이다.

― 김대중 대통령 탄생 100주년을 앞두고 있다. '김대중 재단' 이사 입장에서 느끼는 감회는?

"(김대중) 대통령님 생애는 광복과 한국전쟁, 민주화와 경제발전, 평화통일을 향해 걸어온 대한민국 100년 역사의 발자취이기도 하다. 김대중 기념사업회 이사로서 '민생'과 '평화'라는 DJ의 꿈과 비전을 국민과 함께 계승해 가는 데 최선을 다하겠다."

― 전북도지사 예비후보 시절 어느 방송사와의 인터뷰에서 '김대중은 가장 존경하는 정치인'이라고 했다. 언제, 어떤 계기로 존경하게 됐나?

"대학 입학(1987) 후 DJ라는 시대의 정치인과 그의 철학을 접하게 됐다. 그의 삶을 깊이 있게 느끼게 된 것은 정치에 입문해서다. 국회의원이 되고 시대와 국민을 책임지는 역할을 맡게 되면서 더욱 존경하게 됐다. 초선과 재선, 그리고 원내대표와 지금의 도지사에 이르기까지, 저의 정치 인생이 더해질수록 또 제가 국민 앞에 서면 설수록 대통령님의 철학과 소신, 성취와 도전 정신이 더욱 가치 있게 다가온다."

― '국민의 아픈 삶을 돌보는 길, 강자독식 막는 길이 나의 정치철학이며 사상이고 정체성'이라고 했는데, 그러한 정신도 DJ에게 영향을 받았나?

"DJ 정치의 뿌리에는 국민에 대한 사랑, 민생에 대한 애정이 녹아있다. 그렇기에 대통령님은 이념과 진영을 뛰어넘어 민주와 평화, 민생을 위한 여러 해법을 새롭게 창출하려고 했다. 정치의 존재 이유인 '민생'에서 시작, '실사구시'로 이어지는 대통령님의 철학과 사상은 내 고민과도 연결돼 있고, 여전히 많은 영향을 주고 있다."

― 널리 알려진 여덟 가지 '김대중 리더십' 중 가장 큰 울림으로 다가왔던 대목은?

"정치의 목표는 국민의 삶을 진일보시키는 데 있다. 그래서 '서생적 문제의식'과 '상

인터뷰하는 김관영 전북 지사

인의 현실감각'을 겸비해야 한다고 하셨던 대통령님 말씀은 나의 정치적 좌표가 되었다.

이상과 현실의 조화를 위해서는 협의와 소통의 정치가 필요하다. 의원 시절부터 선거제도 개혁, 정치개혁을 위해 몸을 던졌던 이유도 이런 신념 때문이다. 제가 원내대표 시절 협상의 달인으로 평가받으면서 여러 합의를 이끈 것도, 또 현재 도지사로서 여야와 분야를 넘어 협치 제도화를 모색하는 일도 대통령님이 추구했던 포용과 통합의 철학에 영향받았다."

### DJ의 큰 업적은 '통합과 포용의 정치' 펼친 점

— 〈김대중 자서전〉을 읽은 후 DJ와 가까워지기 시작했다고 했다. 역대 대통령들과 차이점은?

"1997년 대선 슬로건처럼 DJ는 '준비된 대통령'이었다. 독재에 대한 저항과 투쟁, 민주화라는 당대의 과제를 추구하면서 동시에 국가의 미래를 향한 시선을 놓치지 않았다. 특히, 21세기를 앞두고 우리에게 닥쳤던 IMF 외환위기를 최단기간에 극복해 내면서, 동시에 새로운 세기의 화두인 정보화 혁명, 지식정보사회 실현을 이끌었다. 현재의 시대적 과제를 해결하면서 동시에 미래를 준비했던 DJ의 리더십과 비전, 철학은 이 시대의 정치인들 모두가 가슴에 새겨야 할 것이다.

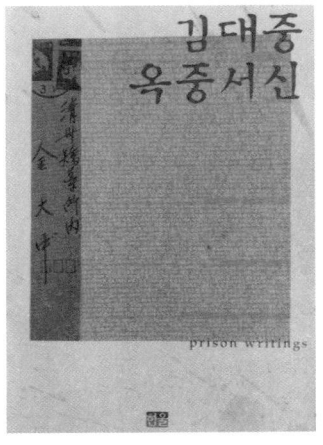

김대중·이희호 부부가 주고받은 편지를 엮은 책 〈김대중 옥중서신〉

두 번째, DJ는 '국민의 대통령'이 되고자 했다. 실제로 그는 포용과 통합의 정치를 펼쳤다. 다섯 번에 걸친 죽음의 고비와 감옥살이, 망명과 연금 등 수많은 박해에도 민주주의와 정의는 반드시 이긴다는 사실을 의심하지 않았다는 점, 그리고 결국 승자가 되어 통합과 포용의 정치를 펼친 점은 DJ의 업적 중 가장 높게 평가받을 대목이라고 생각한다."

- 김대중 대통령과 이희호 여사 부부애는 남달리 깊었던 것으로 알려져 있다. 그 애틋함은 〈김대중 옥중서신〉에도 잘 나타난다. 요즘 신혼부부들에게 추천하고 싶은 대목 있다면?

"모든 페이지에서 남편이자, 아버지로서 김대중 대통령의 깊은 가족 사랑과 인간적인 면모를 느낄 수 있다. 특히 큰아들(김홍일)의 투옥 생활로 혼자서 가정을 책임져야 했던 며느리에게 쓴 이희호 여사의 편지가 기억에 남는다. 가정의 출발점인 부부가 서로를 위해 어떤 일을 해야 하는지, 어떤 마음가짐을 가져야 하는지 구체적으로 기재돼 있다. 현대적 관점에서 보면 고루하게 느껴지는 부분도 있겠지만 여전히 되새겨볼 만한 얘기들이 담겨 있다."

- 국회의원 포함한 여야 정치권에 당부하고 싶은 말은?

"대통령님이 민생과 실용의 정치를 펼치셨던 것처럼 나의 이념적 지향점도 민생제일주의다. 민생 제일주의가 제대로 작동하려면 협치와 연합의 정치라는 동력이 필요하다. 나는 국회 시절부터 협치의 정치가 국민을 위해 제대로 일할 수 있는 유일한 길이라고 믿고 있다. 여야가 이제라도 대립과 대결을 멈추고 오직 국민을 승자로 만들겠다는 각오로 연합과 협의의 정치를 복원해 내길 바란다."

## '도정 비전'에 DJ의 꿈과 비전, 의지 담겨

— DJ는 국민을 실망시킨 적도 있지만, 업적도 많다. 정책 입안에 반영된 DJ 정신이나 정책 있는지?

"DJ는 6·25 전쟁 이후 최대 국난이었던 외환위기를 국민과 함께 극복해 냈다. 동시에 IT 강국이라는 대한민국의 새로운 성장 동력을 만들었다. 위기 극복과 동시에 미래를 개척했던 그분의 전략과 비전은 내게 큰 영감과 통찰력의 원천이다.

나 역시도 전북경제 복원과 동시에 전북이 대한민국의 새로운 개척자가 되는 일에 큰 애정을 품고 있다. 또, 대통령이 말씀하신 '중산층과 서민을 위한 나라'에 담겨 있는 포용적 성장의 정신도 매우 소중하다. 제가 도지사가 되어 발표한 '함께 혁신, 함께 성공, 새로운 전북'이라는 도정 비전에는 포용적 성장의 꿈과 비전, 의지가 담겨 있다. 프런티어 대기업 유치로 성장 동력을 창출하는 것과 더불어, 도민과 함께 성장하는 길을 열겠다."

지난 2월 17일 김관영 전북지사가 인도네시아 안샤롤라 서부수마트라주 지사와 우호 교류 의향서 체결 후 기념 촬영하고 있다.

– 마지막 질문이다. 도민에게 전하고 싶은 메시지는?

"김대중 대통령은 IMF 외환위기 속에서 취임식을 하셨다. '우리는 모두 땀과 눈물과 고통을 요구받고 있다'라고 말씀하시면서 눈물을 참던 대통령님의 모습을 잊지 못한다. 우리 국민은 금 모으기 운동으로 IMF 위기 극복에 동참했고, 3년 8개월 만에 국가채무를 상환하는 역사를 만들었다.

대통령님은 '기적은 기적처럼 오지 않는다'고 말씀하셨다. 도전을 두려워하지 않는 용기와 의지, 희망의 기회를 놓치지 않을 철저한 준비가 되어 있을 때 기적은 우리를 찾아온다. 김대중 대통령님이 그러셨듯이 저 역시도 기적을 만들기 위한 노력을 멈추지 않겠다. 전북경제를 살리는 동시에, 전북이 대한민국의 프런티어가 될 수 있다는 믿음을 가지고 도전하고, 응전하겠다. 그래서 전북이 가는 길이 대한민국의 미래가 될 수 있도록 노력하겠다."

GUNSAN
DJ ROAD

# 김의겸 의원이 전하는 'DJ 납치사건'과 '80년 광주의 비극'

오마이뉴스 | 2023년 8월 9일 조종안(chongani)

김대중 대통령 군산기념사업회 회원들과 좌담하는 김의겸 의원

김의겸(61) 의원은 전북 군산 출신이다. 그는 군산에서 초중고 마치고 서울로 유학, 1982년 고려대 법학과에 진학한다. 전두환 군부독재 서슬이 시퍼렇던 1985년 법과대학 학생회장이 된다. 이후 각종 시위에 참여하면서 구속 수감되기도 하는 등 운동권 경력을 쌓기 시작

한다. 대학 졸업 후 〈한겨레신문사〉에 입사, 사회부, 국제부, 정치부 등을 거쳐 논설위원을 지냈다.

그는 1992년 대통령 선거 때 민주당 출입 기자로 김대중 후보를 밀착 취재한 경험이 있으며, 2018년 청와대 대변인으로 발탁되기도 하였다.

김 의원은 초등학교 때 김대중(DJ)을 처음 알았단다. 그의 전언에 따르면 대학 시절엔 먼발치에서 봐오다가 가까이서 보기 시작한 것은 기자가 된 후였다. 그 이전까지는 온갖 수난과 정치적 탄압을 인동초처럼 이겨낸 강한 인상의 정치인으로 알고 있었으나 직접 만나보니 카리스마 넘치는 이미지와 달리 부드럽고 온화한 인상을 풍겼다는 것.

### 'DJ 납치사건'과 '광주의 비극' 아버지 통해 알아

군산에서 열린 DJ 생애 사진전을 돌아본 김 의원은 의문의 교통사고(1971), 동경 팔레스호텔 납치사건(1973), 김대중 내란음모 사건 재판정(1980), 김대중 후보 유세 때 청중이 발 디딜 틈 없이 들어찬 군산 월명종합경기장(1987), 군산 중앙로에 내걸린 김대중 사면 복권 환영 현수막(1987), 대통령 당선 확정 후 환호하는 지지자들에게 손들어 답례하는 모습(1997) 등의 사진이 남다르게 느껴진다고 소회를 밝혔다.

김 의원은 "'DJ 납치 사건'과 '1980년 광주의 비극' 역시 아버지를 통해 알게 됐다"라고 부연했다.

김대중 납치 사건 개요는 다음과 같다. 1973년 8월 8일 일본 동경 팔레스호텔에서 양일동 민주통일당 당수를 만나고 나오던 DJ는 중앙정보부 요원들에 의해 납치된다. 이 사건은 여러 언론에 대서특필되었고, 독자들은 경악했다. 군산 지역은 충격이 더 컸다. 양일동 당수가 옥구(군산) 출신이었기 때문. 김의겸 학생도 이때부터 DJ에 관심을 두기 시작했단다.

"디제이가 일본에서 납치됐다가 5일 만인가 살아 돌아왔죠. 그때 제가 초등학교 4학년 때였지요. 아버지께서 신문(한국일보) 기사를 보시더니 나쁜 놈들, 이렇게 무도한 짓을 하느냐면서 화내는 겁니다. 그때 옆에서 들으면서 납치된 분(김대중)이 대단한 인물인 것을 짐작했죠. 그전에는 어렴풋이 알았지만, 수난의 삶에 관심 가지고 지켜보기 시작한 것은 그때였습니다."

1979년 10월 26일 박정희 대통령이 궁정동 안가에서 부하에게 저격당하는 사건이 터진다. 이름하여 10·26 사태, 그해 12·12 군사반란으로 권력을 장악한 전두환 신군부는 이듬해(1980) 5월 광주에서 시민을 상대로 무자비한 대학살극을 자행한다. 당시 신문과 방송들은 학살을 자행한 신군부에 충성하면서 민주투사들을 향해서는 선동자, 빨갱이라고 부르댔다.

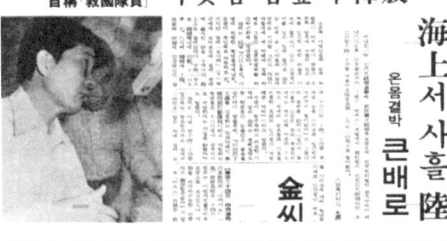

김대중 납치 사건 보도한 1973년 8월 14일 자 〈동아일보〉

김대중은 군사독재 시절(60~80년대) 테러, 납치, 사형선고 등 네 번의 죽을 고비와 6년의 감옥생활, 10년여의 망명 및 가택연금 등 고통을 당하면서도 불의와 타협하지 않았다. 특히 가족과 동지들에게까지 가해지는 박해와 탄압에도 굴하지 않았다. 1980년 전두환 신군부가 협조하면 목숨을 살려주겠다고 회유했을 때도 그는 '당장 죽어도 역사와 국민 속에 영원히 살 것'이라며 단호히 거절한 것으로 알려진다.

김대중은 1980년 5월~1982년 12월까지 중앙정보부, 육군교도소, 청주교도소 등에서 수감생활을 했다. 죄명은 광주폭동 선동, 반국가단체 수괴였다. 1심에서는 사형을 선고받고 그다음에는 무기, 또 그 후에는 20년으로 감형됐다가 형집행정지로 풀려났다. 그의 감옥생활은 널리 알려진 것처럼 가혹했다. 복도에서 발걸음 소리만 들려도 깜짝깜짝 놀랄 정도였단다.

1980년 5월 전두환 신군부는 비상계엄 전국 확대 조치의 하나로 DJ를 비롯한 민주인사 20여 명을 구속, 군사재판에 회부한다. 죄명은 북한의 사주를 받아 내란음모를 계획하고 '광주 사태'를 일으켰다는 것. 이후 신군부는 모진 고문을 통해 관련자들 진술을 조작하였고, 그해 9월 17일 육군본부 계엄보통군법회의는 DJ에게 사형을 선고한다.

"제가 고등학교 2학년 때(1980), 아버지는 군산 미군 비행장에 다니고 있었어요. 그래서 한국 언론에 보도되지 않는 뉴스를 미군 방송을 통해 접할 기회가 많으셨죠. 그렇지만 발설은 못 하고 혼자서 끙끙 앓았어요. 그러던 어느 날이었어요. 평소 혼술(혼자 마시는 술)을 하지 않던 아버지가 대낮에 '깡소주'를 마시면서 우

옥중 가족면회 사진 설명하는 김의겸 의원

시던 장면을 지금도 생생하게 기억하고 있죠. 결국 아버지를 통해 광주의 비극과 DJ의 수난을 일부나마 알게 된 거죠."

김의겸 위원이 가리키는 사진은 DJ가 사형수 시절이던 1981년 청주교도소에서 창살을 사이에 두고 아내와 두 아들을 면회하는 장면이다. 〈김대중 자서전〉에 따르면 당시 DJ는 감옥에 있으면서 1971년 박정희 정권이 저지른 위장 교통사고로 다친 고관절 통증 때문에 괴로움을 크게 겪는다. 통증도 더욱 심해져 다리가 붓고 쥐가 자주 났다. 스트레스로 인한 이명 증세도 계속됐다고 한다.

김의겸 의원은 김홍걸(DJ 막내아들) 의원에게 직접 들은 이야기라며 당시 DJ 가족들은 실제 사형을 당하는 것으로 알고 있었다고 한다.

"1980년 당시 고등학교 2학년이었던 김홍걸 의원이 저에게 해준 이야기예요. 이때 진짜 사형을 당하는 것으로 알았답니다. 광주에서 민간인 수천 명을 죽여 없애버린 신군부였기 때문에, 디제이 한 사람 죽이는 것이야 무슨 큰 문제가 되겠습니까. 그래서 그런 생각이 들었던 것이겠죠. 그래서 아들들은 신군부가 DJ에게 반성문 한 장 쓰면 목숨은 살려주겠다고 했는데 아들들도 '아버지 그냥 쓰세요'라고 했답니다. 그만큼 절박했던 것이죠.

홍걸이 말로는 면회하러 갔더니 아버지(DJ)는 죽으면 죽었지, 반성문은 쓸 수 없다. 그냥 죽겠다는 심정을 밝혔다고 했답니다. 그래서 아버지 말씀이 맞습니다. 돌아가시더라도 쓰지 마시라고 했답니다. 홍걸이가 몇 번 면회하러 갔는데 그가 없는 걸 보니 다른 사진인 것 같습니다. 김홍걸 의원이 저랑 동갑이거든요. 1980년 그해 고등학교 2학년이었으니까요."

**"DJ 정신과 국정 철학, 요즘 더욱 그리워져"**

1987년 대통령 선거는 광주민주화운동과 6·10 항쟁 등 국민의 희생을 담보로 어렵게 되찾은 직접 선거였다. 그러니 축제 분위기로 치러졌어야 했음에도 지역감정 부추기는 유언비어와 흑색선전, 폭력이 난무했다. 군산 역시 여당의 부정행위가 꼬리를 이었다. 선거 앞두고 통장들이 일괄 사표 제출하고, 여당 후보 돕다가 선거 끝나면 다시 임용되던 시절이었다.

"1987년은 제가 대학교 4학년 때로 그해 대통령 선거는 감옥에서 결과를 지켜봤죠. 민정당 점거 농성 사건으로 구속돼서 1988년에 석방됐거든요. 저의 어머니가 구속자 학생들 어머니들 모임 회원이었죠. DJ가 군산에 와 월명공원에서 있었던 행사 때 어머니가 아들에게 보내는 편지를 낭독하셨어요."

김 의원은 전시장 돌아보며 한 장면, 한 장면 사진이 바뀔 때마다 감탄사 터뜨렸다. 이어 그는 국정을 전쟁 쪽으로만 몰고 가는 윤석열 대통령과 불안한 국내 정치 상황을 지적하며 "요즘 들어 DJ의 평화 통일 정신과 국정 철학이 더욱 그립다"라며 한마디 덧붙였다.

"DJ는 워낙 큰 거인이잖아요. 사실 우리나라 정치, 경제, 사회, 역사 등 어디 한 군데 그늘을 안 드리운 곳이 없죠. 그런데 요즘 드는 간절함, 이건 평화의 문제라고 생각해요. 러시아의 우크라이나 침략에 미국과 우리의 관계, 특히 윤석열 대통령이 평화는 제쳐두고 전쟁 쪽으로만 몰고 가는 불안한 상황이 지속되니까 DJ 정신과 국정 철학이 더욱 그리워지는 거죠."

군산 월명종합경기장에서 유세하는 김대중 평민당 후보(1987)

# 05 PART

## 행사 후기 및 답사기

# GUNSAN
# DJ ROAD

DJ는 1980년 3월 26일 YWCA 초청 연설(제목: 〈민족혼과 더불어〉)에서 "조상에게 물려받은 우리의 '민족혼'을 지키고 키우자"라며 "80년대에는 반드시 민주주의를 이룩하여 이 나라에 자유가 들꽃처럼 만발하고 정의가 강물처럼 흐르도록 하자"라고 역설한다. 이어 자신은 대통령이 못 되고 국회의원이 못 되어도 지방색 때문에 지지하고 지방색 때문에 반대한, 그런 저열하고 망국적인 동족애에 동조할 수 없고, 절대로 반대한다고 해서 큰 박수를 받는다.

1971년 대통령 선거 당시 유세장에 모인 100만 청중에게 손을 들어 답례하는 김대중 후보

"(나라가) 두 쪽으로 갈라진 것도 서러운데, 이제 東으로 갈라지고 西로 갈린 이 지방색—이런 일을 꿈꾸는 사람들이 있습니다. 여러분, 우리 조상들이 1천3백 년 걸려서 아물게 만든 이 지방색, 머릿속에서 까마득하게 사라진 지방색, 이것을 박 정권이 다시 불러일으켰는데, 대한민국 사람이 피가 다릅니까? 말이 다릅니까? 여기 서 있는 김대중이도 동서남북 관계가 안 된 데가 없습니다. 낳기는 전라도에서 낳고, 살기는 서울에서 살았고, 국회의원은 강원도에서 했고, 처가는 충청도고, 며느리는 이북서 얻고, 경상도? 내가 김해 金 씨니까 진짜 경상도 사람입니다.(웃음, 박수)" – DJ 연설문 중에서

　부산에 거주하던 2003년 9월 전남 신안군 하의면(하의도)에 다녀왔다. 하의도는 DJ 고향으로 목포에서 선박으로 2시간쯤 소요되는 고즈넉한 농촌 같은 섬마을이다. 부산과 하의도는 지도상에 동·서의 끝에 각각 자리한다. 그래서인지 출발 전부터 '지역감정'과 '동서화합'이 떠올랐다. 목포에 도착해서는 부산에서 왔음을 알리고 싶어 아는 길도 덧묻고 다녔다. 마음이 통했는지 만나는 사람마다 반갑고 친절하게 대해줘 내심 고마웠다.

# DJ 고향, 하의도 답사 일기 (2003년 9월)

'후광사랑(다음카페)' 회원 '양현'님과 임진각에서(2003년 6월)

## 하의도 답사일기(1)

이번 하의도 답사는 많은 것을 생각하게 했다. 출발 하루 전까지도 포기한 상태였다. "형님이 꼭 참석해야 한다"는 양현('후광사랑'카페 회원)님 전화에도 미안하다는 말만 되풀이할 수밖에 없었다. 전화 끊으면서도 "내일 아침에 다시 전화하겠으니, 형수님과 한 번 더 상의해 보시라"는 한마디가 가슴을 아리게 했다. 약속 하나 지키지 못하는 나를 탓할 수밖에 없었다.

출발하는 날 아침, 잠자리에서 게으름 피우고 있는데 다시 양현님 전화가 걸려 왔다. 아무래도 가지 못할 것 같으니 잘 다녀오라는 인사 말고는 달리 할 말이 없었다.

"형님이 가셨으면 좋겠는데. 못 가신다면 어쩔 수 없죠!"

안타까워하는 양현님 표정이 눈앞에 아른거렸다. 두 번이나 걸려 온 전화에 미안했던지, 옆에서 듣고 있던 아내가 "못 갈 것도 없지 않으냐!"라고 했다. 예상치 못한 제의였다. 수화기 내려놓으려다가 "자~ 잠깐만, 오늘 갈 수 있겠네!"라고 하자, "그렇죠, 형님이 가셔야죠. 광주 '신삿갓'님에게도 연락하겠습니다. 목포로 내려온다고 했으니, 형님이 오신다면 기뻐할 겁니다."라며 전화를 끊었다.

이틀에 걸친 권유 전화에 나와 아내가 참석한다고 하자 기분이 좋은 모양이었다. 이후 스케줄은 핸드폰으로 연락하기로 했다.

오후 2시, 서툰 운전에 초행길이어서 서울 회원들보다 2시간쯤 먼저 출발했다. 초가을의 오후 햇살이 제법 따가웠고, 쪽빛 창공은 마음의 때를 말끔히 씻겨주는 것 같았다. 몸도 가볍고, 마음도 상쾌했다. 차가 출발하자, 저녁에 만날 회원들의 정겨운 모습이 하나둘 스쳐 갔다.

낙동대교 지나면서 내려다보니 태풍 '매미' 후유증인지 강물은 황토색이었고, 하우스단지는 비닐이 바람에 찢기고 날아가 앙상한 철근만 방치되어 있었다. 내가 사는 아파트도 방충망이 날아가고, 수십 년생 가로수와 정원수가 뽑히는 등 적잖은 피해를 봤다. 하지만, 마음마저 찢겼을 농민들을 생각하니 가슴이 아팠다.

남해고속도로(부산-순천) 달릴 때마다 느끼는 게 있다. 부산-진주 구간은 도로가 자주 막히지만, 진주를 벗어나면 폐쇄된 활주로처럼 썰렁해진다. 대형 컨테이너도 눈에 띄게 줄어든다. 그러한 현상은 영호남 경제 규모의 그래프라 해도 틀리지 않을 것이다. 국민의 정부 시절, 영남 지역 공장을 모두 호남으로 옮겨간다며 지역감정 부추기던 못된 군상들과, 그 속에서도 IMF 외환위기를 단기간에 극복해 낸 DJ 모습이 떠올라 씁쓸한 미소가 지어졌다.

포기했던 하의도 답사를 하게 되어 상쾌하게 출발은 했지만, 가슴 한구석은 허전했다. 모임(디제이로드)에서 탈퇴하고 행사에 참석한다는 것도 좀 그랬기 때문이었다. 옵서버 자격으로 참여한다고 자위하며 DJ 로고가 새겨진 티셔츠도 아내에게 입고 가라 했다.

섬진강에 이르니 지역 화합의 상징인 화개장터, 섬진강 명물로 등장한 지난 7월에 개통된 남도대교 등이 떠올랐다. 달궁, 피아골, 화개골 등 유명한 산마을 계곡을 둘러싼 지리산의 우람한 산세들이 한 폭의 동양화처럼 다가왔다. 승용차 방향이 바뀔 때마다 자연 풍광도 새롭게 바뀌었다.

순천을 지나 '주먹 자랑하지 말라'는 벌교를 거쳐 보성, 강진, 영암

김대중 대통령 생가 부근 항공사진

이 가까워지니 서쪽 하늘이 붉게 물들기 시작했다. 쟁반에 쇳물 부어 놓은 것처럼 이글거리는 태양이 기다랗게 엎드린 월출산 능선을 지르밟고 있었다.

산마루에 걸터앉은 태양이 주변 봉우리들의 호위를 받으며 빛을 발하는 광경은 장관이었다. 고개를 푸~욱 숙이고 있는 벼들도 노을에 반사되어 들녘이 온통 붉은 물결이었다. 신령스러운 월출산 봉우리들 사이를 감돌며 빛을 반사하는 구름과 강줄기를 따라 이어지는 계곡의 석양은 한 점의 실루엣 사진을 감상하는 듯했다.

## 하의도 답사일기(2)

날이 어둑해서야 목포 시내로 들어섰다. 7년 전 유달산 조각공원에서 열린 사진 촬영대회 때 다녀간 기억들이 떠올라 사뭇 반가웠다. 도시 야경도 전과는 많이 변해있었다. 네온들이 춤추기 시작한 거리를 지나 건널목을 건너자, 갯내음이 코를 자극했다. 선창가에서만 느낄 수 있는 특유의 비린내는 바다가 멀지 않았음을 암시해 주었다.

여객선 터미널에 도착, 차에서 내리니 짭조름한 바닷바람이 피부를 자극했다. 정박해 있는 어선들 갑판에는 수백의 백열등 불빛이 꽃밭을 이루고 있었다. 배 밑바닥을 때리는 철썩이는 파도 소리도 들려왔다. 바닷물에 반사되어 춤추듯 출렁이는 불빛은 밤하늘의 은하수를 연상시켰다. 오랜만에 대하는 선창가 밤 풍경이었다.

주차장에 주차하고 여관을 찾아 나섰다. 모텔 위치를 알면서도 이곳저곳 몇 집을 덧묻고 다녔다. 부산에서 왔다고 하자 사람들은 멀리서 왔다며 친절히 안내해 줬다. 방 계약할 때도 DJ를 존경하고 사랑하는 단체 회원들이 생가 답사 왔음을 강조했다. 대전과 서울 회원들도 곧 도착할 거라고 하자 주인이 환하게 웃으며 1만 원 깎아 주었다.

조금 있으니 서울 회원들이 도착했다. 임진각에서 6·15 남북정상

목포 해변도로 야경

회담 3주년 기념행사 치르고, 석 달 남짓 됐는데도 오랜만에 만난 친구처럼 서로 악수하며 반가워했다. 이왕 늦은 저녁이니 바닷바람도 쐴 겸, 선창가 밤풍경 감상에 나섰다. 서울 회원들 도착 시간에 맞출 요량으로 마음에 드는 횟집을 찾아다녔다.

한참 후 달뜨는곳님 부부와 크리스님 도착했다. 세 회원 인사가 끝나자, 분위기는 더욱 무르익었다. 경비를 아끼기 위해 주인과 타협, 우럭 2kg 주문했다. 회는 여성 회원들에게 양보하고, 대가리(머리) 빼면 먹을 게 없다는 우럭 머리와 내장, 뼈는 찌개를 끓여 술안주로 했다. 양현, 달뜨는곳, 신삿갓님은 세 번째, 크리스님과 기쁨두배님 등은 두 번째 만남이었다.

식사 끝나고 아내(필명: 제자리)와 달뜨는곳님 옆지기, 해피장, 산소, 크리스, 고도리님은 선창가 구경하겠다며 밖으로 나갔다.

사람은 만나는 횟수에 따라 이야깃거리도 많아진다. 만날수록 화제도 풍부해지고 새롭게 마련이다. 그래서 부부도 평생을 같이하는가 보다. 시간 가는 줄 모르고 그동안 쌓였던 정담 나눴다. 안주가 떨어져 세발낙지 한 접시 추가했다. 이후 소주를 몇 병 더 마셨는지 모르겠다. 식당을 나오면서 찌개 끓였던 냄비를 보니 국물 한 방울 남아있지 않았다.

1차로 끝날 친구들이 아니었다. 신삿갓님 제의로 모텔 부근 노래방으로 향했다. 맥주로 목을 축이며 각자 숨은 가창력을 발휘했다. 세 곡을 연이어 열창했더니 사흘이 지난, 지금도 목이 컬컬하다. 아침 6시 40분 객선을 타야 함에도 새벽 2시 넘도록 즐기다 신삿갓님은 광주로 돌아갔다. 의미 있는 만남이었고 즐거운 시간이었으며 아쉬운 이별이었다.

### 하의도 답사일기(3)

다음날 일어난 시각은 6시 5분, 오전 6시 40분 출발하는 배였으니, 아침밥은 생각지도 못했다. 허둥지둥 짐 챙겨 여객선터미널로 향했다. 물안개 낮게 깔린 새벽 선창가는 활기가 넘쳐났다. 여객선 터미널은 선창가 옆에 자리 잡고 있었다. 우리가 이용할 조양페리호는 차량을 10여 대 선적할 수 있는 큰 배였다. 배에 오르는 트럭의 방향을 잡아주느라 선원들의 고성이 오갔다.

배에 올라 객실로 향했다. 첫배여서 그런지 객실은 을씨년스러울 정도로 썰렁했다. 머리가 희끗희끗한 선원에게 물어보니 혀를 끌끌 차면서 애증이 교차하는 표정을 지었다. DJ가 대통령에 당선되던 해

선상에서 바라본 목포연안여객선 터미널

에는 하루 300명 넘는 날도 있었는데, 작년부터 줄기 시작했다는 것. 그는 방문객이 줄어드는 현상을 보며 세월과 권력의 무상함을 실감했다고 덧붙였다.

배는 정시에 출발했다. 오랜만에 찾아온 바다, 드넓은 풍광에 푸~욱 젖고 싶었다. 설레는 가슴을 가누며 3층 선상으로 올라갔다. 2층 통로 지나는데 객실 사이 좁은 공간에서 새어 나오는 구수한 냄새가 발을 멈추게 했다. 손님 서넛이 컵라면 먹고 있었다. 붉은 티 걸친 아주머니 손목이 바쁘게 움직였다. 배도 고팠지만, 대화하고 싶은 마음에 들어가 컵라면 하나 주문했다.

자리에 앉자마자, 요즘 하의도 찾는 여행객이 얼마나 되는지 물었다. 아주머니는 예전보다 많이 줄었다고 짧게 답하며 한숨 내쉬었다. 이런저런 이야기 나누는데 50대와 60대로 보이는 건장한 체구 아저씨 세 분이 들어왔다. 아주머니와의 대화에서 선원들임을 알 수 있었다. 배가 항로를 잡자, 아침 먹으러 온 모양이었다.

소나무 껍질처럼 갈라진 손등과 꺼칠꺼칠한 손가락, 니코틴에 찌든 두터운 손톱 등이 밧줄과 싸워온 그들의 승선 경력을 말해주고 있었다. 기회를 놓칠 수 없었다. 간단한 인사 주고받은 뒤 질문을 던졌다.

"부산에 사는데 7년 만에 목포를 찾았습니다. 어젯밤 시내 거닐었는데 예전보다 아주 좋아졌더군요. 이곳 분들은 DJ를 어떻게 생각하시나요? 큰 업적을 쌓아놓고도 좋은 소리는 듣지 못하는 것 같아 안타깝습니다. 그분을 존경하기에 하의도를 찾아가게 되었죠."

내 고향이 전라도라는 말을 왜, 뺏을까. 경상도에서 왔으니, 대접해 달라는 것도 아니었다. 그냥 알리기가 싫었다.

"그래도 그 양반이 대통령 되기 전까지는 경기가 그런대로 괜찮었지라... 대통령이 되고 나닝께, 머를 하나 헐라도 넘들 눈치를 봤어야 혔으니, 뭣을 혔것소... 지금 생각허믄 눈치 볼 것도 없었는디... 거기다 아이엠에프다 뭐다 하는 바람에 이렇게 돼부렀잖소.. 석 달, 넉 달씩 월급이 밀리기도 허고, 그 양반 대통령 허는 동안에 회사도 두 번이나 부도가 나부렀소..."

대통령 당선 후에는 지역 차별한다는 눈치 때문에, 오히려 발전이 더뎠다는 말을 빼놓지 않았다. 그는 대통령 임기 동안 회사가 두 번이나 부도났던 정황도 해명했다. 아저씨의 말과 표정에서 안타까워하는 마음이 느껴졌다. 소나무 그루터기 같은 거친 손등에는 시련을 견디며 살아온 생의 고단함이 배어있었다. 옆에서 열심히 수저질(젓가락질)하던 선원이 거들었다.

"죽도록 고생만 헌 그 양반한티 우리가 무슨 욕을 허것소. 말허자믄 여기 사람들은 사랑허는 자식이 미운 짓 혔을 때 나무라는 심정인게라요...π"

DJ의 업적에 존경과 칭찬을 아끼지 않으면서도 별로 달갑지 않다는 표정이었다. 하고 싶은 말이 있어도 참으며 살아온 고향 사람들의 한 서린 답변이었다. 30분 정도의 짧은 대화였지만, 외환위기 후유증이 아직도 남아있음을 확인할 수 있었다.

　선원 아저씨와 인사하고 3층으로 올라갔다. 회원들은 섬과 바다를 배경으로 기념사진 찍으며 수시로 바뀌는 바다 풍광에 취해있었다. 소녀 같은 해피장님은 수학여행 온 학생처럼 선상 좌우를 오가며 탄성을 질러댔다. 따가운 햇볕을 피해 벽에 의자를 붙이고 앉았다. 시선은 바다를 향했지만, 조금 전 선원들의 말이 귓가를 맴돌았다.

### 하의도 답사일기(4)

　바다에는 아직도 아침 안개가 낮게 깔려있었다. 갑판 위에서 맛보는 바다 공기는 맑고 상쾌했다. 하늘에 떠가는 구름을 따라가다가 선장실 입구 기둥 사이에 매달린 망둥이(망둑어) 무리가 눈에 띄었다. 줄줄이 엮인 망둥이들은 바람의 방향에 따라 춤추고 있었다. 선원들이 낚시로 잡아 해풍에 말리려고 매달아 놓은 모양이었다. 달뜨는곳님은

해무 자욱한 하의도 부근 섬들

어젯밤 그렇게 마시고도 술 생각이 나는 모양이었다.

"야! 저것, 망둥어 보니까, 맥주 생각난다!"

애주가다운 한마디였다. 바닷바람에 꾸덕꾸덕 말린 생선을 먹어보지 않은 사람은 그 맛을 모른다. 예전 고향동네(군산 째보선창)에서는 "9월 망둥어는 농어하고도 바꾸지 않는다.", "9월 망둥어는 작은 각시도 모르게 먹는다."는 말이 유행했을 정도였다. 고급 어종이 흔한 봄이나 여름에는 생선 축에 끼지도 못하지만, 9월에 잡히는 망둥이의 맛이 그만큼 좋다는 뜻이었을 게다.

우리가 탄 배는 자그만 섬과 섬 사이를 잘도 빠져나갔다. 꼭 방문하고 싶은 섬이었고, 몇 년 만에 타보는 배였다. 기관실에서 들려오는 육중한 파열음도, 장중한 오케스트라 연주를 감상하는 기분이었다. 어려서부터 귀에 익은 소리여서 그런지 정겹게 다가왔다. 배 꽁무니에서는 힘차게 돌아가는 스크루에 잔잔했던 바닷물이 하얀 포말을 일으키며 흩어졌다. 금방 평온을 되찾았다.

청명한 하늘에는 새털구름이 실개천처럼 기다랗게 깔렸다. 시간이 지남에 따라 초가을의 아침 하늘은 비취색으로 변해갔다. 암벽과 해송이 어우러진 무인도들이 나타났다가 수줍은 듯 뒤로 꽁무니를 빼며 사라졌다. 따가운 햇살 아래 시원한 바닷바람 쐬며 선상에서 바라보는 풍광은 그만이었다. 기관실에서 들리는 연주에 박자를 맞추다가 잠시 눈을 감았다.

부족한 잠을 메우려는데, 양현님이, 경치가 그만이라며 감탄하는 바람에 놀라 눈을 떴다. 멀어져 가는 크고 작은 섬들과 간간이 스치고 지나가는 어선들, 먹이를 찾느라 배 주위를 맴돌다 지치는지, 선상 꼭대기에서 휴식 취하고 있는 갈매기들이 파스텔 물감을 뿌려놓은 수채화처럼 보였다.

두 시간쯤 지났을까. 하의도 전경이 시야에 들어오기 시작했다. 연화부수(蓮花浮水)라 부르기도 한다는 하의도, DJ 생가는 어떤 모습일까. 누가 어떻게 관리하고 있을까. 주민들은 뭘 하면서 살아갈까. 객지 생활 30년 만에 설레는 마음으로 고향 찾아온 사람처럼 모두가 궁금했다.

외갓집이 섬(전북 부안군 계화도)이어서 그런지 물체 하나하나가 계화도와 비교되면서 상상의 나래에 빠졌다. 특히 문맹률이 80%를 웃돌던 일제강점기(1930년대) 하의도에서 초등학교에 다니다가 목포로 이

하의도 여객선터미널(웅곡선착장)

사해 상급학교에 진학한 DJ와 섬에서 유식자로 대접받고 살았다는 외삼촌을 비교해 보기도 했다.

대한민국 역대 대통령 중 두 분이 섬 출신으로 알려진다. 그것도 한 분(김영삼)은 경상도, 한 분(김대중)은 전라도라니 우연치고는 너무 절묘하다는 생각이 들었다.

바다에서 보는 하의도는 만수산에 구름 뫼이듯 수많은 섬이 주위를 둘러싸고 있었다. 물 위에 연꽃이 떠 있는 모습이라 하여 하의도(荷衣島)라 부르게 됐다고 전한다. 자료에 따르면, 인구는 2천 명 조금 넘고, 섬 지형이 '연화만개' 형태이므로 '연꽃 荷'에 구릉들이 낮고 평탄하다 하여 '옷 依'를 써 '하의도'라 부르게 됐단다. 용곡포구(선착장)에 닻을 내리자, 갈매기들이 날아오더니 원을 그리며 공중 비행을 했다.

### 하의도 답사일기(5)

하선하기 전부터 눈에 띄는 게 있었다. 한자 '하의도'가 예서체로 음각된 거북 형상 바위였다. 뽕잎 먹는 누에머리와 기러기 날개 꼬리 닮았다 하여, 물결을 연상시킨다는 '잠두안미(蠶頭雁尾)' 필법이 떠올랐기 때문이었다. 한동안 멀리했던 지필묵이 생각나 바위 앞으로 다가갔다. 획의 조화에서 부드러움과 강인함을 느낄 수 있었다.

생가는 DJ가 어린 시절 살았던 가옥 구조물을 재료로 사용했다고 한다. 전언에 따르면 어은리 마을에 살던 주민에게 집을 사들여 후광리에 여섯 칸 가옥(대지 746평, 건평 18평)을 복원했다는 것. 생가 복원에 종친들이 성금을 모았으며, 대구 노인복지대학 노인회에서 120만 원을 모금해 보내오기도 했단다.

선착장에는 우리 일행이 이용할 마을버스 한 대가 대기하고 있었다. 버스 기사 아저씨는 운전하면서도 하의도 내력과 DJ에 관해 내려오는 옛이야기를 친절하게 설명해 주었다. 차창 밖으로 펼쳐지는 드넓은 논밭이 섬에 왔다는 생각을 지웠다가도 갑자기 나타나는 바둑판 모양의 염전과 허름한 소금 창고들이 바닷가임을 확인해 주었다.

특이한 것은 바닷가에서 풍기는 특유의 갯내나 비린내가 나지 않는다는 것이다. 소문대로 섬에 온 느낌도 들지 않았다. 처음 방문인데도 어색하지도 않았다. 방목해 놓은 소들이 한가롭게 풀 뜯는 목가적인 풍경과 납작 엎드린 형태의 나지막한 구릉들, 그리고 넓게 펼쳐진 들녘이 아늑한 시골 마을을 연상시켰다.

버려진 염전도 있었다. 하지만, 대부분 염전에서는 지금도 재래식으로 천일염을 생산하는 모양이었다. 여름에 왔더라면 수차 돌리는 풍경을 볼 수 있었을 것이라는 아쉬운 생각이 들었다.

김대중 대통령 태생지임을 알리는 돌비석

소들이 언덕에서 한가롭게 풀 뜯고 있다

기사 아저씨는 하의도는 바람과 일조량이 좋아 이 지역 소금(화염) 맛은 전국에서 으뜸으로 친다며 자랑을 늘어놓았다. 그의 설명에 고개가 끄덕여졌다. 간장도 맛이 여러 가지이듯, 소금도 마찬가지이기 때문이었다. 외식이 흔하고 가공식품을 많이 섭취하는 요즘은 소금의 중요함을 인식하는 사람이 드물다. 갖은양념이 들어간 갈비찜도 소금이 빠진다면 무슨 맛으로 먹겠는가.

대한민국 정치사에서 일정 부분 소금 역할을 해온 DJ. 그럼에도 사실을 왜곡하고 헐뜯는 무리가 상당수에 이른다. 심지어 왜곡 보도를 일삼는 언론사가 민족지로 평가받고 있는 게 현실이다. 그렇게 안타까운 현실을 구경만 할 수 없기에 모인 우리들 아닌가. DJ의 정당한 평가를 정치인이나 언론에만 맡길 게 아니라 우리가 나서야 한다는 생각이 들기도 했다.

생가 입구에 도착하니 경기도와 경북, 대구의 평화통일 및 사회복지단체, 환경단체 회원들이 노벨평화상 수상을 축하하고, 생가 방문을 기념하기 위해 세운 기념비가 눈에 들어왔다. 먼 곳까지 방문하여 흔적을 남긴, 얼굴도 모르는 분들의 따뜻한 정성이 고맙게 느껴졌다.

시골에 가면 마을에서 농지를 가장 많이 보유했거나 가문이 좋은 부잣집 뒤편은 대부분 대나무밭이 펼쳐진다. DJ 생가 역시 그러한 분위기가 감돌고 있었다. 마당과 생가를 에워싼 흙돌담 뒤로 대나무 숲이 병풍처럼 둘러싸고 있었다.

마당에 들어서니 잔디는 잘 관리되고 있었으나 초라한 화장실과 오래도록 방치된 것으로 보이는 우물이 마음을 언짢게 했다. 가까이

다가가 우물을 내려다보니 내 얼굴과 청명한 가을하늘이 비쳐야 함에도 기름만 둥둥 떠다녔다. 순간, 아쉬움을 넘어 허탈감이 밀려오면서 소중한 보물을 잃어버린 사람처럼 우두거니가 되었다.

방을 들여다보니 장판과 벽, 천정의 도배 등이 엉성했다. 요모조모 정성이 담기지 않은 게 느껴졌다. 색 바랜 벽걸이 전자시계가 대통령 친필 휘호에 담긴 의미를 벌레처럼 깎아 먹고 있었다. 작품 대부분 영인본을 표구해 놓은 것이어서 더했는지 모른다. 그나마, 남북 정상이 손을 맞잡은 모습과 세계 정상들과 함께 촬영한 옆방의 사진들이 불만을 감해주었다.

댓돌 위에 올라서니, 앞이 시원하게 펼쳐지면서 답답했던 가슴이 트이는 것 같았다. 멀리, 영글기 시작하는 벼들과 염전의 좁은 둑길 사이로, 모자를 눌러쓴 아저씨 한 분이 걸어가고 있었다. 한가롭고 평화로운 섬마을 정경이었다.

바싹 마른 싸리나무를 묶어 마루기둥에 세워놓아 50~60년대 시

입구에서 바라본 김대중 대통령 생가(2010)

골집 향수를 불러일으켰다. 부엌으로 통하는 문 옆에는 방방이 없는 다듬잇돌이 외롭게 마루를 지키고 있었다. 퇴색된 마룻바닥은 물기가 말라 생기를 잃어가고 있었다. 흔적을 남기고 싶은 마음에 손때 묻은 방명록에 사인을 했다. 골목 가게 장부만도 못한 낡은 방명록이 가슴을 아프게 했다.

앞마당은 잘 다듬어져 있는데, 사람의 발길이 뜸한 앵두나무 우물가와 장독대 주변은 잡초들이 무릎까지 자라고 있었다. 화장실 역시 바닥에 휴지가 나뒹굴고 있어 눈살을 찌푸리게 했다. 마루와 방, 헛간 등은 나름대로 정돈되어 있어 그나마 다행이었다. 특히 낡아빠진 방명록을 보며 느꼈던 허탈감은 지금도 아쉬움으로 남아 있다.

빡빡한 스케줄에 사진 찍으랴, 생가 들러보랴, 바쁘게 움직였다. 산소님은 기록으로 남길 추억의 영상을 제작하려는지 이곳저곳 다니며 카메라를 들이대고 있었다. 달뜨는곳님은 선생님의 고향 흙을 담아가야겠다며 봉지를 찾으러 다녔고, 해피장님, 옆자리님, 크리스님은 옛 향수를 불러일으킨다며 장독대, 마구간, 디딜방아 등에서 시선을 떼지 못했다.

회원들은 밖으로 나가고 잠시 마당에 섰다. 고요가 흐르는 생가에서는 말로 표현하기 어려운 한(恨)이 흐르는 것 같았고, 자원봉사로 집을 관리한다는 아저씨도 마음을 무겁게 했다. 네모난 돌 두 개만 덩그러니 놓인 화장실 역시 실소를 금할 수 없었다. 나름대로 가꾸고 단장했다고는 하나 눈요기할 소품이 부족하고, 관리도 허술해 아쉬움을 떨쳐버릴 수 없었다.

### 하의도 답사일기(6)

하루 스케줄을 페리호 출항 시각(오후 1시 30분)에 맞추다 보니 다른 명소는 들르지 못했다. 생가 대문을 나서는 회원들 역시 아쉬워하는 표정이 역력했다. 세계적으로 존경받는 전직 대통령 생가 시설들이 친일 작가의 문학 기념관만도 못하다니, 정확히는 모르지만, 어딘가 잘못된 것만은 분명했다.

집에 와서야, 자원봉사로 집을 지키고 있는 아저씨에게 막걸릿값을 주었다는 말을 아내에게 들었다. DJ를 존경하고 사랑하는 사람들의 인정이 어디로 가겠는가.

누군가가 선생님이 다니던 초등학교는 들러봐야 하지 않겠느냐고 제의했고, 다들 그렇게 하자고 동의했다. 우리를 태우고 갈 마을버스 기다리는데 해피장님이 걸어가자고 했다. 회원들은 그 제의를 받아들여 배고픈 것도 잊고 한참을 걸었다.

김대중 대통령 모교(하의초등학교)

건너편 논밭 사이로 자그만 농가들이 옹기종기 모여 있었다. 농가들 뒤로는 야트막한 산등성이들이 기다랗게 어깨동무하고 있어 한적한 시골 마을로 나들이 나온 기분이 들었다.

고향 찾아온 귀성객이 과거를 회상하듯 잠시 추억에 잠겼다. DJ 철부지 시절을 상상하며 걷고 있는데 버스가 도착했다. DJ가 3학년까지 다녔다는 하의초등학교는 섬에 있는 학교로 믿어지지 않게 잔디 운동장과 건물이 깔끔했고 정돈이 잘 되어 있었다.

빼앗긴 농토를 되찾기 위한 농민 항쟁이 이어지던 일제강점기 학교에 다니셨다는 생각이 들자, 기분이 묘했다. 도시에서도 고무신 신은 학생을 보기 어렵던 시절이었으니, 머리는 까까머리였을 것이고, 무명옷에 고무신이나 신고 다녔는지 모르겠다는 생각이 들기도 했다.

교문 입구의 파란 철판에 '제목: 인동초 정신' 옳은 일을 위해 진취적 기상과 불굴의 신념으로 어떠한 고난도 끈질기게 극복해 가는 정신이라 쓰여 있었다. 세계적으로 유명한 선배의 삶과 정신을 배우고 실천해 가는 어린 후배들의 해맑은 모습이 그려졌다.

교문 안으로 들어섰다. 일요일이라서 그런지 교정이 무척 한적했다. 본관 건물 주변은 적막이 감돌았다. 해마다 입학생 숫자가 줄어드는 것은 여느 시골 학교나 다를 게 없었다. 한가롭게 휴식 취하는 사람 하나 없는 등나무 그늘과 잔디운동장이 외롭고 쓸쓸하게 보였.

11시 넘어서야 기사가 안내하는 식당으로 이동했다. 좁은 계단을 올라 안으로 들어서니 할머니 한 분이 금방 잡아 온 중하(중간크기 새우)를 다듬고 있었다. 컵라면 먹어서인지 허기는 느껴지지 않았으나 새콤달콤한 양념 냄새가 입맛을 유혹했다. 주방에서 새어 나오는 구수한 미역 향기는 침샘을 자극했다.

중하를 넣고 끓인 미역 국물은 담백하고 시원했다. 풍성한 밑반찬 중 깻잎장아찌가 가장 개운했고, 인기도 제일 좋았다. 얼마 전 태풍 '매미'로 얼마나 피해봤는지 궁금했는데, 할머니는 주위에 크고 작은 섬들이 둘러싸고 있어 원만한 태풍에는 끄떡없다고 했다. 고향에 대한 긍지와 자부심이 느껴지는 대답이었다.

페리호 출항 시각이 한참 남아있었다. 지긋이 눈 감고 있는 해피장님, 선착장을 둘러보러 나간 기쁨님, 부부 둘이만 사이좋게 산책하러 나간 달님과 옆자리님, 피곤했는지 편한 자세로 쉬고 있는 산소님과 크리스님…, 시계는 12시 15분을 가리키고 있었다. 지루함을 달래야 할 것 같기에 시골 장터 약장수처럼 이왈저왈 '썰(story)'을 풀어댔다.

오후 1시 30분, 페리호는 목포를 향해 출발했다. 승객들과 차량수

하의초등학교 운동장 등나무와 본관 건물

가 적어 들어올 때보다 한산했다. 얼마나 지났을까, 해피장님이 배가 하의도로 회항하고 있다고 소리쳤다. 다들 농담으로 알고 웃었는데 사실이었다. 출항 시각을 착각했는지 승객들을 태우러 돌아간다는 것이었다.

늦으면 늦었지 정시보다 빨리 출발하는 배나 기차를 타 본 경험이 없었던 터라, 대통령님을 조금 더 생각할 기회를 내려주는 하늘의 계시인가 하는 생각이 들었다. 모두 재미있어하는 표정들이었다. 멀미 잘하는 아내도 배에서 더 즐길 수 있으니 좋다며 웃고 즐겼다.

한 시간 가까이 배를 더 탔지만 지루함을 느끼지 못했다. 멀미난다는 사람도 없었다. 가보고 싶은 곳들을 둘러보지 못한 아쉬움을 주고받다 보니 목포가 가까워지고 있었다. 크리스님이 기념으로 배표를 가져가고 싶다고 했다. 그의 말을 흘려들을 수 없어, 검표원 아저씨와 실경이 끝에 아내와 내 표를 가져와 한 장은 크리스님에게 건네줬다.

육지에 발을 내려놓자 시원섭섭했다. 모두 아쉬움이 컸는지, 한 번 더 와보고 싶다고 했다. 모텔로 돌아가 짐을 챙겨 목포상고(현 목상고등학교)로 방향을 잡았다. 목포상고는 DJ 모교로 물어물어 어렵게 도착했다. 정문에서부터 대통령님 온기가 느껴졌다. 교문 옆 바위에 새겨진 '대통령 출신 고교' 문구가 마음을 숙연하게 했다.

운동장에 들어서니 탁 트인 잔디운동장이 눈에 들어왔다. 넓은 잔디운동장이 내려다보이는 본관 건물은 아늑하면서도 위용이 있어 보였다. '홍익인간(弘益人間)'을 해서체로 음각해 놓은 DJ 기념석이 건물을 호위대장처럼 지키고 있었다.

테니스코트에서는 학생들로 보이는 청년들이 족구를, 농구장에서는 농구를 하고 있었다. 반공교육과 교련으로 시간을 허비하던 학창시절이 떠오르면서 휴일을 마음껏 즐기는 DJ의 어린 후배들이 부러웠다.

자그만 잔디공원처럼 느껴지는 운동장. 한 아낙이 잔디공원 한편에서 아이들과 함께 휴식을 취하고 있었다. 옆에 도시락이 있는 것으로 미루어 가족 나들이 나온 모양이었다.

강당 건물 벽에는, 전남 초중고생들의 서예 휘호대회 알리는 현수막이 내걸려있었다. 예도(藝道)와 예술(藝術)의 도시 속에 자리한 학교임을 상징하는 현수막이었다.

DJ의 흔적 느껴지는 교정 둘러본 뒤 시내로 나왔다. 저녁은 불고기와 매운탕으로 해결했다. 식사 마치고 밖으로 나오니 땅거미가 깔리고 있었다. 하룻밤, 한나절을 함께 했던 우리는 다음을 약속하고 헤어졌다. 기쁨과 실망이 교차했으나 의미 있는 답사였다. 특히 페리호 선원들과 섬 주민들과의 대화는 오래도록 잊지 못할 것이다.

목포와 부산은 서해와 동해를 가르는 동서의 끝이며 400km가 넘는 거리다. 우연의 일치인지는 모르겠으나 두 지역의 섬 출신 정치인들이 차례로 대통령에 당선되었다. 차에 오르자, 오래전부터 마음에 담아 온 화이부동(和而不同) 정신이 떠오르면서 언제 기회 되면 경남 거제도에 있는 김영삼 전 대통령 생가도 방문해야겠다는 생각이 들었다.

출발 때부터 계획했던 영광 방문은 다음으로 미루고 시내를 빠져나오는데, 색색의 네온 불빛이 거리에 수를 놓기 시작했다. 부산으로 방향을 잡는 순간, '동서화합' 네 글자가 떠오르면서 밤하늘을 화려하게 수놓은 야경이 아내의 안전 운행을 기원하는 불꽃쇼처럼 느껴졌다. -끝-

GUNSAN
DJ ROAD

# 존경하는
# 김대중 대통령님께(2004)

2004년 12월 26일 조종안(chongani)

동교동 자택 방문한 DJ 팬클럽 회원들(2005년 1월 1일)

김대중 대통령님, 이희호 여사님 안녕하세요.

말 많고 탈도 많았던 올해도 닷새를 남겨놓고 있습니다. 지난 1년, 혼탁한 정계의 유혹을 물리치시고, 오직 국익을 위해 국내외에서 활발한 활동을 펼치신 대통령님의 노고에 감사와 축하인사 드립니다.

저는 김대중 대통령을 존경하는 사람들이, 대통령님에 대한 정보를 공유하고 모르는 진실을 알기 위해 만든 '후광김대중마을' 카페 운영자, '종아니(인터넷 필명)'라고 합니다.

어제는, 국가와 인종을 초월한 지구촌 사람들이 아기예수 탄생을 축복하는 성탄절이었습니다. 대통령님 댁에서도 가족이 모여 축하 예배드렸을 거라는 생각이 들더군요. 평소에도 일요일이면 가족이 교회를 다녀오신다고 들었는데, 지난봄 결혼한 귀엽고 영특한 손녀(정화)와 손녀사위도 함께 참석했을 것이니 얼마나 기쁘고 행복한 시간이었겠습니까.

대통령님!

지난 25일 새벽, 예수 탄생의 기쁨을 나누기 위해 동교동으로 새벽송 다녀온 후광 김대중을 존경하고 사랑하는 분들이 대통령님께 금일봉 받았다는 소식을 듣고, 제가 받은 만큼이나 기쁘고 감사했습니다.

어제저녁에는 TV에서 불우아동 돕는 '사랑의 리퀘스트'에 노무현 대통령 부부가 나와 금일봉 전달하는 장면을 시청했습니다. 국민의 정부를 승계한 노 대통령을 보니, 따뜻하고 인자하신 전임 대통령 모습이 떠오르고, 안부라도 여쭙는 글을 써야겠다는 생각이 들어 몇 자 적어봅니다.

대통령님!

지난해에 이어 올해도 국제정세와 국내 정치는 대통령님을 실망하게 했던 사건들로 가득했습니다. 하지만 대통령님은 대한민국 위상을 한층 더 높이는 홍보맨으로, 나아가 인류 평화와 화합을 위해 활동했던, 보람 있는 해였다고 생각합니다.

정부수립 이후 일곱 분의 대통령이 경무대와 청와대를 거쳐 갔지만, 퇴임 후 떳떳하게 활동했던 분이 없었습니다. 전직 대통령 개인의 불행이자 나라와 국민의 불행이라고 해야겠지요. 그런 일들을 생각하면 대통령님이 너무도 자랑스럽습니다. 더구나 오는 1월 1일에는 대문을 활짝 열고, 저희를 맞아주시겠다고 하셨으니 이보다 더 영광스럽고 기쁜 일이 있겠습니까.

'김대중' 앞에는 항상 '대통령'이나 '총재', '대표', '선생님', '이사장' 등 다양한 호칭이 따라다닙니다. 또한 통일의 문을 연 대통령, 노벨상을 수상한 대통령, 외환위기를 잘 넘긴 대통령, 박학다식한 대통령 등 듣기만 해도 기분 좋아지는 수식어가 붙습니다. 그러나 저는 그냥 '김대중'을 더 존경합니다. 그 이유를 간단히 말씀드리면,

섬에서 나고 자란 떠꺼머리 청년이 정치에 입문하면서 대한민국 민주주의 역사도 새로운 전환점을 맞게 됩니다. 인권과 민주화운동 전면에 항상 김대중이 있었고, 민초들의 사랑을 받는 김대중이기에 독재자에게 죽음을 넘나드는 핍박을 당했습니다. 80년 9월에는 신군부의 조작된 사건으로 사형 언도가 내려집니다. 하지만 부당한 권력의 회유나 압력에 굴복하지 않았지요.

한 정치인이자 가장으로 가정의 화목을 깨지 않기 위해서라도 적당한 타협은 상식일진대 죽음을 두려워하지 않고 정의를 지켰습니다.

조작된 죄목으로 사형수가 되었으니 억울함과 분노가 치밀었을 터인데도, 책을 가까이하고 화초를 가꾸며, 하느님을 믿고 따랐던 그리스도 정신은 훗날 세계인들을 감동시켰습니다.

절체절명의 상황에서도 아내에게는 존경과 위로의 편지, 자식들에게는 격려의 편지, 손자·손녀들에게는 애틋하고 따뜻한 정이 담긴 글을 보내는 정성, 그리고 눈앞의 불행을 남을 탓하기에 앞서 자신의 부족함으로 돌리는 정신이, 저에게는 임기 동안 업적보다 위대하게 보였기 때문입니다. 그래서 저는 대통령이 아닌 '인간 김대중'을 더 존경하는 것입니다.

저는 주변 사람들에게, 정치인 가운데 부부애가 가장 좋고 진정한 사랑을 실천하는 사람은 김대중이라고 짤막한 설명을 곁들이며 자신 있게 말합니다.

대통령님이 겪었던 일들을 열거하자면 끝이 없지요. 국회의원 선거에서 세 번 낙선하고, 네 번째 강원도 인제 보궐선거에서 당선됐지요. 하지만, 박정희가 일으킨 쿠데타로 당선증은 휴지 조각이 됐고 구속까지 되셨습니다. 그게 40년 시련의 시작이었음은 아무도 몰랐을 겁니다. 하지만 대통령님은 납치와 감금 고문과 협박, 여러 차례의 죽을 고비를 '인동초'처럼 이겨내시고 선진국 정상들에게 존경받는 거목으로 거듭나셨습니다. 그러함에도 우물 안 개구리처럼 빨갱이라서 싫다는 사람이 많은데요. 그들을 대할 때마다 가슴이 아픕니다.

열여섯 나이에 '대한독립 만세!' 외치다 일경에 잡혀가 모진 고문을 당했던 유관순 누나를 생각해 봅니다. 1세기가 되어가지만 우리 모두는 그분을 할머니가 아닌 '누나'라 부릅니다. 또한 출신지를 따져 충청도 천안의 유관순 누나라 하지 않듯 당신도 지역과 국가를 뛰어넘어, 세계의 지도자 '김대중'으로 불리어지는 날이 올 것이라 확신합니다.

이희호 여사님이 어련하시겠습니까만, 부디 건강에 조심하셔야 합니다. 내일모레면 여든이 되는 제 장모님도 대통령님의 열렬한 지지자입니다. 제가 운영하는 '후광김대중마을' 카페 회원 중에도 일흔 넘는 회원이 여럿 있습니다. 세상사 모른다며 질책받는 노인 가운데에도 대통령님을 지지하고 존경하는 분이 상당하다는 걸 아시면 조금이라도 위로될까 해서 말씀드린 것이니 '40대 기수론'을 외치던 시절의 힘과 용기를 잃지 마시기를 바랍니다.

을유년이 시작되는 2005년 1월 1일 대통령님께서 저희를 맞이하기 위해 대문을 활짝 연다는 소식을 듣고, 저와 아내는 함께 상경하기로 했습니다. 이후 대통령님을 뵈면 어떻게 할 것인지 걱정과 함께 흥분이 되는군요. 하지만 두 분께 드릴 작은 선물을 준비해 놓고 차분한 마음으로 뵙는 날만을 손꼽아 기다리고 있답니다. 1월 1일 그날 뵙겠습니다. 안녕히 계십시오.

'후광김대중마을' 카페지기 종아니 올림

GUNSAN
DJ ROAD

## 2005년 1월 1일의 단상

2005년 1월 2일 조종안(chongani)

2005년 신년하례식 때 김대중 대통령 자택 접견실에서

 희망의 을유년 새해 첫날, 저와 제자리님(아내)은 존경하는 김대중 전 대통령님과 이희호 여사님께 인사드리는 신년하례식 참석으로 시작했습니다. 대통령 후보 시절 유세장에서 사진 찍던 추억이 떠올라 흥분되어 아침밥도 넘어가지 않았습니다.

값비싼 KTX 타면서도 부담되기보다는, 김대중 대통령님 덕이라는 생각이 들었습니다. 제자리님은 김대중 대통령과 이희호 여사님을 뵈면 눈물이 나올까 봐 눈화장을 못 하겠다고 하더라고요. 하긴 TV 드라마나 책을 보다가도 눈물 흘릴 정도로 마음이 여린 사람이니 이해되었습니다.

12시 20분쯤 서울 도착, 지하철 타고 신촌역 8번 출구로 나와 지나가는 사람들에게 '김대중도서관' 가는 길 물었더니 하나같이 모른다고 하더군요. 걸어서 10분 거리이고 세계가 인정하는 전직 대통령 도서관도 모르다니 씁쓸했습니다. 결국 노점상 아주머니가 알려주시더라고요.

허기 달래려고 식당 찾다가 붉은노을님 전화 받았습니다. 붉은노을님과 천출님은 두 시간 전에 도착하여 행사 끝나고 회원들이 담소 나눌 장소 예약하고 온다고 했습니다. 어찌나 고마운지. 자비까지 들여 회원들의 명찰 만들어 오신 붉은노을님과 맛있는 점심 식대 치러주신 천출님께 감사드립니다.

운영자로서 책임감까지 겹쳐 밥이 어디로 들어가는지 모르겠더라고요. 김대중 도서관 가는 길목에서, 차에서 내리는 ricky님을 시작으로 회원들과 만남이 시작되었습니다. 존경하는 전직 대통령을 뵙는다는 생각에선지 모두 상기된 표정들이었습니다.

도착하는 회원들에게 명찰을 나눠주었습니다. 주변을 보니 많은 사람 속에서 후광김대중마을(아래 '후광마을') 카페 회원들의 목에 걸린 노란 형광 명찰이 더욱 반짝거렸습니다.

김대중 전 대통령을 존경하고 사랑하는 누리꾼들이 모여 만든 '디제이로드', '후광사랑', '후광마을' 회원들이 함께 세배드리는 데 4개월밖에 안 된 '후광마을' 회원 수가 제일 많았고, 질서를 상징하는 명찰을 걸고 있는 모습을 보며 마음이 뿌듯했습니다. 혹자는 자랑하기 위함으로 오해할지 모르겠으나 전직 대통령 부부 경호 책임지는 경호원들의 노고를 생각한다면 자신의 인터넷 필명 공개는 필수라 생각되며 최소한의 예의라 하겠습니다.

오후 2시 30분쯤 대통령님 댁으로 들어가 차례로 악수한 뒤 합동으로 절했습니다. 대통령님과 여사님이 나란히 앉아계시는 중간에 노무현 대통령이 보낸 난(蘭)이 무언의 메시지를 던져주는 듯했습니다. 이어 대통령님 덕담을 들었는데 '모두가 출세는 할 수 없지만 성공은 할 수 있다'는 의미로, '맡은 일에 최선을 다하고 이웃을 사랑하라'는 말씀이 기억에 남습니다.

인사 마치고 몇 분과는 헤어지고 21명(새벽이슬님, 가족포함)은 붉은노을님이 예약한 커피숍으로 향했습니다. 약간 어두운 조명이 얼어붙은 피부에 온기를 느끼게 하더군요. 우리는 십년지기처럼 빙 둘러앉아 자기소개와 '후광마을'이 나아갈 방향에 대해 의견 나눴습니다.

커피숍에서의 대화는 2시간 가까이 이어졌고, 알찬 시간이었다고 생각합니다. 대화 끝나갈 무렵 회원들의 일치된 의견은, 이만한 잔치에 술이 빠져서야 되겠느냐는 것이었습니다. 해서 저와 소머리, 엑스파일, 한민주, 거사, 一中, 붉은노을, 로이, 천출님은 삼겹살집으로 갔습니다. 딸이 보고 싶다는 제자리님과 저는 잠시 헤어져 있을 수밖에 없었지요.

김대중 전 대통령과 이희호 여사를 화제로 너무나 귀한 이야기가 많이 오고 가서, 어떻게 표현해야 할지요. 저의 문장력으로는 어려우니 함께 자리했던 분들이 한 마디씩 거들어주면 고맙겠습니다. 그리고 '후광마을' 발전에 고견 주신 용서니님, 붉은노을님, 한민주님, 장흥국님께도 감사드립니다.

아무 예고도 없이 1차 계산해 주신 소머리님과 2차 계산해 주신 붉은노을님, 천출님께 거듭 감사의 마음 전합니다. 운영자 체면도 있는데, 계속 얻어먹기도 그렇더라고요. 해서 3차 호프집 계산은 제가 했습니다. 그 후 50대인 소머리님과 저는 자리를 떴고 젊은 회원들은 4차까지 이어졌습니다. 소주잔 주고받으면서도 흐트러짐 하나 없이 토론은 이어졌다고 합니다. 참석자들 표현대로 두터운 정과 신뢰를 확인하는 자리였다는 생각에 모두 흐뭇해했습니다.

신년하례식에 참석 못한 회원님들은 너무 서운해하지 마시기 바랍니다. 앞으로 시간이 흐르면 더 좋은 계획이 있을 것이라 확신합니다. '후광마을' 회원 한 분 한 분의 소망이 이루어지는 을유년(2005)이 되길 기원하겠습니다.

GUNSAN
DJ ROAD

## '6·15남북 공동선언 5주년 기념 축하 댓글달기' 행사

2005년 6월 28일 조종안(chongani)

6.15 남북공동선언 5주년기념 국제회의에서 연설하는 DJ(2005)

인사에 앞서, 회원님들의 사랑과 정성이 담긴 축하 댓글 136개는 본문과 함께 김대중 전 대통령님께 전해드렸음을 알려드립니다. 무척 흐뭇해하시고 기뻐하셨을 것이라 여겨집니다.

6·15 남북공동선언 5주년을 맞이하여 시작한 '축하 댓글달기' 행

사를 성공적으로 마치게 해주신 회원님들께 감사의 인사 올립니다. 댓글은 달지 못했지만, 조회 수 올려주신 회원님들과 방문해 주신 손님들께 감사의 마음 전합니다.

2000년 남북 정상회담과 6·15 공동선언은 반공이데올로기로 비뚤어진 통일의 물줄기를 바로잡는 민족적 거사였습니다. 반세기 넘도록 이어지던 갈등과 반목을 거두고 화해와 협력, 즉 남북이 공생·공존하는 가운데 평화통일의 기틀을 다지는 역사적인 과업이었지요.

6·15 남북 공동선언 정신은 7천만 겨레의 원류가 되어 통일을 향해 도도히 흐르고 있습니다. 통일 문제를 권력 연장의 도구로 이용했던 유신 정권의 온갖 모함과 탄압에도 불구하고 목숨을 걸고 추진해 온 김대중 전 대통령의 '햇볕정책(대북포용정책)'의 결실이라 할 수 있겠습니다.

민족의 잔칫날이 되어버린 6월 15일을 그냥 지나칠 수 없기에 '6·15 남북 공동선언 5주년 기념 축하 댓글달기 운동'을 시작했던 것입니다. 대통령님을 존경하고 사랑하는 애틋한 마음을 댓글로 표현해 주신,

합바지, 영수기, 소머리, 최재훈, kjen, 단목, 외로운허수아비, 시인의마을, 장흥국, 가람, 이루다, 제자리, 송지영, M-GUN, 복있는사람, 비상, 혁신세력, 동현짱, 샛별, 붉은노을, 예비政治人, 토담, 만리, 북두, ISAK, 사모바위, 쌍둥아범, 어은골dslyu, on-za, 신유미, 박상욱, 서편제, 행복예감, 용서니, hams, truemate, 최고봉, 토담, 당백전사, 석기시대, 정무궁, 우정, 나라사랑 여늬, 춘양목, 엑스파일, ricky, 한

민주, 양현, 파블로, 남한산, 박옥근, elec, 클로버, 왕대, 은결, 귀돌이, Andrew, 상이, 이재성, 큰마을, maestro0801, 뚱이, 랜슬럿, 희망우리당, 시토매니저, 초원의향기님께 거듭 감사드립니다.

어찌 달필과 졸필을 가리겠습니까. 역사에 빛날 대통령님의 업적을 기리고 존경심을 표하면서 축하의 글을 띄었다는 게 더 의미가 있지 않을까요. 더구나 자신의 필명으로 말입니다. 그러니 김대중 전 대통령님께 축하의 메시지를 보냈다는 자부심을 가지셔도 좋을 것 같습니다.

'후광김대중마을' 회원 자격은 세대와 직업, 지지 정당이나 국경을 초월합니다. 북녘 친구들에게 통일 편지를 열심히 쓰는 중학생 '신유미'님, 여든을 바라보시는 '왕대'님, 덴마크의 '사강'님, 호주에서 사업하시는 '최고봉'님, 독일에서 '한반도 통일과 독일 통일'이라는 주제로 강연회와 포럼을 주최하기도 했던 '정무궁'님 등이 예가 되겠습니다.

지역 역시 마찬가지입니다. 축하의 댓글을 달아준 회원들 거주지를 보면 서울·인천·경기지역이 가장 많고 민주 성지인 광주가 두 번째입니다. 하지만 '메밀꽃필무렵'으로 유명한 강원도 평창의 '합바지'님, 천년고도인 경주의 '춘양목'님, 의견(義犬)과 사선대로 유명한 전북 임실의 '영수기'님, 절개의 고장 남원의 '은결'님, 한밭 대전의 '가람'님, '어은골'님, 교육도시 청주의 '클로버'님, 전주의 '석기시대'님, 공주의 'ISAK'님, 광양의 '박옥근'님, 목포의 '박상욱'님, 진도의 '쌍둥아범'님에 이어 저(종아니)와 '제자리', '혁신 세력', '나라사랑 여늬'님은 부산입니다.. 굴비로 유명한 영광의 '시인의마을'님도 빼놓을 수 없겠습니다. 운영자이니까요..^^

'후광김대중마을'은 이처럼 연령과 지역이 다른 회원들이 상대를 존중하고 아끼며 자그만 사명감으로 아름다운 사이버커뮤니티를 이뤄가고 있습니다. 그 중심에 김대중 전 대통령에 대한 존경심과 사랑하는 마음이 회원님들 가슴 깊이 자리하고 있어 가능하다고 생각합니다. 광복 후 최대 국난이었던 IMF(국제통화기금) 시국임에도, 21세기 지식정보화시대에 대비해 IT강국으로 거듭나게 한 대통령님의 업적도 빼놓을 수 없겠지요.

통일의 선구자 김대중 전 대통령님 내외분의 만수무강을 빌며, 남북으로 흩어진 7천만 겨레가 하나로 뭉치는 그날이 하루빨리 다가오기를 우리 모두 기원합시다. 감사합니다.

**GUNSAN DJ ROAD**

## '사랑 나누기 바자 한마당' 참석

2005년 10월 17일 조종안(chongani)

'사랑의 친구들' 회원들과 무료배식 활동하는 이희호 여사(2011)

　이희호 여사가 고문으로 계시는 '(사) 사랑의 친구들'에서 불우 아동들을 돕는 바자(bazar)가 지난 10월(8일~9일) 서울 정동 이화여고 잔디광장에서 열렸습니다.

　임기와 함께 정계를 은퇴한 뒤에도 남북의 평화통일과 세계평화를 위해 분주히 활동하시며 평생 약자들 편에서 살아오신 김대중 전 대통령의 이념에 맞는 행사라서 그냥 지나칠 수 없다는 생각에 공지를 올렸고 회원님들의 높은 관심과 성원이 있었습니다.

지난 9일 '후광김대중마을' 회원들이 만나기로 한 장소인 류관순기념관에 도착해 시계를 보니 오후 1시 30분을 가리키고 있었습니다. 온갖 의류와 생필품을 진열해 놓고 손님을 부르는 도우미들의 활기찬 목소리가 재래시장을 방불케 하더군요. 물건을 사고파는 이들의 표정에서 나보다 어려운 사람을 돕겠다는 사랑의 마음을 느낄 수 있었습니다.

본부석 맞은편에 벌려놓은 먹을거리 장터. 고소한 빈대떡 냄새가 시간에 쫓겨 점심을 먹지 못하고 참석한 저를 놀리는 것 같았습니다. 각설하고, 불우 아동들을 돕는 일에 밀알이 되고자 참여한 사람들을 보며, '그래도 아직은 좋은 분들이 많아, 살맛이 나는 세상이구나!' 하는 감탄사가 절로 나왔습니다.

본부석에서 담당 비서관을 찾았더니 바로 오셨더군요. 인사한 뒤 후원금(10만 원) 봉투에 '후광 김대중마을 회원 일동'이라 적어 모금함에 넣었습니다. 저를 지켜본 도우미 아가씨가 고맙다는 인사와 함께 미소 지으며 '후광김대중마을'에서 후원금 내주셨다는 방송을 하더라고요. 한 번도 아니고 세 번씩이나. 액수가 그리 중요하겠습니까. 김대중 전 대통령 존함이 방송을 통해 행사장을 찾은 손님들에게 전달되었다는 데 자부심이 들었습니다.

담당 비서관님과 전북 임실의 관촌중학교 꿈나무들의 행사에 관해 의견을 나누었는데 자세한 내용은 훗날 결정되면 자세히 설명해 드리겠습니다. 북녘의 언니 오빠 친구들에게 보내는 통일 편지는 '영수기'님이 올리고 계시지요.

조금 있으니, 휴대폰이 요란하게 울리더군요. 생각지도 않은 강원도 평창의 '합바지'님이었습니다. 혼자도 아니고 가족 모두가 오셨다는 이야기 듣고 얼마나 반갑던지.

이어 '양현', '동현짬', '울당'님과 '행복예감', '붉은노을'님이 오셨습니다. 우리는 등나무 그늘 잔디에 둘러앉았습니다. 행복예감님이 막걸리와 빈대떡 가져왔지만, 마음은 콩밭에 있었습니다. mbc마라톤 끝나면 가족 동반으로 오시겠다는 '에델바이스'님을 비롯해 늦게 참석할지 모르는 회원님들 때문에 편히 앉아 있을 수 없었습니다. 그래서 본부석을 몇 차례 오갔지요.

장내에 '후광김대중마을 회원님 계시면 맞은편 등나무 그늘로 오시라'는 안내 방송을 부탁하기 위해서였습니다. 오후 3시쯤 샛별님도 오셨다는 데 그 시간이면 막걸리 파티 시작하려고 했던 참이었네요. 만나지 못해 안타깝습니다. 사랑나누기 바자에 참석했으면서도 날짜와 시간이 어긋나 만나지 못한 회원님들께 죄송함과 아울러 아쉬움 전합니다.

다섯 시쯤 되어 자리를 이화여고 건너편 호프집으로 옮겼습니다. 퇴원한 지 며칠 지나지 않았고, 불법 도청 문제로 어수선한 요즘이니 아무래도 대통령님 건강과 주변 생활에 대한 이야기로 시작이 될 수밖에요. 비록 술자리였고 도청에 대한 문제가 어떻게 매듭지어질지 미래를 예측할 수 없는 상황이지만, 대통령님을 존경하고 사랑하는 마음은 변하지 않는다는 결론을 내렸습니다. 비록 적은 숫자지만 즐거운 만남이었고 의미 있는 시간이었다고 생각합니다. 찬조금 보내주신 회원님들께 다시 한번 감사의 인사드립니다.

GUNSAN
DJ ROAD

# 김대중 대통령 자택에서의 추억

오마이뉴스 | 2008년 11월 13일 조종안(chongani)

동교동 자택에서 김대중 대통령과 이희호 여사(2005년 5월 8일)

김대중 전 대통령 아내이자 정치적 동지인 이희호 여사 자서전 〈동행〉 출판기념회가 11일 오후 6시 63 빌딩 국제 홀에서 성황리에 열렸다는 보도입니다. 뉴스를 보는 순간, 부산에 살던 2005년 5월 8일(어버이날) 제가 운영하는 카페 회원 30여 명과 김대중 전 대통령 자택을 방문했던 추억이 떠올랐습니다.

처음 공지를 올릴 때만 해도 동교동 자택 방문은 생각지도 못하고 카네이션 꽃바구니만 전하고 경비원들에게 음료수라도 대접하려고 했지요. 김 전 대통령 내외분에게 카네이션을 달아드리고 싶다는 글이 올라와 담당 비서관에게 전했더니 꽃다발은 감사하게 받겠다고 하기에 아쉬운 마음으로 전화를 끊었거든요.

카네이션을 달아 드리고 싶다는 회원들에게 사정을 얘기하고 2~3일쯤 지났을까요. 아침에 눈을 뜨기 무섭게 담당 비서관에게 전화가 걸려 왔습니다.

"보고 받은 대통령님께서 무척 기뻐하셨고 가족 동반도 허락하셨습니다. 사진촬영도 가능하니 카메라가 있는 분들은 가져와서 대통령님 내외분과 기념사진도 찍으세요. 하고 싶은 인사말 있으면 메모도 해오시고요."

꽃다발을 전해 드리고 싶다는 제의는 제가 했지만, 초청을 받은 기분이어서 비서관의 목소리가 제 귀를 의심하게 했습니다. 그때의 흥분과 감격을 어떻게 표현해야 할지요. 전화 끊고 회원들에게 연락하면서도 흥분을 감출 수 없었습니다.

대통령 내외분을 만나면 어떻게 인사하고 무엇을 여쭤볼지 고민이 되었는데요. 메모하려다가 생각해 보니 딱딱하게 격식을 따지기보다는 말을 더듬거나 실수하더라도 본모습 그대로 보여드리는 게 더 좋을 것 같았습니다.

## 대통령님 자택 접견실에서

그날(8일) 오후 2시쯤 김대중도서관 앞에 도착, 외곽경비 책임자를 찾아 사람들이 갑자기 모이게 된 사연과 제 신원을 밝히고 준비해 간 음료수를 전달했습니다. 경비 초소에서 돌아와 회원들과 일정을 계획하고 있는데 담당 비서관이 나오더니 자택 안으로 안내했습니다.

접견실에 들어가 자리에 앉아 회원들의 표정을 살피니 모두 긴장한 얼굴들이었습니다. 그래서 대통령님 내외분이 입장하시면 "김대중 대통령님, 이희호 여사님 건강하게 오래오래 사세요!"를 외치면서 박수로 맞이하자고 제의했습니다. 옆에 있던 비서관님들과 회원들도 좋아하더군요.

조금 후 김 전 대통령 내외분이 웃으며 들어오셨고, 우리는 환호와 박수로 맞이했습니다. 두 분은 웃으며 자리를 잡고 앉았고 저는 카페의 성격과 성향을 간단하게 설명했습니다.

2005년 어버이날 대통령님 자택 접견실에서

카페 회원들은 지지 정당과 정파를 초월해 상대방을 존중하고 인정하며 '인동초 정신'을 배우고 '행동하는 양심'을 실천하려고 노력하고 있다는 말씀도 드렸습니다. 한나라당을 지지하는 회원이 없는데 가입하는 날이 올 것이라며 함께 찾아뵙는 그날까지 오래오래 사셔야 한다고 했더니 빙그레 웃으셨습니다. 이어 회원 한 사람 한 사람에게 관심을 표하며 격려의 말씀도 해주셨습니다.

전남 진도에서 올라온 회원이 "제가 사는 섬사람들은 대통령님의 외가(外家)가 진도 옆의 조도라고들 하는데 소문이 맞습니까?"하고 묻자 그렇다고 하시며 고향에서 올라온 사람에게 안부를 묻듯 옛날 외갓집 동네 분위기까지 설명해 주셨습니다.

설명 끝나자, 대통령님께 드릴 전복을 가져왔다며 이 자리에서 잡수시는 모습을 보고 싶다고 하자 미소를 지으며 그건 다음에 먹자고 손사래를 치시더군요. 그 순간 실내는 웃음바다가 되었고 경직되어 있던 회원들 얼굴도 펴졌습니다.

고향의 부모를 찾아온 자녀들이 모인 자리처럼 웃음과 사랑이 넘쳤는데요. 휠체어를 타고 온 회원에게는 어쩌다 그런 몸이 되었느냐며 열심히 살라는 격려의 말씀을 해주셨습니다. 덕담을 건네면서는 젊은이들을 의식해서인지 "이웃 어른과 친구 부모도 공경해야 한다"며 효(孝)에 대한 말씀도 해주셨습니다.

"서양에는 우리와 같은 효도의 개념과 낱말도 없습니다. 유교문화권인 동양, 특히 우리나라에서 중요시 여겨져 내려오는 독특하고 자랑할 문화이지요. 진정한 효란 이웃과 벗의 부모도 잘 모셔야 합니다".

대통령님은 농경사회에서 21세기 디지털 정보화 시대까지 인류가 발전해 온 과정을 설명하며 80년 신군부에게 당한 고문과 협박, 회유, 사형선고를 받고 풀려나 미국으로 떠나기까지 2년여 동안 겪은 고초도 회고하듯 설명했습니다.

김 전 대통령은 누구나 가슴에는 선과 악이 존재하는데 어떤 것을 선택하고 실행에 옮기느냐에 따라 삶의 가치가 달라진다며 "여러분이 김대중과 함께 가려면 '행동하는 양심'으로 살아야 합니다"라고 강조했습니다.

광주에서 두 자녀와 함께 올라와 김 전 대통령과 이 여사에게 카네이션을 달아 드린 회원이 억울하고 참혹하게 당했던 5·18 민중항쟁 당시를 설명하며 존경한다고 말하자 잠시 숙연해지기도 했습니다.

지지카페 성격을 대통령에게 설명하는 필자(2005년 5월 8일)

여성 회원 누군가가 이희호 여사님의 말씀도 듣고 싶다고 하자 고난의 시절이 생각났는지 잠시 눈을 감으시더니 말문을 열더군요.

이 여사는 "암울했던 유신 치하에서 납치와 감금이 이어지고 신군부에게 사형선고를 받으면서도 불의와 타협을 거부할 수 있었던 것은 그리스도를 믿고 따르는 기도의 힘이 컸다"며 "눈앞의 부귀를 마다하고 영원한 삶을 선택하신 대통령님의 의지가 존경스럽다"라고 하셨습니다.

이 여사의 말씀이 끝나고 김 전 대통령께 "이희호 여사님의 그동안의 노고에 감사하는 마음의 선물로 회원들이 손뼉을 칠 것이니 너무 서운해하지 마세요"라며 회원들과 함께 손바닥이 아프도록 손뼉을 치며 접견실이 떠나가도록 환호성을 질렀는데요. 김 전 대통령은 우리를 지그시 바라보며 만족한 표정으로 미소만 짓고 있었습니다.

그동안 궁금했던 김 전 대통령의 정확한 탄생 연도와 생일에 대해서도 묻지 않을 수 없었습니다. 신문 기사나 TV 뉴스에서도 태어난 해와 생일을 다르게 보도하는 것을 볼 때마다 확인할 방법이 없어 답

'후광김대중마을 카페' 회원 단체사진1(동교동 자택 정원에서)

'후광김대중마을 카페' 회원 단체사진2(동교동 자택 정원에서)

답했는데, 시원한 답을 들을 수 있을 것 같아서였지요.

"신문과 방송 대부분이 대통령님을 1924년생(甲子)이나 1925년생(乙丑)으로 보도하고 1926년생(丙寅)으로 소개하는 검색창도 있습니다. 그렇지만, 저는 1923년 돼지(癸亥)띠로 알고 있습니다. 어느 TV프로를 시청하다 알게 되어 평소 쓰는 글에도 1923년 12월 3일생으로 적는데 맞는지 확인하고 싶습니다."

김 전 대통령이 제가 묻는 얘기를 듣고 옆을 바라보며 웃으니까 이희호 여사가 양력으로는 1924년 1월 6일이고 음력으로는 1923년 12월 3일이라며 자세히 설명해 주셨습니다. 정확하게 알고 있어 기분이 좋더군요.

화기애애한 분위기 속에 이어진 대화는 1시간 훌쩍 넘어 끝났고, 비서관이 "지금부터는 정원으로 나가셔서 대통령님 내외분과 기념 촬영을 하겠습니다."라는 안내가 또다시 놀라게 했습니다. 아이를 데리고 온 회원, 학생 자녀를 데리고 온 회원, 애인과 동행한 회원에게는 다시없는 추억이 되겠다는 생각이 들었기 때문입니다.

대통령님을 모시고 정원에서 단체 사진과 가족사진 찍었습니다. 돌아올 때는 두 내외분이 대문까지 나와 한 사람 한 사람의 손을 잡아주었습니다. 여러 번의 죽을 고비와 감옥 생활, 가택연금을 당하면서도 부당한 권력에 저항했던 '행동하는 양심'의 기(氣)를 받은 자녀들은 훌륭하게 자랄 것으로 믿습니다.

아쉬움을 뒤로하고 대문을 나서는데 담당 비서관이 다가오더니 대통령님 선물이라며 2000년 남북 정상회담과 노벨평화상 수상 장면 등이 담긴 카드(25매) 들어 있는 봉투를 한 뭉치 건네주기에 회원들에게 나눠주었는데요. 대접받은 커피와 녹차 그리고 선물로 받은 카드는 돈과 비교될 수 없는 가치가 있다고 여겨지기에 지금도 소중하게 보관하고 있습니다.

   이희호 여사의 자서전 〈동행〉 출판을 다시 한번 축하하면서…

GUNSAN
DJ ROAD

# 노벨평화상 수상 7주년 기념행사 참석

2007년 12월 7일 조종안(chongani)

2007년 신년하례식 때 김대중 대통령과 이희호 여사에게 선물 전달

 안내에 앞서, 회원님들이 가장 궁금해하실 대통령님 내외분 안부부터 전합니다.
 지난 9월과 10월 미국과 일본을 다녀오신 대통령님은 대선 후보들의 끊임없는 방문과 언론사 인터뷰 요청 등으로 바쁘신 나날을 보내고 계신다고 합니다. 그 와중에도 '북녘 어린이들에게 내복을..' 행사에 참여해 주신 대통령님께 감사의 인사 올립니다.

타고난 건강 체질인 것은 알고 있지만, 안부가 궁금해 비서실로 전화드렸더니, 하루하루 건강하게 잘 지내고 계신다는 기쁜 소식을 비서관님이 전해주더군요.

며칠 전 인터넷 언론 〈오마이뉴스〉와의 인터뷰에서 '잃어버린 10년'에 대해 조목조목 지적하는 대통령님의 반론은 40대 젊은이 못지않았으며, 엊그제 패션쇼에 참석하신 이희호 여사님의 미소는 해맑은 소녀를 떠올리게 했습니다. 회원님들과 함께 두 분의 만수무강을 기원합니다.

김대중도서관으로 대통령님 내외분을 찾아뵙고 덕담을 들으며 시작한 정해년(2007) 달력도 마지막 한 장을 남겨놓고 있네요.

1년의 마지막 달인 12월은 아쉬운 달이면서도, 새해를 설계하는 희망의 달이기도 합니다. 특히 '후광 김대중마을' 회원들에게는 또 하나의 의미가 더하는 달이기도 하지요. 우리가 존경하고 사랑하는 대통령님이 21세기 첫 노벨평화상을 수상하신 달이기 때문입니다.

김대중 대통령의 노벨평화상 수상은 개인의 영예이자, 국가의 위상을 높이는 경사이기도 했습니다. 또한, 인권과 민주주의를 위해 희생을 감수했던 국민과, 지구촌에서 유일한 냉전 지대인 한반도를 대화와 타협의 장으로 바꿔놓은 지도자에 대한 평가였다고 할 수 있겠습니다.

김대중평화센터가 주관하는 '버마(미얀마) 민주화의 밤' 행사가 12

월 4일(화) 오후 6시 30분 서울 여의도 63빌딩 국제회의장에서 열렸습니다. 이날은 김대중 전 대통령을 비롯해 주한 외교사절, 정계, 언론계, 종교계, NGO 등 600여 명의 인사가 참석했습니다. '후광김대중마을' 회원들도 다섯 명 참석이 가능한 티켓을 받아 다녀왔지요.

이날 행사에서는 해외 버마지원단체 '유로버마'의 한 양훼 회장, 버마를 30여 년 취재해 '최고의 버마 전문가'로 알려진 스웨덴 언론인 버틸 린트너 등이 버마의 상황을 증언하고 '버마 민족민주동맹(NLD)' 한국 지부와 '버마행동' 관계자 등 국내 거주 버마 인사 100여 명이 참석, 조국 버마의 민주화를 촉구하는 버마 민속 공연을 선보였습니다.

또한 참석자들은 노벨평화상 수상자인 아웅산 수치 여사의 연금해제, 버마 민주인사들의 정치활동 자유, 민주화 조치 단행을 촉구하는 특별 메시지를 채택해 유엔과 버마 군사정부에 보냈는데요. 참가비 모두 버마 민주화를 위해 쓰인다니 '동참했다'는 생각에 자부심이 들

식장에서 만난 김홍업 현 김대중평화센터 이사장과 기념사진(2007)

기도 했습니다.

　대통령님은 7년 전 수상 연설에서 "노벨 평화상이야말로 세계 모든 인류에게 평화를 위해 헌신하도록 격려하는 숭고한 메시지"라고 하면서 "지금도 버마에서는 고난의 투쟁이 계속되고 있지만 언젠가는 민주주의와 대의 정치가 부활하는 날이 올 것"이라고 했지요. 그 후 지금까지 버마 민주화를 위해 힘쓰시는 대통령님이 그렇게 자랑스러울 수가 없습니다.

GUNSAN DJ ROAD

# '북녘어린이 내복 보내기' 운동

2008년 1월 조종안(chongani)

'김대중 대통령'이 50만 원(내복 100벌) 입금한 계좌

    2007년 가을(10·16~11·30) 40년 만의 집중호우로 피해가 큰 북한 형제 돕기 성금 모금을 진행했습니다. 당시 북한은 30만 명이 넘는 이재민이 발생했죠. 처음엔 빵이나 라면 등 대체식량을 전하려 했으나 추위에 떨고 있을 아이들에게 따뜻한 내복을 보내는 게 좋겠다는 다수 의견에 따라 '북녘 어린이 내복 보내기' 운동으로 바꿔 추진했습니다.

    '내복 보내기' 캠페인은 에너지난에 시달리는 북녘 어린이를 돕는

인도주의 운동이자, 친환경적 대북 지원 운동이며, 어려움에 부닥친 남쪽 섬유업계에도 작으나마 도움이 될 것 같았습니다. 당시 어린이 내복은 1장에 5000원이었죠. 내복은 3℃의 보온 효과가 있어 따뜻한 사랑과 마음을 나누는 운동으로 북녘 어린이들에게 큰 보탬이 될 것으로 여겨졌습니다.

특히 평화통일의 선구자 김대중 전 대통령님께서 격려해 주시고 100벌에 해당하는 금액(50만 원)을 통장에 입금해 주셨습니다. 이는 회원 모두에게 영광이 아닐 수 없으며 자부심이 들기도 합니다. 내복 상자에 대통령님 존함이 적혀 전달될 것이니 6·15 남북공동선언을 기억하는 북녘 어린이들도 더욱 온기를 느낄 것으로 사료됩니다.

보내주신 성금 중에서 일부는 대통령님이 좋아하는 홍어(20kg)를 구입해서 보내드렸으며, 북녘 어린이들이 입을 내복(300벌)을 주문하기 위해 현금 150만 원을 (사)'남북평화나눔운동본부'로 송금했습니다. 회원 여러분의 사랑과 정성이 담긴 내의는 2008년 1월 29일 전달될 예정입니다. 아래는 북녘 어린이 내복 보내기 운동 관련 기사입니다.

## 개성공단에서 열린 '내복 전달식' 참석
## 남북평화나눔운동본부와 DJ도 동참

뉴스보이 2008년 1월 30일(수) 조종안(chongani)

남북평화나눔운동본부(본부장 정성용 대구보건대 교수)가 작년 10월에 시작한 '북녘 어린이들에게 내복을' 행사에 김대중 전 대통령의 팬클럽인 '후광김대중 마을'도 동참, 29일 오후 2시 개성공단 협력병원인 '그린닥터스'에서 전달식을 가졌다.

전달된 내복(3700벌)은 개성공업지구관리위원회를 통해 개성을 비롯한 북녘 어린이들에게 나눠주는 것으로 알려졌다.

평소 불우 아동들에게 관심이 많았던 김대중 전 대통령도 소식을 전해 듣고 지난해 11월 15일 자신의 팬클럽인 '후광김대중 마을'에 50만 원의 격려금을 보내는 것으로 모금 운동에 참여했다.

개성공단 북측 관리위원회 직원들이 지켜보는 가운데 진행된 전달식에는 그린닥터스 개성 협력병원 김정용 원장, 남북 평화나눔운동본부 김두현 사무처장, 국제로터리 3700 지구의 김영환 실장, 그리고 조종안 '후광김대중마을 카페 운영자도 참석해 눈길을 끌었다.

북한은 11월부터 이듬해 4월까지가 겨울로 사실상 1년의 절반에 가깝고, 작년 여름의 물난리 후유증과 극심한 에너지난으로 난방을 제대로 하기가 힘든 상황이라서 북녘 주민들에게는 큰 위로가 될 것

'그린닥터스' 개성병원에서 열린 내복 전달식 (2008년 1월 29일)

개성공업지구 정·배수장 앞에서 필자(2008년 1월 29일)

으로 보인다.

조종안 운영자는 "김 전 대통령의 가장 큰 업적인 남북 정상회담과 6·15 선언 정신에 따라 모금 운동에 동참했는데 호응이 좋았다. 덴마크, 미국, 뉴질랜드, 호주 등 외국에 거주하는 교민들의 참여도가 높았다"라고 전했다. 특히, "김 전 대통령의 참여는 행사의 의미를 더욱 높여주었다"라며 인도적 지원 단체들의 활동을 기대했다.

GUNSAN
DJ ROAD

## 동대구역에서, "과연 김대중이구나!"
### DJ의 대구방문 환영하던 그날을 그리며

오마이뉴스 | 2009년 8월 20일 조종안(chongani)

영남대에서 특강하는 김대중 대통령(2006년 3월 20일)

글 시작에 앞서, 영겁의 세월을 고난과 함께 살아온 김대중 전 대통령 서거를 진심으로 애도하며, 굴절되고 왜곡된 진실들이 정당한 평가를 받을 수 있는 그날이 하루빨리 오기를 기원합니다. - 기자말 부산에 살던 2006년 3월 초순으로 기억하는데요, 대구 영남대학교가 남북 교류 및 동서 화합에 이바지한 공으로 김대중 전 대통령에게 명예박사 학위를 수여하고, 특별강연도 있을 거라는 뉴스를 봤습니다.

'평화통일대구시민연대'와 '영남대학교 통일문제 연구소'가 공동으로 주관하는 특강에서 '남북 관계 발전과 민족의 미래', '역사와 화해, 용서'를 주제로 강연할 것이라는 대목은 통일의 최대 장애물인 동서 갈등의 벽을 허무는 첫걸음이라는 생각을 지울 수 없었습니다.

당시 김 전 대통령은 명예박사학위 수여 제의를 거절했으나 영남대 측이 여러 차례 동교동을 방문, "박정희 전 대통령이 상징적 교주로 있는 영남대에서 명예박사학위를 받는 것은 동서화합과 과거사를 정리하는 뜻에서 의미가 있다"라고 설득한 끝에 성사됐다고 합니다.

훗날 김 전 대통령이 어떤 평가를 받을지 예견하고 기록으로 남길 만한 인연을 맺으려고 했던 영남대를 생각하니 유비가 제갈량을 찾아 다녔던 데서 유래한 '삼고초려(三顧草廬)'가 떠오르면서 미소가 지어지더군요.

'동서화합, 남북공조, 평화통일'로 이어지는 과정을 생각하면 김 전 대통령의 대구 방문은 외국 순방 이상의 의미가 있다는 생각이 들더군요. 해서 제가 운영하는 인터넷 카페 '후광 김대중 마을' 대구·경북 회원들과 상의 끝에 영남대와 동대구역 등에 환영 현수막을 내걸고, 동대구역에 도착하는 김 전 대통령 내외에게 꽃다발을 전달하기로 마음을 모았습니다.

### 예상치 못했던 대구시민 반응

회원 숫자가 적어 고민하는 제가 보기에 안 됐는지 아내가 바쁜 일정을 바꿔가며 동행해 줘 고마웠는데요. 동대구역에 도착하자마자 역무원을 찾았습니다. 김대중 전 대통령 내외가 어떤 통로 이용할지 알아보기 위해서였지요.

역무원이 신분을 묻기에, '후광김대중마을' 카페 운영자인데 대구, 경북 지역 회원들이 추진해서 환영 행사를 준비하고 있다고 했더니 이곳저곳으로 전화해 보더니 일반인이 이용하는 출구로 나온다는 것이었습니다. 대통령이 이용할 휠체어까지 보여주더군요.

일반 통로로 나온다는 말을 듣는 순간, '과연 김대중이구나!' 소리가 절로 나왔습니다. 박정희와 전두환을 따르는 안티 DJ 세력들이 대구방문을 반대하고 있다는 사실을 알고 있을 것이고, 국회의원만 돼도 귀빈실 이용이 상례니까요.

환영행사 준비하는 '후광김대중마을' 카페 회원들.

처음에는 반응이 없다가 대통령 내외가 환하게 웃는 모습이 담긴 피켓과 현수막을 펼치자, 사람들이 하나둘 모여들기 시작했습니다. "몇 시에 도착하느냐?"라고 묻는가 하면, 차표를 물리자는 사람, 기다렸다가 대통령이 나오면 박수나 치고 가자는 분도 있었습니다. 모 그룹 직원은 동료와 함께 다가오더니 "우리 아버지가 김대중 대통령을 무척 좋아하셨고, 나도 존경한다"라며 피켓 하나는 자기가 들고 있겠다고 하더군요. 대구 시민의 반응을 걱정했는데, 괜한 기우였다는 생각이 들었습니다.

대통령 내외분에게 꽃다발 전달할 화동들은 〈오마이뉴스〉 인기 블로거인 '초석'님 아들과 조카였는데요. 부인과 여동생, 아버님까지 가족이 총출동했더군요. 초석님은 아버지가 "김대중 대통령을 어떻게 알고, 어떤 사유로 환영하느냐?"라고 묻기에 오래전부터 회원으로 활동하면서 모임 차원에서 한다니까 무척 기뻐하시더라고 하더군요.

대구·경북 회원들이 준비한 환영 현수막

박정희가 장기 집권을 위해 꾸며낸 사건 중 하나인 60년대 '1차 인혁당 사건'으로 온갖 고초를 당하고, 주변 사람들에게 빨갱이 소리 들어가며 40년 넘게 김 전 대통령과 인연을 맺어오는 초석님 아버님에게 존경심이 들지 않을 수 없었습니다.

### 감격스러웠던 환영행사

도착 시각이 가까워지면서 가슴이 콩닥콩닥 뛰었습니다. 담당 비서에게 전화했더니 정시에 도착한다고 하더군요. 해서 회원들이 외칠 "대통령님과 이희호 여사님 대구 방문을 환영합니다!"를 연습했습니다. 특히 '대구 방문'을 크게 외쳐야 한다고 강조했더니 구경하던 시민 중 한 사람이 함께하겠다고 나서줘 고마웠습니다.

방송사 카메라들이 몰려들고, 무선전화기를 든 사복경찰들이 바쁘게 움직이는 걸 보면서 대통령 내외가 기차에서 내리셨음을 알 수 있었습니다. 안내방송도 없었고, 모이라고 외치지도 않았는데 대합실 밖에 있던 사람들까지 몰려들더군요.

조금 후 대통령과 이희호 여사가 환한 미소를 지으며 모습을 나타냈는데요. 환호하는 저희와 대구 시민에게 손을 흔드시는 모습을 보는 순간 만감이 교차하며 흐르는 눈물을 감추느라 혼났습니다. 1987년 13대 대통령 선거 앞두고 김영삼·노태우는 호남에서, 김대중은 대구 부산에서 돌멩이 세례 당했다는 소식 듣고 가슴 아파했었거든요.

김 전 대통령과 이 여사는 꽃다발을 전달한 화동들을 살포시 안아주며 머리를 쓰다듬어 주셨는데요. 밝은 연두색 정장 차림의 이희호 여사 역시 만족해하는 표정을 지으며 화동들에게 덕담을 해줬는데 아쉽게도 사람들의 환호에 묻혀버렸습니다.

꽃다발 전달 끝나고, 윤철구 비서관이 저를 "후광김대중마을" 카페 운영자라며 대통령 내외분께 소개하더군요. 소개 끝나고 김 전 대통령 손목을 살며시 잡고 "부산에 사는 인터넷 필명 '종아니'입니다. 대구 방문을 진심으로 환영합니다. 작년 5월 어버이날에 뵀을 때보다 건강이 더욱 좋아 보이십니다. 여사님과 함께 만수무강하시기를 기도하겠습니다"라고 인사드렸습니다.

대통령 내외는 환영하는 대구 시민에게 손을 흔들며 대합실을 나와 숙소(그랜드호텔)로 향했는데요. 교통이 복잡한데도 교통통제 요구를 안 했더라고요. 행사 며칠 전 덴마크에 거주하는 회원 '사강'님이 대통령 내외 신변을 걱정하는 글을 게시판에 올렸기에 경호가 철저히 이루어질 것이니 너무 걱정하지 마시라는 댓글은 달았지만, 마음을 놓을 수 없었거든요.

'전직 대통령들의 교통통제 요청' 자료를 보면 김대중 전 대통령은

김대중 대통령 내외 도착 10분 전 동대구역 대합실 풍경.

화동들에게 꽃다발 받고 만족해하는 김대중 대통령과 이희호 여사

퇴임 후 요청한 사실이 한 번도 없습니다. 그래도 이번은 '동토의 땅' 대구라서 설마 했는데, 존경심이 더하더군요. 전직 대통령이 탑승한 차가 일반 택시들과 함께 달린다는 것은 그 사회의 민주화와 선진화를 의미한다고 해도 틀리지 않을 것입니다.

대통령 내외가 환영 만찬에 참석하고 주무실 호텔 입구에서도 환영하려고 무단횡단을 해가며 택시 두 대에 나눠 타고 호텔로 향했습니다. 교통경찰 아저씨도 대구를 방문한 김 전 대통령 환영객인 것을 아는지 차량을 통제하면서 편리를 봐주더군요.

우리는 호텔에 도착해서도 입구 좌측에서 환영 현수막을 들고 서 있던 영남대학교 학생들과 함께 "대통령님 내외분의 대구 방문을 환영합니다"를 외쳐댔습니다. 결국, 환영식을 두 번 한 셈인데요. 또 하나의 역사가 기록될 2006년 3월 20일은 붉게 물든 태양이 호텔 앞마당까지 물들이면서 차분하고 조용하게 저물고 있었습니다. 그날이 그립네요.

GUNSAN
DJ ROAD

# '김홍일 전 의원 돕기' 성금모금 행사

2010년 2월 6일 조종안(chongani)

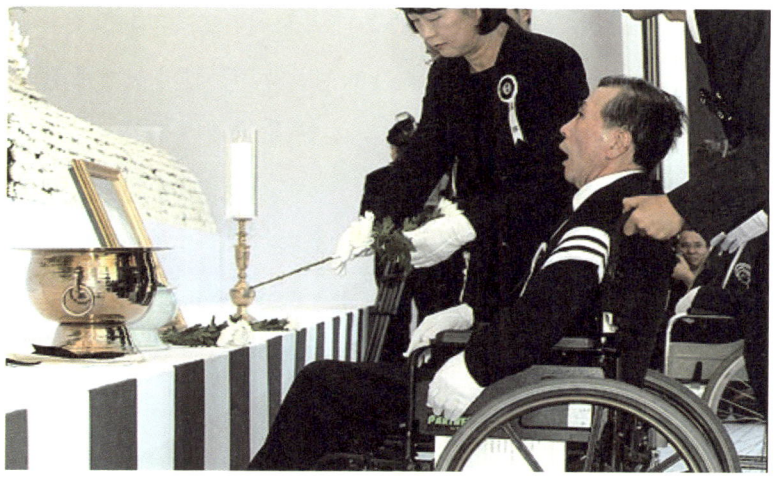

DJ 영결식에서 부인 도움으로 헌화하는 장남 김홍일 전 의원(인터넷사진공동취재단)

김대중 대통령은 2009년 7월 13일 폐렴 증세로 신촌 세브란스병원에 입원, 치료받았다. 어느 날 증세가 호전돼 일반병실로 옮겨졌으나 하루 만에 폐색전증이 발병하였다. 이후 인공호흡기 부착한 채 치료받아온 대통령님은 입원 37일째인 8월 18일 오전 병세가 급격히 악화되어 유족과 의료진이 임종을 지켜보는 가운데 오후 1시 43분 서거하였다.

빈소에 등장한 김홍일(김대중 대통령 큰아들) 전 의원은 파킨슨병의 전형적인 증상인 행동·언어 장애를 연상케 해서 안타까움을 자아냈다. 김 전 의원이 파킨슨병을 얻게 된 것은 1980년 김대중 내란음모 사건 당시 안기부에 의해 체포돼 극심한 고문을 당한 뒤 그 후유증 때문으로 알려진다.

김 전 의원의 모습은 얼굴근육이 잘 움직이지 않아 표정 변화가 없고 언어장애를 겪고 있다는 사실을 그대로 보여줘 조문객과 TV 시청자들 가슴을 아프게 하였다. 그 순간 박정희와 전두환의 살기에 찬 인상이 오버랩되어 가슴이 미어지는 것 같았다. 아래는 김 전 의원이 〈김대중자서전〉에 남긴 기록 일부이다.

"남산에 끌려온 첫날, 수사관이 들어오더니 다짜고짜 두들겨 팼다. 하루를 한마디 말도 없이 구타만 했다. 정신을 잃었다가 다시 눈을 뜨니 새 얼굴이다. 담당이 대여섯 명 되는 것 같았다. (중략) 까무러치기를 여러 번, '차라리 죽이라'고 소리쳤다. '죽여달라고? 허허, 이놈이, 여기서는 죽는 것이 가장 호강하는 거야. 너 좋으라고 죽여줘?' 카메라가 보였다. 만약 내가 자백을 하면 '봐라, 김대중이 아들이 말했다'고 악용하려는 것일 거다. 나는 혹여 고문에 못 이겨 허위 자백을 할까 두려워 수사관의 눈을 피해 자살을 기도했다..." – 아래 줄임, 출처: 〈한겨레 21〉)

필자는 그해 4월에 쓴 기사(DJ 마지막 고향방문 동행취재기)에서도 김홍일 전 의원의 안타까운 소식을 전하였다. 열차에서 우연히 만난 김홍준(DJ 조카) 씨에게 사촌 형님(김홍일) 병세가 악화되어 보좌관이 수저로 떠 넣어주는 죽으로 연명하고 있다는 내용이었다. 불법 정치자금 사건에 연루되어 검찰 조사를 받긴 했지만, 고문 후유증이라는 생각에 착잡한 심정을 가누기 어려웠다.

몇 개월 후 필자의 기사를 읽은 회원 '대포동(미국 거주)'님은 "고문 후유증으로 식사도 혼자서 못 할 정도라니 마음이 아프다"며 '김홍일 전 의원 돕기' 운동을 펼치자는 의견을 제시하였다. 뜻있는 제안이었으나 여간 조심스러운 게 아니었다. 해서 대포동님 뜻을 자유게시판에 공유했더니 다수 회원이 동참하겠다는 댓글을 달았다.

이희호 여사님이 '김대중 평화센터' 이사장으로 계시면서 활발하게 활동하실 때 추진해야겠다고 마음 굳히고 회원님들에게 협조를 구하기로 했다.

### 성금은 김대중 평화센터에 전달

지난 1월 4일 '김홍일 전 의원 돕기' 안내문을 공지에 올리고 성금을 모으기 시작, 20일에 마쳤다. 성금 모금은 대통령님 서거 전부터 하고 싶었으나 현금을 모으는 예민한 행사여서 나 혼자만의 결정으로 시작할 수 없었다. 해서 비서실을 통해 이희호 여사 허락을 받아 자유게시판에 안내문을 올렸다.

김홍일 전 의원 돕기 모금 행사는, 어려움에 부닥친 전직 의원을 돕는 행사 이상의 의미가 있다고 여겨졌다. 따라서 참여하는 숫자나

금액에 부담을 갖지 않았다. 짧은 댓글이지만, 회원들과 머리를 맞대고 마음을 주고받는 자체가 성공이라고 믿었다.

미국, 덴마크 등 국외 거주 회원을 비롯한 각 지역 회원들이 골고루 참여해 줘 더욱 보람을 느꼈다. 옆에서 지켜보는 이희호 여사는 물론 처음부터 하늘에서 내려다보는 대통령님도 무척 기뻐하셨을 것 같아 내심 흐뭇했다.

모금액이 1백만 원 가까이 되었다. 해서 이희호 여사 계좌로 입금하려고 비서실로 전화했더니 적당한 장소에서 전달식 하면 어떻겠느냐고 해서 그렇게 하기로 했다.

그런데 김홍일 전 의원 사모님이 고마움을 표시하면서도 성금 수령을 극구 사양한다는 것이었다. 내가 직접 댁으로 몇 차례 전화했는데도 마찬가지였다. 김대중 대통령님 내외분을 존경하고 사랑하는 '후광김대중 마을' 회원들의 정성인데 참으로 안타까웠다.

어쩔 수 없이 비서실과 상의했고 여러 회원들의 뜻을 모아 2월 13일 '김대중 평화센터'로 1백만 원을 송금했다. 김홍일 전 의원과 이희

| 20100106타CD윤영권 | 신한 | ₩50,000 | ₩561,763 026368 |
| 20100106타CD박종철 | 농협 | ₩50,000 | ₩611,763 023177 |
| 20100108인터단목 | | ₩100,000 | ₩711,763 006437 |
| 20100109인터변지숙 | | ₩50,000 | ₩761,763 081621 |
| 20100111인터계자리 | | ₩30,000 | ₩791,763 004465 |
| 20100114타CD한동수 | 농협 | ₩100,000 | ₩891,763 017079 |
| 20100115인터소향애비 | | ₩50,000 | ₩941,763 상계역 |
| 20100115타CD이명숙 | 농협 | ₩30,000 | ₩971,763 015591 |
| 20100121타CD김인곤 | 농협 | ₩50,000 | ₩1,021,763 014678 |
| 20100202현금 | | ₩211,342 | ₩1,233,105 군산 |
| 20100213인터 | ₩1,000,500제일김대중평화센 | | ₩232,605 화명동 |

'후광김대중마을' 카페 회원들의 정성이 담긴 성금모금 통장

호 여사, 그리고 김대중평화센터 관계자들도 무척 고맙게 생각한다는 말씀을 비서실에서 전해왔다. 안타까움 가득했던 성금 모금 행사였다.

GUNSAN
DJ ROAD

## DJ 묘소에서 만난 '행동하는 양심'

오마이뉴스 | 2010년 11월 6일 조종안(chongani)

김대중 대통령 묘소 찾은 이희호 여사(2010년 11월)

지난 2일 화요일 오전 6시 36분 군산역을 출발한 열차가 영등포에 도착한 시각은 예정보다 10분쯤 늦은 오전 9시 45분. 김대중 대통령 묘소까지 가는 시간은 충분했다. 그러나 지하철을 잘못 갈아타는 바람에 얼마나 애가 탔는지 모른다.

김대중 대통령 묘역에 도착하니 숨이 찼다. 숨을 고른 뒤 둘러보니 참배객들 사이로 의자에 앉아 묘역 주위를 물끄러미 바라보는 이희호 여사가 눈에 들어왔다. 외롭고 애처롭게 보였으나, 김대중·이희호 두 부부의 사랑과 믿음이 얼마나 깊었는지 확인시켜 주는 모습이기도 했다.

잘 단장된 봉분에 시선이 멈춘 이 여사 표정은 "나는 아내를 사랑하고 존경한다. 아내 없이는 지금 내가 있기 어려웠지만, 현재도 살기 힘들 것 같다. 둘이 건강하게 오래 살도록 매일매일 하느님께 같이 기도한다"는 김대중 대통령의 〈마지막 일기〉 한 대목을 생각하고 있는 것 같았다.

문득 〈김대중 옥중서신〉에 담긴 스물아홉 통의 편지 제목들이 떠올랐다. 옥중의 남편(김대중)이 쓴 편지는 항상 '존경하고 사랑하는 아내에게'로 시작했다. 그런데 아내(이희호)가 남편에게 보내는 편지도 같아 누가 누구를 더 존경하고 사랑하는지 헷갈렸기 때문이었다. 2005년 어버이날 동교동 자택 방문했을 때도 말했더니 두 분 모두 미소만 지을 뿐이었다.

이 여사가 분향 마치고 쉬는 동안 둘째인 김홍업 전 의원은 꽃을 새것으로 갈아놓고 향로에 향나무 가루를 넣는 등 묘역 이곳저곳을 둘러봤고, 김대중 평화센터 윤철구 사무총장과 여비서는 묘석과 비석을 닦았다.

윤 사무총장은 "이희호 여사께서 매주 묘소를 방문하다 보니, 자연스럽게 주변 사람도 함께하게 되었다. 비가 오나 눈이 오나 한 번도 빠지지 않고 이어지고 있다"면서 "이 여사를 비롯한 가족들은 매주 토요일 오전에도 묘소를 찾는다"라고 전했다.

강신복(전직 국어교사 51세) 씨가 이희호 여사 앞으로 나오더니 김대중 대통령과의 인연을 간략하게 소개하고 헌시를 낭독했다. 낭독이 끝나고 박수가 터지자, 누군가가 "대통령님 묘소에서 박수가 나오기는 처음이다"며 농을 건네 웃음이 터지기도 했다.

이날 참배는 오전 11시 조금 넘어 이희호 여사가 보좌진의 부축을 받으며 자리를 뜨는 것으로 끝났다. 권노갑, 김옥두, 설훈, 남궁진, 이협, 설훈, 장성민 등 뉴스에 자주 등장하는 전·현직 국회의원이 여럿 보였으나, 추모시 낭독한 강신복 씨를 만나 그의 얘기를 들어보았다.

― 헌시 낭독 감동적이었습니다. 언제 쓴 시(詩)인가요?

"50년 만에 여·야 간 평화적 정권교체에 성공한 김대중 당선자를 위한 축시로 1997년 12월 25일에 썼습니다. 그래서 제목을 〈어둠 헤친 위대한 승리〉라고 붙

이희호 여사에게 인사하는 강신복 씨

였습니다. 소제목은 '새날이 동트는 길목에서'이지요."

― 이곳(DJ 묘역)에 가끔 들르시나요?

"특별한 일이 없는 한 화요일마다 찾습니다. 여러분이 같이 오시는데, 올 때마다 다짐합니다. '행동하는 양심', '정의가 강물처럼 흐르고 자유가 들꽃처럼 만발하고, 통일의 희망이 무지개처럼 피어오르는 나라를 만들겠다'는 김대중 대통령 정신을 이어가겠다고요."

― 열정이 대단하십니다. DJ와의 인연은 언제 시작되었는지요?

"국어교사로 재직하던 1987년 10월 25일 전대협 주최 '양 김 대통령 후보 단일화 국민대회(고려대)'에 참석했을 때입니다. 수많은 군중과 함께 '독재타도' 외치면서 종각까지 걸었지요. 그날 김대중 대통령 관련 책자에 이희호 여사가 사인도 해주셨는데, 감동적이어서 지금도 보관하고 있습니다."

― 살벌하던 시절에 인연이 시작됐군요. 지금도 기억하는 사건이나 에피소드 있는지요?

"13대(1987년) 대선 개표 때 선거 참관인으로 영등포여고 정문 지키고 있었는데 새벽 2~3시경 트럭을 타고 온 수십 명의 괴청년에게 테러를 당하기도 했고, 다음날 부정 투표함 사수대를 결성하고 구로구청 정문을 밤새도록 지키다 새벽 6시경 최루가스와 함께 백골단에 의해 무차별 진압을 당했던 일 등은 평생 잊지 못할 것 같습니다."

― 돌아가신 김대중, 노무현 대통령과 지금의 이명박 대통령을 보면 무슨 생각이 드는지요?

"이명박 대통령은 노무현 대통령 사돈의 팔촌까지 조사를 벌이면서 도덕적 양심까지 짓밟아 죽음의 길로 내몰았습니다. 김대중 대통령도 노무현 대통령 서거에 충격을 받아 울화병으로 돌아가시지 않았나 하는 생각이 듭니다. 참으로 슬픕니다. 충격도 말할 수 없이 크고요."

강신복 씨는 20년 넘게 간직해 오던 80년~90년대 민주화운동 관련 유인물들을 민주화운동기념사업회에 기증하고, 그 자료들을 토대로 책 〈6·10 민주항쟁 통일의 그날까지〉(비매품)을 냈는데, 이희호 여사에게도 한 권 드리려고 가져왔다고 부연했다. 순간, 김대중 대통령 묘소 참배하러 왔다가 진정한 '행동하는 양심'을 한 분 만났다는 생각이 들었다.

GUNSAN
DJ ROAD

## "DJ는 YS를 용서했지, 화해하지 않았다"

오마이뉴스 | 2010년 8월 24일 조종안(chongani)

김대중 대통령 생가 마당에서 기념촬영 하는 '2010 청년김대중캠프' 회원들.

지난 3월 출범한 '행동하는 양심'(이사장 이해동 목사) 회원 100여 명은 21일부터 이틀 동안 김대중 대통령 생가가 있는 하의도에서 '2010 청년 김대중 캠프'를 개최하고, 김 전 대통령의 민주·평화 정신을 행동으로 옮기는 데 앞장서겠다고 다짐했다.

전국 각지에서 모인 회원들은 21일 오후 2시 하의도로 향하는 신안 페리 2호 선상에서 〈김대중 자서전〉을 집필한 김택근 경향신문 논설위원의 강연(주제: '섬 소년, 김대중의 꿈')을 듣는 것으로 첫 프로그램을 시작했다.

캠프에 참여한 회원들은 부모를 따라온 10대 청소년에서 80대 노인까지 연령층과 직업도 다양했는데, 진지한 표정으로 강연을 경청했고, 공감이 가는 대목에서는 우레 같은 함성과 박수가 터지기도.

김 편집위원은 강연에 앞서 김 전 대통령은 자신의 자서전이 사람들에게 널리 도움이 되는 기록으로 남길 바랐다면서 1권은 소설같이, 2권은 정책 교과서처럼 쓰인 것도 이 때문이라고 말했다.

김 전 대통령의 자서전을 쓰게 된 계기도 설명했다. 그는 "김 전 대통령은 2004년 4월에 처음 뵈었고, 대통령님 제의로 자서전 집필을 시작했다"며 한국인의 우수성에 흔들림 없는 신뢰를 나타내는 대통령

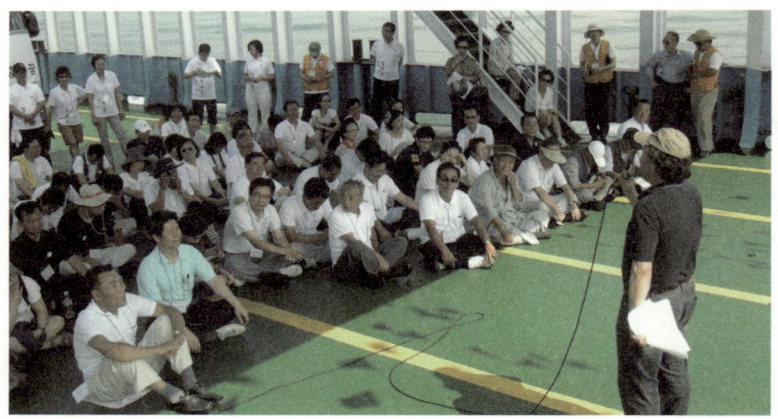

김택근 '경향신문' 논설위원이 선상에서 강연하고 있다.

의 일관된 태도에 집필을 결심하게 됐다고 밝혔다.

"과거에는 민주투사 이미지가 컸는데, 권력을 내려놓은 이후 분노는 모두 가시고, 용서를 통해 인생을 관조하는 분위기가 풍겼다"며 자서전을 준비하는 6년 동안 보고 느낀 개인 소감도 털어놓았다.

김 위원은 "당시 김 전 대통령은 한류가 일시에 그치는 것이 아니라 계속 지속될 것으로 내다봤다"며 "불교가 도입되어 해동불교가 됐고, 유교도 더욱 발전됐듯 한국인의 문화잠재력을 믿는다고 역설했다"라고 당시를 떠올렸다.

김 위원은 "불편한 몸에도 정원에서 햇볕을 받지 못하는 꽃의 뿌리를 파서 자리를 바꿔줄 정도로, 김 전 대통령은 작은 것도 세심하게 배려하는 분이었다"라고 회고했다.

김 위원은 평화 시위에 참여한 학생과 학부모들이 잡혀가는 모습에 김 전 대통령은 무척 가슴 아파하며 "죽는 날까지 민주주의를 외치며 잠들겠다"며 "내가 여태까지 민주주의를 위해 살았는데 비록 권력에서 물러났다고 해서 끈을 놓을 수 없다"라고 말했다고 전했다.

강의 마치고 질의응답 시간에 두 회원의 질문을 받았다. 2권은 너무 빨리 전개되어 처음 보는 분들을 위해 박해받는 내용을 보충해야 하지 않을까 하는 생각이 들었다는 의견과 역대 대통령들에게 박해를 받고도 어떻게 그들을 용서하고 화해할 수 있었는지 궁금하다는 질문이었다. 이에 대해 김 위원은 이렇게 답했다.

"대통령님은 자서전을 부탁하면서 세 가지를 당부했어요. 첫째는 공정하게, 두 번째는 젊은이들의 역사 공부에 도움이 되게, 세 번째는 소설처럼 재미있게 쓰라는 것이었습니다. 조금 전 설명했던 것처럼 1권은 도전과 응전의 삶이고, 2권은 대통령님의 사상과 철학에 대한 내용입니다. 그래서 2권은 조금 지루할지 모르겠습니다.

화해와 용서에 대해서도 말씀하셨어요. 화해는 사과가 전제되어야 하고, 용서는 사과하지 않았을 때 하는 것이라며 전두환, 김영삼 씨를 용서했어요. 왜냐, 전두환 씨는 죽이려고 했고, 민주화 동지였던 김영삼 대통령은 92년 대선을 앞두고 '사상이 의심되는 사람은 대통령을 할 수 없다'라고 해놓고 사과하지 않았기 때문입니다. 작년에는 병원에 와서 화해했다고 했는데 그것은 화해가 아니지요. 이런 얘기를 하려면 또 열이 오르는데…."

강연 끝나고 잠시 만난 이해동 목사는 "성경에서 실천하기 가장 어려운 '원수를 사랑하라'는 말을 그대로 실천하신 분이 김대중 대통령이었다"며 "작년 8월 전직 대통령들이 문병하러 다녀갔는데, 이희호 여사에게 '김대중 대통령이 재임할 때가 전직 대통령들이 가장 행복했었습니다.'라고 인사한 사람이 전두환 씨였다"며 김 위원의 말에 공감했다.

### 김대중 대통령 생가에서

오후 4시 조금 넘어 배가 하의도 웅곡항에 도착하자 회원들은 대형 버스 두 대와 몇 대의 승용차에 나눠 타고 소금박물관, 하의도 농민운동 기념관 등을 둘러보고, 후광리에 있는 김 대통령 생가를 방문했다.

생가에 도착한 일행은 '하의 3도 농지탈환운동기념사업회' 김학윤 (75) 회장이 전하는 김 전 대통령의 어린 시절 이야기를 들으며 또 한 번 놀랐다. 김 전 대통령은 자신이 태어난 마을 이름 후광(後廣)을 따서 호로 사용하였고, 복원된 생가터도 원래 위치와 조금 다르다는 것.

"보시다시피 초가이지만. 당시로는 중농 이상이 사는 집으로 보이잖소. 여기까지 오셨으니까 솔직히 확 까놓고 얘기할게요. 이 생가는 김대중 대통령이 태어난 곳이 아니고, 진짜 생가터는 저쪽에 표시되어 있어요.

처음엔 대통령 어머니(장수금 여사)가 저쪽 염전에서 일하는 일꾼들에게 밥 해주는 함바 일을 했어요. 그란디 일꾼들이 '밥만 팔믄 쓰겄소. 술도 한 잔씩 팔아야지!' 하고 성화를 대니께 막걸리도 팔았어요. 막걸리를 가져다 놓으니까 매상도 훨씬 더 올랐고, 그렇게 고생혀감서 돈을 벌어가꼬 이 집을 샀지."

김학윤 회장이 80년 전 섬소년 김대중에 대해 설명하고 있다.

그란디 그때는 마침 이 섬에 초등학교가 4학년까지밖에 없었어요. 돈도 좀 벌고 혀서 가리칠만 혔는디…. 그러니께 어머니가 아들을 목포로 데리고 나가서 교육을 시켜야겠다고 결심하고, 아버지에게 상의한 겁니다. 그러니까 아버지가 오케이 혔지.

일본 놈들은 우리가 문명교육을 받지 못하게 학교를 부근 다른 섬들에 비해 10년 늦게 세웠어요. 그란디 김대중 대통령은 '여그(하의도)에 학교가 늦게 세워졌기 때문에 내가 대통령이 되었는지도 모른다'는 말을 했어요. 그때는 목포로 나가서 학교 다니는 게 지금의 미국 유학 가는 것보다 더 어려웠응게. 그란 걸 보면 세상 일이 맘대로 되는 게 아닙디다!"

밤 8시부터는 캠프 참가자들과 하의도 주민이 함께 하는 어울림 마당이 열렸다. 어울림 마당은 풍물공연, '인동초 골든벨', 무예시범, 하의도초등학교 학생의 추모 글과 최영 시인의 추모 시 낭독, 노래자랑, 캠프파이어 등으로 이어졌다. 아래는 최영 시인의 '추모시'이다.

〈오늘, 선생님 참 그립습니다〉

    선생님 살아계실 때
    우리는 참 행복했습니다.
    1971년 대선 연설광경을
    전주고등학교 운동장에서 보았습니다.
    선생님 연설을 들으면서 참 좋다, 했습니다.

그 때 총각이었고

다음은 집사람과 함께

그다음은 집사람과 자식들과 함께

그리고 그 그다음 집사람, 자식, 며느리들과 함께 찍은 선거에서

대통령이 되셨습니다.

선생님께서 대통령이 되시지 않았다 하더라도

나의 생에 선생님이 계셨던 것으로 행복했을 거예요.

저들에 의해 교통사고를 당했을 때

도쿄에서 납치당했을 때

형무소에 계셨을 때

망명 하셨을 때

가택연금을 당할 때

당신은 너무 많은 고생을 했지만

우리 민초들은 인고의 세월 기다림을 함께 하며

참 행복한 시절이었습니다.

살아계실 때

숱한 자들에 의한 박해와 오해는

도도한 세월의 강물로 흘러가면서

염천의 하늘과 땅 사이 강물로 흐르면서 깨끗해지고

아름다워질 것입니다. 잘되고 잘못된 것을 함께

아우르는 찬란한 강은 빛날 것입니다.

모략 자들이 주는 생채기는
역사의 강이 치유되면서 남북이 하나 되는 날
없어질 휴전선, 지구에 하나 뿐인 온전한 천혜의 생태공원
중간쯤에
통일의 상징으로 당신의 석상 하나 우뚝 서 있을 것입니다.

늘 시대는 어렵지만 불굴의 의지와
희망으로 가야할 사람들의 마음 한중간에 당신은 있을 거예요.

세월이 가면
나도 우리도 갈 어느 뒷날
선생님은 큰 역사일 것입니다.
우리들은 작은 역사일 것입니다.
오늘
선생님 참 그립습니다.

- 2010년 8월 21일 시인 최 영

조종안 기자의 DJ 취재기 - 끝 -

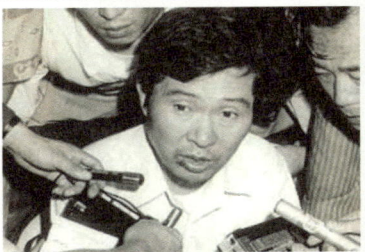

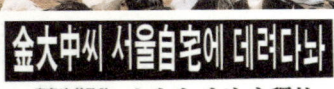

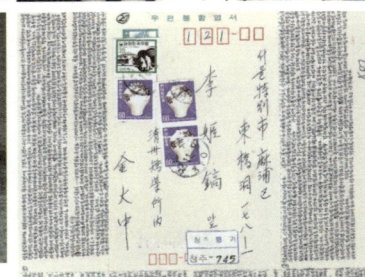
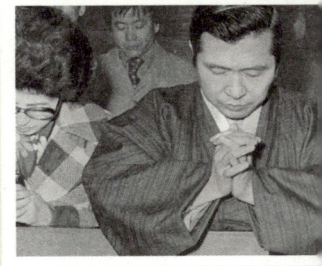

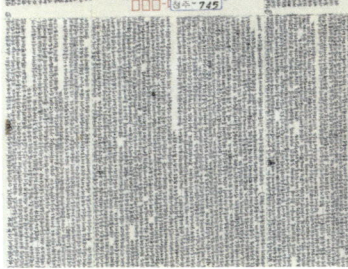

**참고문헌**

〈김대중 자서전〉(2010)
최경환의 〈김대중 리더십〉(2010)
이희호 여사의 〈동행〉(2008)
〈김대중 옥중서신〉(2000)
〈다시 새로운 시작을 위하여〉(1993)
김대중 연보(김대중 도서관)

**언론사**

〈경향신문〉, 〈동아일보〉, 〈조선일보〉, 〈한겨레신문〉
인터넷 언론 〈오마이뉴스〉, 〈플러스코리아〉, 〈영남일보〉, 〈신문고뉴스〉, 〈뉴스보이〉

**사진 및 자료제공**

전라북도, 군산시, 김대중평화센터, 김대중도서관,
후광김대중마을(다음카페), 김대중대통령 군산기념사업회.

## 김대중 대통령 군산 기념사업회

**회장** 조종안
**사무총장** 송은미
**재무국장** 김덕신

**운영위원**
김규영(기록) 남궁석환 이가령 이영애 이은미
조동용 한용호

**감사**
구민정 홍석기

**회원**
김병래 김부식 김선옥 김태휘 김희구 문정현
문화빈 박재만 배형원 신상철 신영자 이강주
이강휴 이동근 이영선 전수미 조상훈 조성곤
조성진 조소현 조시탁 최관규 최소희 최은숙
최재희 최현우 한정심 홍명신 (가나다순)

**고문**
전병호(상임고문) 신문식 김귀동 이종예
조미영 오대환

**자문위원**
박한수(김대중평화센터 기획실장)
윤철구(전 청와대 총무비서관)
최경환(전 청와대 공보비서관)
정진백(김대중추모사업회 회장)

**김대중 대통령 탄생 100주년 기념**
## 조종안 기자의
## DJ(김대중) 취재기
군산 디제이로드(Gunsan DJroad)

**초판 1쇄** 2024년 8월 18일

**지은이** 조종안
**펴낸이** 목영만
**펴낸곳** ㈜명문기획
**디자인** ㈜명문기획
**후　원** 김대중 대통령 군산기념사업회

**㈜명문기획**
**등록** 2010년 12월 10일(제 2010-000236 호)
**주소** 서울특별시 중구 퇴계로31길 7(필동1가, 명문빌딩)
**홈페이지** www.designmmt.co.kr
**전화** 02) 2079-9200~2
**팩스** 02) 2269-7240　　**이메일** mm777@designmmt.co.kr
**인쇄·제본** ㈜명문기획
**ISBN** 978-89-98888-95-4

※ 지은이의 허락 없이 인쇄 및 복사를 금합니다.